Johanna Fürstauer
Im Bett mit …

Johanna Fürstauer

Im Bett mit …

Residenz Verlag

Ein herzlicher Dank gilt Johannes Schmid
für die redaktionelle Unterstützung dieses Buches.

Bibliografische Information der Deutschen Bibliothek
Die Deutsche Bibliothek verzeichnet diese Publikation in der Deutschen
Nationalbibliografie; detaillierte bibliografische Daten sind im Internet
über http://dnb.d-nb.de abrufbar.

www.residenzverlag.at

© 2013 Residenz Verlag
im Niederösterreichischen Pressehaus
Druck- und Verlagsgesellschaft mbH
St. Pölten – Salzburg – Wien

Umschlaggestaltung: Thomas Kussin
Umschlagbild: www.edlewelt.de
Typografische Gestaltung, Satz: Ekke Wolf, typic.at
Lektorat: Wolfgang Straub
Gesamtherstellung: CPI Moravia

ISBN 978-3-7017-327-15

Inhalt

Vorwort

Die Zivilisation – heißt es – begann mit der Nutzbarmachung des Feuers. Doch mit ebensolchem Recht könnte man behaupten, sie habe mit der Erfindung des Bettes eingesetzt. Der Mensch der Urzeit, der sein Leben als Krieger und Jäger zubrachte, hatte seine liebe Not mit dem Schlafen. Im Schlaf war er wehrlos den Gefahren einer feindlichen Umgebung ausgesetzt, er musste sich ein Rückzugsgebiet suchen, das ihn vor Überfällen und anderen Widrigkeiten des Daseins schützen konnte.

Die Schlafhöhle war für den gesunden Schlaf des Urzeitmenschen nicht weniger wichtig als für Bären oder sonstige Tiere der Wildnis. Mit dem Beginn der Sesshaftigkeit änderte sich alles. Der Mensch, der begonnen hatte, sich Hütten und Häuser zu bauen, in denen es sich einigermaßen in Sicherheit ruhen ließ, fing bald auch an, sich um die Bequemlichkeit seiner Behausung Gedanken zu machen. Die Schütte Laub oder Stroh, auf die er sich nach dem mühevollen Tagwerk der Lebenserhaltung für sich und die Seinen fallen ließ, reichte bald nicht mehr aus, um seine Ansprüche an einen einigermaßen ungestörten Schlaf zu befriedigen. Genau genommen wird es wohl die weibliche Hälfte des Menschengeschlechts gewesen sein, der die Idee des mehr oder minder komfortablen Schlafs zu verdanken ist. Die Frauen waren es ja wohl auch, die dem Mann die Annehmlichkeiten der Kochkunst sowie eines geeigneten Grundmobiliars für die zum Haus oder doch wenigstens zur Hütte mutierte »Wohnhöhle« schmackhaft gemacht haben werden.

Tisch und Bett, die beiden »Urmöbel« des Menschen, waren wahrscheinlich eine Erfindung der Frau – vielleicht aber auch nur eine Forderung, die sie an den Erfindungsgeist des Mannes stellte, um für sich und ihre Nachkommenschaft das Leben angenehmer – eben zivilisierter – zu gestalten. Der Tisch – oft nur ein Schragen mit einer Holzplatte darüber – stand für die gemeinsamen Mahlzeiten, seit man sich nicht mehr damit begnügte, das Fleisch eines erlegten Tieres am offenen Feuer gebraten, zu verzehren. Und im Bett, in dem man sich zu gemeinsamem Schlaf ausstreckte, fanden im Regelfall alle wesentlichen Stationen des Lebensablaufs statt: Zeugung, Geburt und Tod. Die Gemeinschaft von Tisch und Bett konstituierte das Leben der Paare – »getrennt von Tisch und Bett« heißt es heute noch im Fall der Trennung eines Paares.

Zu Beginn der Entwicklung war das Bett ein Vorrecht für Könige und Fürsten, und ganz allmählich auch für Leute, die sich den Luxus eines individuell gestalteten Bettes leisten konnten, bei denen Reichtum die Stelle der Macht vertrat. Für den kleinen Mann blieb nur eine kümmerliche Bretterbettstatt mit Strohsack oder auch ein Gemeinschaftslager, auf dem zu mehreren eher schlecht als recht geschlafen wurde. Das Bett des Bürgers wie des Bauern begann sich erst ganz allmählich durchzusetzen. Noch im 19. Jahrhundert war das geräumige Ehebett ein Privileg des bürgerlichen Paares wie des bäuerlichen Hofinhabers. Das Jungvolk, und vor allem die Dienstboten, Knechte wie Mägde, waren auf eine schmale Bettbank angewiesen, mit Strohsack, versteht sich – um sie nicht zu Unzucht und Faulheit zu verleiten, wie es hieß. Heute ist das Schlafzimmer samt seinem Kernstück, dem Bett, weitgehend in den Mittelpunkt der »Wohnkultur« gerückt. »Wie man sich bettet, so schläft man«, heißt es, und jedermann ist folglich bestrebt, sich so gut wie möglich zu betten, z. B. mit verstellbaren, elastischen Lattenrosten und Federkernmatratzen darüber, oder auch in einem schwellenden Wasserbett, in dessen schwankenden Bewegungen man sich wie auf einer luxuriösen Kreuzfahrt der Träume fühlen kann.

Das Bett ist – wie der Großteil der Weltregierungen – demokratisch geworden, und jeder kann, wie er mag, seinen eigenen Bettstil entwickeln. Weil es aber nicht nur ein Ort des Schlafens, sondern auch der Intimität ist, haben Bettgeschichten, gleich welcher Art, immer auch einen Hauch von Lüsternheit, ja manchmal sogar von Verruchtheit. Im Bett findet Leidenschaftliches und gelegentlich durchaus Skandalträchtiges statt, das die Fantasie des Betrachters zuweilen gewaltig in Erregung versetzen kann.

Riskieren wir also einen Blick auf einige der alten und neuen, höfischen und bürgerlichen Betten und ihre Geschichten, und wir werden in jedem davon ein Stück Menschlich-allzu-Menschliches finden. Denn: Bettgeschichten verraten mehr über ihre Schläfer, als diese sich je träumen lassen würden.

Penelope und das Bett des Odysseus

Der Dichter – Homer? – war blind, und an die Gegenstände der Außenwelt konnte er sich nur ertastend heranwagen. Vielleicht blühte deshalb seine Fantasie so überreich, war sein inneres Auge so voll von Bildern und Farben. Zehn Jahre Krieg und Brände und blutige Abenteuer breitete er vor seinem Publikum aus, und weitere zehn Jahre, diesmal auf stürmischer See, im Kampf mit Ungeheuern und in den Armen lustbegieriger Frauen, von denen keiner wusste, waren es Irdische oder doch fremde Zaubergeschöpfe. Und dazwischen nichts Beharrendes, kein Ruhepunkt, der zum Verweilen einlud. Der Dichter muss selbst gespürt haben, dass es so nicht weitergehen konnte mit seiner Geschichte. Da war zu viel Unruhe darin, nichts, woran sich der Zuhörer festhalten konnte inmitten all der eruptiven Ereignisse.

Ein Bett musste her, freilich kein gewöhnliches, vielmehr ein ganz besonderes, das Beharrung und Stabilität verkörperte, und es sollte des Helden ureigenste Schöpfung sein. Der Held war Odysseus, damals noch ein junger Bursche. Eben dabei, sich auf seiner Insel Ithaka seine eigene Welt zu erbauen, trieb es ihn aber zugleich hinaus ins Ferne, zu unerwarteten Abenteuern und unbekannten Gefahren. »Such dir eine Frau und übernimm hier das Ruder«, wird ihn sein alternder Vater Laertes des Öfteren ungeduldig ermahnt haben, wenn sich der Junge allzu heftig in seine Träume verstrickte. »Das will ich tun, Vater«, antwortete der Sohn dann wohl. »Aber erst will ich meiner Zukünftigen ein Bett errichten, wie es die Welt noch nicht gesehen hat.« Und er begann, den Kopf voller Ideen und mit unerwarteter Ausdauer, mit seiner Arbeit. Ein Bett »für die Ewigkeit« sollte es werden, beständig und auch Beständigkeit fordernd, ein Symbol und noch mehr ein Prüfstein für die eheliche Treue. Der Dichter konnte am Ende nicht genug Worte finden, es zu beschreiben; Jahrzehnte später sollte es die Identität seines Erbauers und seine viel bezweifelte Heimkehr bezeugen, denn nur der Mann selbst und die Gattin kannten dessen Geheimnis.

Keiner hatte dem jungen Odysseus beim Bettenbau geholfen, das würde er sich verbeten haben. Tag um Tag werkte er allein mit Beil und Hobel, Schweiß rann ihm über Brust und Schultern, und seine Muskeln schwollen unter den kräftigen Hieben, mit denen er den erdverankerten alten Olivenbaum hinter dem Palasthof zum tragenden Bettpfosten zurechtschnitt und glättete.

»Was ist es, woran der Junge so eifrig arbeitet?«, wird sich wohl der eine oder andere gefragt haben, war doch Odysseus eher bekannt als einer, der seine Ziele mehr mit dem Kopf als mit Muskelkraft zu erreichen verstand, und noch nie hatte man bei ihm solchen Eifer gesehen. Nur während der heißesten Mittagsstunden ruhte er sich aus im grausilbernen Schatten des Baumes; denn dessen Krone kappte er erst, als er rundum die Mauern aufgeführt hatte, die den Bettraum umschließen sollten. Während all dieser Arbeit wird er sich wohl die Gattin vorgestellt haben, die dieses Bett mit ihm teilen würde. Nein, nicht die »Schönste der Schönen« sollte es sein, wiewohl auch er, wie die übrigen Fürstensöhne weitum, nicht ungern um Aphrodites goldgelockten Liebling Helena geworben hätte. Doch daraus wäre natürlich nichts geworden. Frauen wie Helena waren anspruchsvoll, was den Luxus des Lebens betrifft, und der kluge Odysseus beschloss, nicht die Schönste, nein, die Tugendhafteste unter den Frauen sollte die seine werden, beständig wie das Bett, das er mit eigenen Händen für sie schuf.

Als nun das Schlafgemach samt unverrückbarem Bett endlich fertiggestellt war, zog er aus, um seine Erwählte heimzuholen. Und Penelope, die Tochter des Spartanerkönigs Ikarios und einer wasserlüsternen Najade, wird das Bett in Besitz genommen haben mit dem stolzen Bewusstsein des Einmaligen, des für sie Geschaffenen. Freilich war Odysseus nicht eben das, was man in ihren Kreisen als »beste Partie« zu bezeichnen pflegte. Dazu war seine Inselherrschaft zu gering, seine Erscheinung zu wenig spektakulär. Kurzbeinig sei er und obendrein rothaarig, und Ithaka eine Ziegeninsel, spottete der mächtige, aber tölpelhafte Festlandkönig Menelaos. Mit beidem hatte er nicht so unrecht. Denn Odysseus war ein Mann von wenig Macht und kaum ansehnlicher Größe. Die Insel – sein Reich – nicht viel mehr als eine Ansammlung von Gehöften, Fischerdörfern, Olivenhainen und ab und zu einem Weinberg; dazu die Ziegenherden, die die unwegsameren Regionen kahl fraßen – ja und ein paar Dutzend kampferprobter und seetüchtiger Männer. Das war Ithaka.

Menelaos freilich, so meinten die neidischen Nachbarn, habe durch seine Heirat mit Helena das große Los gezogen; was sich wenige Jahre später allerdings als Trugschluss erweisen sollte. Und wer weiß, ohne den klugen Rat des Odysseus, die einstigen Freier einen Pakt mit Menelaos schließen zu lassen, mit dem sie beschworen, seine Ehe gegen alle Widersacher zu verteidigen, wäre um sie schon damals so mancher Streit unter feindlichen Nachbarn entbrannt.

Indes, des Odysseus Ehe ließ sich, alles in allem, recht

gut an. Es wird viel gescherzt und geschäkert worden sein rund um das Bett, und auf vielerlei Arten Liebe getrieben, denn Odysseus, als ein Mann von Ideen, war vermutlich auch erfindungsreich, wenn es um neue Facetten des Lustgewinns ging. Er mag darin so sportlich gewesen sein wie Jahrhunderte später der Römer Ovid, der mit seinen »Positiones« zu seiner Zeit Männer wie Frauen begeisterte. Penelope, von den männlichen Leistungen ihres Gatten entzückt, erwies sich in doppelter Hinsicht als Juwel: Tagsüber war sie die rührige Hausfrau, die ihre Klugheit wie ihre Hände nutzte, um das Hauswesen zum Besten des Gatten zu leiten. Des Nachts aber folgte sie ihm neugierig witternd wie eine junge Hindin dem Hirschen. Kurz, alles stand bestens, und in angemessener Frist gebar die Gattin auch den ersehnten Sohn: Telemachos, den Erben.

Es hätte ewig so weitergehen können mit den beiden, zumal die weise Göttin Athene ihre schützende Hand über Odysseus und die Seinen hielt. Wäre da nur nicht dieser fatale Schönheitswettbewerb unter den Göttinnen gewesen, bei dem Aphrodite trickste, indem sie dem eitlen Trojanerprinzen Paris, der den Schiedsrichter machte, die schönste Frau als Bestechungsgeschenk anbot. Der Junge, in diplomatischer Mission an den Hof des Menelaos gekommen und vom ersten Augenblick an in Helena vernarrt, warf den goldenen Apfel also in Richtung Aphrodite und segelte wenig später, mit Helena im Schlepptau, nach Troja zurück.

Menelaos, von einem Jagdausflug bei Verwandten heimgekehrt, nahm wutschnaubend die Veränderung seines Hausstands zur Kenntnis und ließ die Kriegstrompeten blasen. Das bedeutete, der Beistandspakt, den Odysseus für den Fall der Fälle ausgehandelt hatte, wurde schlagend, was ihm um seines häuslichen Glückes willen ganz und gar nicht gefiel. Gerne hätte er sich herausgehalten, mimte sogar, freilich vergeblich, den wahnsinnig Gewordenen, indem er den Sandstrand pflügte und Salz in die Furchen streute, als wäre es guter Samen. Doch die List wurde als solche entlarvt, und so hieß es schließlich Abschied nehmen auf unbestimmte Zeit. Natürlich glaubten die aufbrechenden Männer an ein kurzes Kriegsabenteuer und eine triumphale Heimkehr mit mächtiger Beute. Zu Beginn jedes Kriegs glauben sie dasselbe, und wenn einer je Zweifel äußert, wird er von seinen »Führern« rasch eines Besseren belehrt. Das wusste auch der Dichter, der sich zum Chronisten eines zehnjährigen Krieges machte. Und hätte der schlaue Odysseus nicht schließlich das Trojanische Pferd erfunden, um den Feind von innen her zu besiegen, wer weiß, die Helden hätten noch weitere Jahre vor den uneinnehmbaren Mauern im Sand gelegen.

Penelope indessen, die jäh aus ihrem häuslichen Idyll gerissene Gattin, blieb allein zurück mit Kind und Hof und Gesinde, allein auch mit dem riesigen Bett voller Erinnerungen an glückliche Nächte. Dieses Bett ist es, das sie Nacht um Nacht ihre Verlassenheit schmerzhafter spüren lässt. Zu manchen Zeiten möchte sie es samt seinen Wurzeln ausreißen, und zugleich klammert sie sich daran, ist es doch das einzig Beständige in ihrem mehr und mehr abdriftenden Leben.

Die Jahre vergehen scheinbar ins Leere, ein Kriegsjahr mündet ins nächste, und die Nachrichten von der Belagerungsfront vor Troja sind spärlich. Dann, endlich, die Botschaft vom Durchbruch: der Sturm auf die Stadt, das große Plündern! Bald finden sich die überlebenden Helden, mit reicher Beute beladen, auf ihren Schiffen ein und rüsten zur glücklichen Heimfahrt. Die ist freilich nicht jedem beschieden. Agamemnon zum Beispiel, der oberste Heerführer: im Bad erschlagen von der eigenen Gattin und ihrem Liebhaber! Oder Idomeneus, der König von Kreta: durch einen leichtfertigen Schwur an Poseidon gezwungen, das erste Lebewesen, das bei der Heimkehr seinen Weg kreuzt, zu opfern: Es sollte sein eigener Sohn sein, den er damit in den Tod reißt. Was für ein Schicksal!

Penelope, der immer Getreuen, rieseln bei solchen Nachrichten wohl kalte Schauer über den Rücken. Doch unverdrossen treibt sie die Mägde zur Arbeit. Der Gatte soll alles bereit finden, wenn er in Kürze heimkehren wird von der beschwerlichen Reise. Bald ist alles gerichtet, das Bett mit dem besten Leinen bezogen, die Vorräte überbordend gestapelt für die große Willkommensfeier, das beste Fass Wein im Keller bereitgestellt.

Doch – Odysseus kommt nicht. Längst haben die Überlebenden des großen Krieges ihren angestammten Platz in ihrer Sippschaft wieder eingenommen, ihre Tage sich angefüllt mit Gelagen und deftigen Prahlereien von ihren Heldentaten. Bei den Besiegten heißen diese freilich Raub und Brandschatzung, Mord und Vergewaltigung. Doch die Sprache der Sieger ist anders, und der überstandene Krieg Grund genug zu einem wilden Taumel des Lebens. Für Penelope ticken die Uhren anders. Als die Jahre vergehen und nur vage Gerüchte von dem Verschollenen künden, finden sich an ihrem Hof ungebetene Gäste ein: gierige Männer, zweit- und drittgeborene Söhne der umliegenden Fürstenhöfe, die es auf ihre Hand und damit auch auf ihr Bett und die Herrschaft über das Inselreich abgesehen haben. Schließlich geht es in einer von Männern beherrschten Welt nicht an, das Regiment einer Frau zu überlassen. Wo käme man da hin? Frech drängen sich diese unerwünschten Gäste ihrer unfreiwilligen Gastgeberin auf, fordern Gastfreundschaft ein, verprassen ihr Hab und Gut, berauschen sich Abend für Abend an ihrem Wein, schwängern gar ihre Mägde. Und immer drängender fordern sie: »Heirate einen von uns, Frau, entscheide dich, oder du wirst es bedauern. Du brauchst einen starken Mann, dein Land zu regieren!« Hundert Listen muss die so Bedrängte erfinden, um das unvermeidlich Scheinende abzuwenden. Und so finden wir sie, an ihrem Webstuhl sitzend, auf dem sie, um eine ungeliebte Entscheidung hinauszuzögern, tagsüber am Leichentuch für den alten Laertes webt, ihren hinfälligen Schwiegervater. Eine letzte Pflicht habe sie so an ihm zu erfüllen, bedeutet sie den drängenden Freiern, danach werde sie die begehrte Entscheidung über ihre Wiederverheiratung treffen. Sie sei bereit, dies zu beschwören, versichert sie – nein, es werde keine weiteren Verzögerungen geben, sobald das Tuch fertig gewebt sei, werde geheiratet. Sie sei nur noch unschlüssig, auf wen ihre Wahl fallen solle, schließlich seien sie ja alle prächtige Männer, und jede Frau könne stolz sein, einen von ihnen zum Mann zu bekommen. Sie könne nur hoffen, dass ihr bald die Last der Verantwortung abgenommen werde, die sie nun schon allzu lange beinahe erdrücke.

Kein Zweifel, den Freiern wässerte der Mund nach diesen vielversprechenden Ankündigungen. Ein Leichentuch – das dürfte nicht allzu viel Zeit in Anspruch nehmen, und bis dahin ließ man es sich wohl sein auf dem weitläufigen Anwesen. Schließlich sollte man die Gelegenheit nützen, denn bald schon würde einer von ihnen zum mächtigen Landlord der Insel werden und nebenbei noch diese knackige Mittdreißigerin ins Bett bekommen. Die stand noch voll im Saft und schien durchaus fähig, einem neuen Gatten einen weiteren Erben zu gebären, einen, der freilich sein Erbe nicht antreten konnte, ehe des Odysseus lästiger Welpe, Telemachos, auf die eine oder andere Weise aus dem Weg geschafft war. Vielleicht konnte man ihn ja auf die Suche nach dem Leichnam seines Vaters schicken? Ohnehin war der Junge angewidert von dem frechen Treiben der Freier, von sich aus nur zu gerne bereit, auf große Fahrt zu gehen, in der Hoffnung, den Vater lebend zu finden und nachhause zu holen. So organisierte er sich heimlich ein Schiff samt Besatzung, um in See zu stechen. Zwar schickten die Freier im Geheimen einen Mörder hinterher, doch der Plan seiner Ermordung schlug, dank der rettenden Wachsamkeit der Göttin Athene, fehl, und der Junge kehrte – enttäuscht, aber unversehrt – von seinem Abenteuer zurück.

Währenddessen webte Penelope standhaft an dem bewussten Leichentuch, allerdings ohne nennenswerte Fortschritte. Denn gemeinsam mit der einstigen Amme des Odysseus, der Mitverschworenen Eurykleia, war sie zur Nachtzeit damit beschäftigt, aufzutrennen, was sie untertags gewebt hatte. Zeit gewinnen, schien ihr Tag um Tag eine mahnende Stimme ins Ohr zu flüstern, eine Stimme, in der sie jene der Göttin Athene zu erkennen vermeinte, die bekanntlich ein besonderes Auge auf ihren Schützling Odysseus geworfen hatte. Der war – wenn man der Fama glauben wollte, die da und dort Bruchstücke von seinen Abenteuern auf hoher See auswarf – unterwegs auf den Inseln so mancher Nymphen und Zauberinnen gestrandet. Bei Kirke zum Beispiel, einem wahren Teufelsbraten von Weib – es hieß, sie verwandle die Männer, die ihr verfielen, in Schweine oder sonstiges Getier. Na ja, dazu bedurfte es nicht immer eines Zaubers. Penelope, das Muster an häuslicher Tugend, war immerhin nicht weltfremd. Sie wusste Bescheid um die Männer: Wenn es um weibliche Verführungskünste ging, gab es für die meisten kein Halten. Odysseus war da eher die Ausnahme als die Regel. Natürlich war auch ihm nicht immer über den Weg zu trauen, soweit es die eheliche Treue anging, aber er hatte doch genügend Verstand, um das Für und Wider abzuwägen. Indessen, die Fama hatte, wie schon erwähnt, ein rühriges Mundwerk und wusste so manches zu wispern. Aber immerhin, den Sirenen hatte er nicht den Gefallen getan, ihrem verheerenden Lockruf zu folgen, obwohl er neugierig genug gewesen war, ihrem Gesang zu lauschen, freilich festgezurrt an den Mast und so außerstande, der Torheit einer Begierde zu folgen, die zweifellos tödlich geendet hätte. Und auch die Sache mit Kirke war, wenn man der Fama glauben wollte, glücklich ausgestanden. Die »Schweine« waren – dank des Odysseus trefflicher Strategie – zurückverwandelt in stattliche Männer, und von dem, was sie mit Kirke getrieben hatten, wollten sie nichts mehr wissen. Was ihnen freilich nicht half im Kampf gegen den ewig zürnenden Poseidon, denn etliche Stürme später zerschellte ihr Schiff an den Klippen einer weiteren Insel, und die treuen Gefährten des Odysseus fanden allesamt in der gischtenden See den Tod. Er selbst aber wurde ans Ufer gespült, direkt vor die Füße der Nymphe Kalypso. Die gab sich als kerniges Fischerweib, das mit kräftigen Armen seine erschlaffte männliche Beute an Land zog und in seine kristallene Grotte schleppte.

Penelope saß unterdessen – webend und auftrennend – an ihrem Webstuhl. Und ständig hatte sie das Bett vor Augen, dieses überdimensionale, wunderbare Bett, das ein Geheimnis zwischen ihr und dem Gatten barg. Es ging nicht an, dieses Bett und sich selbst darin einem anderen zu überlassen. Und doch spürte sie, wie bei dem Gedanken, was darin alles geschehen war – und vielleicht noch geschehen könnte! –, sich unwillkürlich ihre Nackenhaare sträubten und kleine Feuerstöße durch ihren Körper zuckten. Ein Mann – ein Mann müsste her, um ihre er-

18

hitzte Leiblichkeit zu befrieden – o ja, ein Mann! Aber in diesem Bett ein anderer als Odysseus? Unmöglich!

Doch immer wieder ertappte sie sich bei der Frage, wie diese zudringlichen Burschen, die sie belagerten, im Bett wohl sein mochten. Immerhin protzten sie ja ständig mit ihrer Männlichkeit. Aber was es wirklich damit auf sich hatte, darüber wussten nicht einmal die Mägde, die es so schamlos mit ihnen trieben, Bescheid. Wie denn auch – wenn sich doch alles im rötlichen Dunstkreis einer nimmer endenden Trunkenheit abspielte?

Doch von Odysseus flüsterte und wisperte die geschäftige Fama, und wenig von dem, was sie vor der verlassenen Gattin ausbreitete, konnte dieser gefallen. Sie geriet dadurch mehr und mehr in ein Wechselbad der Gefühle, das sie zwischen Verzweiflung und zager Hoffnung umhertrieb. Hieß es doch einmal, er werde wohl für immer im Kristallpalast der Nymphe Kalypso bleiben, da diese ihm für seine Liebe ewiges Leben zugesichert habe. Doch Monate später – oder waren es Jahre? – behauptete Fama, er habe sich, von Heimweh übermannt, losgerissen aus den lockenden Armen und sei, auf einer Nussschale von selbst gezimmertem Boot, wieder in See gestochen in Richtung Heimat. Doch auch jetzt habe ihm der grollende Poseidon die Heimkehr verweigert. Der kindhaften Prinzessin Nausikaa und ihren Gespielinnen sei er am Strand der Phäaken, mehr tot als lebendig, mitten beim Ballspiel buchstäblich vor die Füße gefallen. Penelope hörte die Geschichte nicht gern. Ein von den Strapazen endloser Reisen gezeichneter Mann in mittleren Jahren und ein Mädchen von so zartem Alter – das konnte nicht gut gehen, zumal der Mann ein Held war und das kindhafte Mädchen – dazu noch eine Prinzessin – voll schwärmerischer Bewunderung und Mitleid für den Schwergeprüften sein mochte. Da lauerte Gefahr, befand Penelope, schließlich war ja bekannt, alternde Helden konnten den Reizen unschuldig-junger Dinger nur schwer widerstehen.

Mitten in ihre Gedanken hinein tönten wieder einmal Lärm und Gelächter, das übermütige Kreischen der Mägde, das Grölen der Männer. Vor die Tür tretend, fand Penelope ihre unerfreulichen Gäste bei einem höchst fragwürdigen Spiel: Sie machten Jagd auf einen greisen Bettler, trieben ihn mit Stößen und Püffen von einem zum andern, stießen ihn wie einen Spielball zwischen sich hin und her. »Mach, dass du wegkommst, wir brauchen hier keine Schmarotzer!«, schrien die, die selbst wahre Schmarotzerkönige waren, wie der gefräßige Riese Iros: »Zieh Leine, du stinkendes Aas, alles was du hier kriegen kannst, ist ein Tritt in deinen verschrumpelten Hintern!«

Der Koloss hatte wohl Angst, die stets gut gefüllten Schüsseln teilen zu müssen. Angewidert machte Penelope der wüsten Szene ein Ende, forderte das heilige Gastrecht ein für den von Armut und Alter geplagten Greis. Mit zorniger Stimme befahl sie den Mägden, dem Alten, wie es Brauch war, die Füße zu waschen und ihn mit Speise und Trank zu versorgen. Doch die aufgeplusterten Gänse weigerten sich, den schmutzigen Bettler anzufassen – das würde sie später noch teuer zu stehen kommen. Einzig Eurykleia, die betagte Amme, fand sich bereit zu den notwendigen Diensten.

Penelope, von einer ihr unerklärbaren Unruhe getrieben, beobachtete nachdenklich, wie die Alte sich an den schmutzverkrusteten Beinen hochtastete, wie sie behutsam über eine Narbe hinstrich. Und dann kam, halbblind, gar noch der alte Hund des Odysseus herangeschlichen, umschnupperte den Greis ausgiebig und mühsam, legte sich schwanzwedelnd vor ihm auf den Boden.

20

Er war ein Welpe gewesen, als Odysseus einst auszog, nun schien ihm irgendetwas an dem Alten zu gefallen.

Penelope kam – wie durch eine Eingebung – plötzlich zu einem Entschluss. Sie befahl Telemachos, den mächtigen Langbogen des Vaters aus der Halle zu holen, und verkündete, die Zeit der Entscheidung sei endlich gekommen. Wer immer diesen Bogen spannen und einen Pfeil durch die Löcher von zwölf Äxten schießen könne, sei der Erwählte, erklärte sie mit vor Erregung bebender Stimme. Gewiss, dieser Bogen war nicht leicht zu spannen – aber was, wenn einer von denen das Kunststück doch fertigbrachte? Die Freier aber lachten und klatschten sich auf die Schenkel. Endlich war es so weit! Die geforderte Aufgabe war wohl zu leisten, schließlich waren sie ja alle waffenerprobte Männer. Und jeder hoffte insgeheim, der vom Schicksal Begünstigte zu sein.

Doch einer wie der andere musste erkennen, dem Bogen des Odysseus war keiner gewachsen. So sehr sie sich auch plagen mochten, ein Versuch nach dem anderen schlug fehl. Wild fluchend gaben die Freier auf, entschlossen, die Hand der Frau zuletzt mit Gewalt zu nehmen. Sie staunten nicht wenig, als der Bettler in demütig gebeugter Haltung vor Penelope hintrat und bat, doch auch einen Versuch wagen zu dürfen. Die Frau stimmte zu, mit einer resignierenden Geste und tiefer Unruhe im Herzen. Der Alte griff nach dem Bogen – und da ging eine unerklärliche Veränderung mit ihm vor: Seine Gestalt straffte sich, das graue Gesicht verlor seine Furchen und nahm einen strengen, ja herrischen Ausdruck an. Und – er spannte den Bogen …

»Der Bettler will König werden!«, schrien die Freier entsetzt, als sie sahen, wie der Pfeil surrend durch die Löcher der Äxte fuhr. Penelope stand wie versteinert und rang die Hände, sah, wie der Mann, der nun ganz und gar nicht mehr greisenhaft wirkte, den nächsten Pfeil ergriff – und wieder und wieder den nächsten, und im Hof ein großes Gemetzel anfing, bis die Freier alle blutend am Boden lagen – und nicht nur sie, auch ihr Gefolge kam rasch zu Tode. Zu allem Überfluss bestand Telemachos, sich aufplusternd wie ein junger Hahn, darauf, dass auch die treulosen Mägde starben. Sie wurden an einem Schiffsseil aufgeknüpft, ein Vorgang, der seiner Mutter verhasst war. Natürlich konnte Kollaboration mit dem Feind nicht geduldet werden, doch ihr hätte es genügt, den schamlosen Dirnen zum Zeichen der Schande die Köpfe scheren zu lassen und sie zu den niedrigsten Arbeiten zu verbannen. Fassungslos stand sie inmitten des Chaos, das dieser Fremdling um sie herum angerichtet hatte. Ihr war, als sei Ares persönlich, der Kriegsgott, in ihr Leben eingebrochen. Scheu betrachtete sie diesen unerbittlichen Fremden.

»Es ist Odysseus selbst, der Herr ist zurückgekommen!«, raunte sein treu gebliebenes Gesinde. Das war es, was auch seiner Gattin allmählich dämmerte. Natürlich musste er sich auch gleich als Herr aufspielen: »Geh ins Haus, Weib, und lass für uns Mahlzeit und Bett bereiten, bis ich hier Ordnung geschafft habe!« Seine Stimme war streng und ohne wärmenden Funken. So mochte er wohl mit seiner Mannschaft geredet haben, damals im Krieg. Und den Krieg hatte er auch auf ihr ureigenstes Gebiet getragen, wie die blutigen Toten ringsum bezeugten. Penelope floh händeringend ins Haus, unfähig, auch nur die Stimme zu erheben. Es war die rührige Eurykleia, die den Tisch für die Mahlzeit deckte und das Bett im Schlafraum bereitete.

Der Mann, der – vielleicht? – Odysseus war, kam später. Es waren größere Aufräumungsarbeiten notwendig gewesen, bis die Leichen auf ein abseits gelegenes Feld gebracht und dort verbrannt worden waren. Noch lag der Rauch dieser makabren Ernte schwer in der Luft. Der Mann aber stand schließlich auf der Schwelle, frisch gebadet und zurechtgemacht in einem Gewand aus bestickter Wolle und angetan mit rotem Schuhwerk, wie es sich für einen Fürsten gehörte. Penelope suchte in seinem strengen, von der Anspannung langer Jahre gezeichneten Gesicht die einst vertrauten Züge. Aber: Er glich dem Mann, den sie einst geliebt hatte – und glich ihm doch wieder nicht. Der Zweifel nagte noch immer an ihr. Sie sah ihn – und sah doch nicht, was sie sehen wollte. Wenn er Odysseus sein sollte, so musste sie doch noch ein Zeichen haben, das seine Identität bezeugen konnte. Natürlich, das Bett! Wenn er nicht Odysseus war, sondern nur sein Zerrbild, was konnte er dann von dem Bett und seinem Geheimnis wissen? Trügerisch lächelnd befahl sie Eurykleia, das Bett ans Fenster zu rücken, da sie frische Luft brauche. Doch kaum hatte sie ausgeredet, da donnerte der Mann zornig los: »Oh Weib, hast du denn wirklich das Wort ausgesprochen, das mich peinigt?« Und er beschreibt – in des Dichters eigenen Worten – lang und ausführlich, wie dieses Bett entstanden und beschaffen ist:

»Der Geschickteste noch hatte nicht vermocht, es sei denn mit Hilfe eines Gottes, der allein durch seinen Willen schon es vermöchte, dieses Bett an eine andere Stelle zu rücken! Aber kein Sterblicher, und sei er noch so kraftvoll, hätte es mühelos verrücken können. Wie dieses Bett beschaffen war, das war allein mein Geheimnis; ich allein habe es gezimmert, und ohne jede Hilfe. Inmitten des Platzes breitete ein Ölbaum seine Blätter aus; er war ausgewachsen und voll, und sein dicker Stamm hatte den Umfang einer Säule. Rings um diesen Stamm baute ich aus Stein die Wände unseres Schlafgemachs und bedeckte es mit einem Dach. Und als ich eine Tür aus Holz ohne jeglichen Spalt eingesetzt hatte, da erst kappte ich die Krone des Ölbaums, behaute den Stamm bis zu seiner Wurzel hinab, glättete ihn rings umher, machte ihn mit der Richtschnur gerade und nahm ihn als kunstvollen Pfosten des Bettes, mit dem ich den Rest verdübelte, und an diesen ersten Pfosten baute ich das ganze Bett und zierte seinen Rahmen noch mit Gold und Elfenbein und Silber und zog Gurte hindurch aus purpurner Stierhaut. Dies also ist unser Geheimnis! Genügt dir das als Zeichen? Ich möchte daher wissen, Frau, steht unser Bett noch am alten Platz oder hat man, um es woanders hinzustellen, den Ölbaumstamm durchtrennt?«

Doch: Die Sorge des Mannes ist überflüssig, das Bett steht unverrückt und unverrückbar an seinem Platz. Und auch Penelope hat nun Gewissheit: Der Fremdling in ihrem Haus – nein, bald auch in ihrem Bett – ist wirklich ihr Gatte. »Und sie waren erfreut, ihr Lager und die Rechte von ehedem wieder gefunden zu haben«, beschließt der Dichter seine Geschichte. Oh ja, erfreut – auch wenn sie beide nie wieder die sein konnten, die sie in ihren unbeschwerten früheren Jahren gewesen waren.

Intermezzo I
Wohl gebettet – wohl gelebt

In den antiken Kulturen Athens und Roms gehörte das Bett mehr oder weniger zu den Statussymbolen des Bürgers. Selbst der Bescheidenste unter ihnen strengte sich an, seinen Freunden wenigstens ein Speisesofa zu präsentieren, wenn er sie zu einem seltenen Festmahl lud. Zum Schlafen begnügte er sich oft mit einem einfachen Strohsack, über den ein Umhang als Decke gebreitet wurde. Richtige Betten und gar eigene Schlafkammern waren das Vorrecht begüterter Familien, die über genügend Raum verfügten. Die wichtigste Schlafstätte war natürlich das Ehebett, für das der Mann zu sorgen hatte, ehe er seine Braut heimführte. Homer freilich lässt seinen Helden Odysseus ein Übriges tun: Mit eigenen Händen und ohne jede fremde Hilfe schnitzt er ein Bett, das fest in der Erde verwurzelt ist, und errichtet darum herum die Brautkammer, das spätere eheliche Schlafgemach, ehe er auf Brautfahrt geht. Einzig Penelope, seiner Erwählten, vertraut er das Geheimnis dieses Bettes an, das so selbst nach langer Trennung zum Signal ihres Wiedererkennens wird. Im Allgemeinen aber hatten die Männer nicht so viel Fantasie, ihren Frauen derart geheimnisumwitterte Lagerstätten zu bieten.

Die Funktionen eines Bettes waren vielfältig. Die größte Aufmerksamkeit widmete man dem Ehebett, wurde doch darin – wie allerorts und zu allen Zeiten – geschlafen, geliebt und gezeugt, wobei allerdings weder die Griechen noch die Römer allzu eifrig waren; sollte doch der Besitz, der das soziale Ansehen garantierte, nicht zu sehr zerstückelt werden. »Im ehelichen Bett liegt kaum der Gebärenden eine«, klagte der Moralist Seneca einst. Im Übrigen schliefen Ehepaare längst nicht immer in einem gemeinsamen Bett, man sparte sich dies vielmehr für besondere Gelegenheiten auf. Und auch dann blieb die Zweisamkeit oft nicht gewahrt. Meist schlief, auf einer Matte dezent in einen Winkel gedrückt, ein Sklave oder auch eine Sklavin, um im Bedarfsfall das Paar zu bedienen, wobei oft auch recht intime Dienstleistungen erwartet wurden. Man sieht, die Moralisten hatten damals schon gute Gründe, sich über die Sittenlosigkeit der Zeit zu beklagen. Zu besonderen Anlässen, wie etwa der Brautnacht, wurde das Ehebett festlich bekränzt und mit Blütenblättern bestreut, das beste Bettzeug und parfümierte Kissen hießen die Braut in ihrem neuen Heim willkommen. Der Rest freilich glich eher einer legitimen Vergewaltigung. Liebespaare fanden sich nur selten im gemeinsamen Ehebett. Die Oberschicht wusste um den Wert klingender Namen und klingender Münze: Ehebeziehungen wurden vor allem unter dem Gesichtspunkt der Nützlichkeit angebahnt.

Wie es um die Betten der Griechen bestellt war, erfahren wir unter anderem aus einer Komödie des großen Spötters Aristophanes, in der die schlaue Athenerin Lysistrata, der ewigen Kriege zwischen Athen und Sparta überdrüssig, ihre Geschlechtsgenossinnen zum Liebesstreik aufruft: Sie weiß, wie man den Männern ihre Kriegsgelüste verleiden und sie zu angenehmeren Tätigkeiten animieren könnte. Denn: »Säßen wir zuhause, reizend geschmückt, und spazierten halbnackt im durchsichtigen Florgewand und mit glatt gezupftem Schößchen vor ihnen her, sodass unsere Männer brennen würden vor Verlangen, wir aber würden, statt ihre Begierde zu befriedigen, uns verweigern, oh, so schlössen sie eilends Frieden, dessen bin ich mir sicher!«

Also überredet sie ihre vernachlässigten Geschlechtsgenossinnen zu dieser raffinierten Anti-Kriegs-Therapie, um so den Frieden zu erzwingen. Eine ihrer Freundinnen steigert die Streikwirkung noch, indem sie vor ihrem sexgestressten Gatten so tut, als gäbe sie seinem Drängen nach. Die hartherzige Dame befiehlt ihrem Mann, zunächst das Ehebett wieder aufzubauen, das sie von ihren Sklaven hatte entfernen lassen. Aristophanes schildert diesen Vorgang mit sichtlichem Vergnügen und in allen Einzelheiten – für uns eine gute Gelegenheit, uns einen Einblick in die griechische Bettkultur zu verschaffen: Der nach den so offenherzig zur Schau gestellten Reizen seiner »besseren Hälfte« förmlich hechelnde Gatte wird zum willigen Sklaven und schleppt zunächst einen hölzernen Rahmen mit breit geflochtenen Gurten herbei, der als Grundgerüst für das Lager dient. Eine oder mehrere Binsenmatten folgen, darüber werden von der Gattin selbst gewebte Decken gebreitet; Kissen, die mit unterschiedlichem Tiergefieder gefüllt sind, vollenden das Ganze. Endlich, als alles an seinem Platz ist, erwartet der Gatte, vor Erregung schwitzend, seine Belohnung. Aber: »Nichts da«, bedeutet ihm die unwillige Schöne. »Macht erst Frieden mit euren Feinden, sonst wirst du in diesem Bett nie willkommen sein!« Kein Wunder, dass die Athenerinnen – wenn auch nur in der Fantasie des Dichters – ihren Liebesstreik binnen Kurzem siegreich beenden könnten!

Heute verbringt der Mensch etwa ein Drittel seines Lebens im Bett. In der Antike war es mehr als die Hälfte. Man erledigte dort seine Korrespondenz und seine Geschäfte, empfing Besuche, las und aß sogar auf dafür geeigneten Liegen. Die Philosophen in den Bibliotheken studierten die Schriften ihrer Vorgänger und Rivalen auf bequemen Ruhebetten, in den öffentlichen Bädern erholte sich die sportliche Jugend darauf von ihren Fechtübungen – ganz zu schweigen von den Betten für den Schönheitsschlaf der Damen. Und auch bei den Mahlzeiten und Festgelagen hatte ein speziell dafür konstruiertes »Bett«, das Triclinium, eine wichtige Rolle. Auf dieser dreisitzigen Liege wurden im Normalfall die Mahlzeiten eingenommen. Wir wissen vor allem über die Tischsitten der Römer gut Bescheid. Petronius, ein zu Neros Zeiten viel gelesener Autor, hat sie in seinem *Satyricon* beschrieben. Die Ausgrabungen in und um Pompeji förderten zahlreiche Häuser mit nahezu intakter Innenausstattung zutage, die seiner Schilderung recht geben. Auch auf Vasenbildern und Mosaiken können wir zechende und schmausende Gestalten auf einem Triclinium entdecken.

Bei größeren Gelagen und feierlichen Anlässen wurden mehrere dieser Möbel so platziert, dass sie einen Halbkreis um die Liege des vornehmsten Gastes bildeten. Dazwischen warteten Tische mit einer überbordenden Fülle an Delikatessen und Getränken darauf, von den Gästen geplündert zu werden, während ein Heer von Sklaven beiderlei Geschlechts dafür sorgte, dass kein Wunsch unerfüllt blieb. Für Damen, die besonders auf ihre Ehrbarkeit achteten, wurden auch Stühle bereitgestellt, die allerdings gegenüber den freizügigen Triclinien recht steif anmuteten. Die intime Nähe, die diese schufen, bot reichlich Gelegenheiten zum Flirten – manchmal aber auch leider zu einem gut getarnten Giftanschlag.

Weil das Bett zum »Mobiliar«, also den beweglichen Dingen gehörte, war es bald auch auf der Straße zu sehen. Dabei ging es nicht etwa um Krankentransporte oder Ähnliches, sondern schlichtweg um eine bequeme, wenn auch aufwendige Fortbewegungsart. Die Gassen waren eng, Pferde waren innerhalb der Stadt mühsam zu halten, als Fußgänger musste man oft knöcheltief im Schmutz waten. Wozu Ritterstiefel und Senatorentoga und womöglich gar die teuren Roben der Damen ruinieren? Da ließ man sich schon lieber, bequem auf einer bettähnlichen Sänfte ruhend, von ein paar stämmigen und prächtig livrierten Sklaven durch die Stadt schaukeln.

Häufig waren die Sänften mit einem Überbau ausgestattet, der die Insassen sowohl vor Wetterkapriolen schützte, als ihnen auch einen gewissen Grad von Anonymität gewährte, was bei den zahlreichen politischen und privaten Intrigen der Zeit entschieden von Nutzen sein konnte. Außerdem schmeichelten Eleganz und Ausstattung der Eitelkeit ihres Besitzers. Es machte schon etwas her, sich von einem Sechsergespann prächtig herausgeputzter Sklaven durch die Stadt transportieren zu lassen!

Und noch eine Gelegenheit gab es, bei der das »öffentliche« Bett eine wichtige Rolle spielte: das Totenbett, auf dem prominente Verstorbene zu ihrer Leichenfeier geleitet wurden. Es war auf einer Art von Katafalk errichtet, der von eigens livrierten Sklaven getragen oder gezogen wurde. Der bettartige Aufbau war schwarz drapiert und oft mit goldenen oder silbernen Emblemen des Verstorbenen geschmückt. Dieser ruhte, sorgsam geschminkt und in seine besten Gewänder gehüllt, auf einer erhöhten Liege, als ob er nur schliefe. Neben den Angehörigen und Trauergästen folgte ihm auch eine Gruppe von Schauspielern, die die Masken seiner Ahnen trugen. Die Herkunft galt in einer Gesellschaft, in der viele alte Geschlechter eine Gottheit als Stammvater oder -mutter reklamierten, als wesentlicher Bestandteil der »dignitas«, der öffentlichen Wertschätzung, die jeder Einzelne im gesellschaftlichen Gefüge beanspruchen konnte. Bei seinem letzten öffentlichen Auftritt sollte ausdrücklich darauf hingewiesen werden.

Leben und Tod spielten sich in der antiken Gesellschaft vor allem in der Horizontalen ab. Die Menschen lebten und bewegten sich vorwiegend im Umkreis des Bettes. Und ihr sozialer Status spiegelte sich in dessen Qualität. Die römischen Kaiser waren auf tyrrhenischen Purpur gebettet, den kostbarsten Stoff, den die Antike zu bieten hatte. Wie viele ehrgeizige Damen mögen davon geträumt haben, einst als Gattin eines römischen Imperators darauf zu ruhen. Warum nicht auch eine römische Kurtisane namens Poppaea?

Eine Kurtisane im Purpurbett

»Ich will ein Bett aus tyrrhenischem Purpur haben«, sagte Poppaea, die ihre Karriere als erfolgreiche Kurtisane begonnen hatte, ehe sie den General Otho herumkriegte, sie zu heiraten. Tyrrhenischer Purpur – das war der kostbarste Stoff, und nur für den Imperator und seine Familie bestimmt. »Deine Wünsche übersteigen meine Möglichkeiten«, versuchte Otho seine anspruchsvolle Gattin zu besänftigen. »Du weißt, tyrrhenischer Purpur ist dem Kaiser vorbehalten. Sein General muss da passen.« Poppaea äugte verächtlich. »Na wenn schon! Dann werde du eben Kaiser! Nero wäre nicht der Erste, einer Meuterei zum Opfer zu fallen. Oder sollte ich etwa einen Mann ohne Ehrgeiz und Mut bekommen haben?«

Der Vorwurf saß. Das Gespräch nahm eine Wendung, die Otho ganz und gar nicht gefallen wollte. »Nun, Nero würde es vermutlich unverzeihlich finden, wenn ich versuchte, ihm den Thron streitig zu machen, nur um meiner Frau zu gefallen«, gab er ihr zu bedenken.

Poppaea blickte kurtisanenhafter denn je. »Wer weiß, vielleicht sollte ich etwas unternehmen, um ihm zu gefallen!« Sie sagte es mit ihrer trägen Komm-ins-Bett-Stimme, doch es waren die letzten Worte, die die beiden vor Othos Aufbruch in den Krieg miteinander wechselten. Der Kuss, den sie danach noch tauschten, wirkte von seiner Seite her reichlich verunsichert. Schließlich konnte man nie wissen, wie Poppaea das meinte, was sie sagte.

Otho war also – auf Befehl des Imperators, versteht sich – mit seiner Truppe ins Feld gezogen. Nun kam er zurück, zwar ohne die bei römischen Kommandanten heiß begehrte Graskrone – einen leider sehr vergänglichen Orden für außerordentliche Heldentaten –, aber immerhin mit einer ordentlichen Wagenladung erbeuteter Feldzeichen und einer stattlichen Anzahl versklavter Feinde. Er hatte sein Staatspferd in den Stallungen auf dem Marsfeld gelassen und zu Fuß das Stadttor durchschritten, das seinem Anwesen am nächsten lag. Seine Gedanken waren voll Vorfreude auf das Wiedersehen mit seiner Gattin, von der er annahm, dass sie ihn mit liebender Ungeduld erwartete. Zu seiner Überraschung fand er nicht nur den gewohnten Türhütersklaven auf der Schwelle seines Hauses, sondern auch zwei stattliche Wachen der Prätorianergarde. Die roten Federbüsche auf ihren Helmen zitterten leicht in der Abendbrise, ihre Schilde glänzten wie poliertes Silber. Als er das Tor durchschreiten wollte, hielten ihn ihre gekreuzten Speere zurück. »Hoher Besuch, mein Herr! Der Imperator wünscht keine Störung!«

Der General erstarrte. Nero allein mit Poppaea? Und keine Störung? Eifersucht brandete in dem Gatten hoch. Das konnte schließlich nur eines bedeuten: Der Kaiser vögelte seine, Othos, Frau! Für den brach buchstäblich eine Welt zusammen. Verdammte Hure, wie konnte sie ihm das nur antun? Ihr Ehrgeiz kannte offenbar keine Grenzen. Ein General – noch dazu ein siegreicher! – war ihr nicht genug. Nein! Sie musste ihre gierigen Finger nach einem noch höheren Ziel ausstrecken. Klar, der tyrrhenische Purpur, und am Ende das Diadem einer Kaiserin!

Einen Fluch unterdrückend, schlug sich der General in die Büsche. Die Villa war in einem weitläufigen Gartenareal errichtet worden und hatte einen unauffälligen Hintereingang, von dem die Wachen nichts wissen konnten. Den wollte Otho jetzt nutzen, um zu sehen ... zu sehen, was er um keinen Preis sehen mochte.

Poppaea lag hingegossen auf ihrer Liege, die mit violettem Samt bezogen war; kein Purpur, aber vom Farbton her diesem doch so verwandt wie nur möglich. Unter der durchsichtigen konischen Seide ihres Gewandes dehnten sich ihre Rundungen einladend ihrem illustren Gast entgegen. Der kauerte, einen Efeukranz um die Stirn gewunden und mit vor Begierde bebenden Fingern an einem Saiteninstrument klimpernd, vor Poppaeas Lager und verschlang ihren Anblick mit hungrigen Augen. »Himmlische Poppaea, göttliche Poppaea«, deklamierte er mit einer Stimme, die etliche Jahrhunderte später keinem verkrachten Operntenor zur Ehre gereicht hätte, ihm aber als meisterhafter Gesang erschien: »Mein Augenstern, oh Poppaea, sei mein, und ich werde dir Rom und die Welt zu Füßen legen!« Poppaeas Augen, smaragdgrün und jetzt vor Begeisterung goldgesprenkelt, signalisierten Entzücken, doch die Gebärde ihrer Hand deutete sanfte Zurückweisung aus. »Keine Versprechungen, mein Kaiser! Du weißt, dass ich die Frau deines tapferen Generals bin und ihn demnächst aus dem Krieg zurück erwarte! Und du selbst hast eine Kaiserin an deiner Seite!« »Die Furien mögen sie beide ergreifen«, murmelte Nero mit grimmiger Miene, um dann, zu Poppaea gewandt, zu säuseln: »Sorge dich nicht, Allerschönste! Die Hindernisse werden bald aus dem Weg geräumt sein!«

Der stumme Lauscher unter dem Fenster hatte Mühe, zu verstehen, was oben in dem Gemach gesprochen wurde, so heftig pochte sein Puls.

»Vergiss den General, vergiss Octavia«, umschmeichelte Nero indes seine Angebetete. »Bin ich nicht der Imperator, dessen Wille Gesetz ist?« Für den Augenblick, in dem er es sagte, glaubte er es sogar. Erst später würde ihm aufgehen, dass es nicht so einfach sein würde mit der Beseitigung unliebsamer Hindernisse.

Der unglückliche Gatte fühlte sich in seinem tiefsten Wesen verstört. Am liebsten hätte er sein Schwert gezogen und die beiden Ehebrecher durchbohrt. Poppaeas perlmuttfarbene Brüste – überströmt vom Blut ihres Liebhabers und ihrem eigenen – was für ein Anblick! Aber: Der Liebhaber war der Kaiser persönlich, und ihm hatte er Treue geschworen. Und die Frau – was wäre die Welt für ihn, Otho, wenn Poppaea darin nicht mehr vorkam?

»Ich muss gehen, dir den Thron zu bereiten«, sagte indes Nero und warf sich den Mantel – natürlich tyrrhenischer Purpur! – über die Schulter. Ungeduld schwang in der Stimme des Liebestrunkenen, morgen schon würde er Poppaea zu seiner Gattin machen. Die umschlang ihn mit bebenden Armen, presste ihren glühenden Leib gegen den seinen. »Wirst du wiederkommen, Geliebter?«, fragte sie mit Herzklopfen in der Stimme. Ihre Lippen leuchteten ihm rot und sehr einladend entgegen, doch der Kuss, mit dem sie ihm ihren Mund gleich wieder entzog, war nur ein vages Versprechen. Ach, die Bübin kannte sich mit den Ritualen der Männerverführung nur allzu genau aus, und sie wusste ihre Mittel auf das Raffinierteste einzusetzen! »Ich komme wieder«, sprach unterdessen der Liebhaber mit der starken Stimme des Kaisers. Es klang unverbrüchlich wie ein heiliger Schwur, und Poppaea hauchte ihm, Abschied nehmend, eine letzte zärtliche Kusshand zu.

Otho stürzte, die Augen von aufquellenden Tränen blind und ein ersticktes Schluchzen in der Kehle, in die Dunkelheit und landete, nachdem er mehrere Gassen blindlings dahingestürmt war, in einer nicht eben wohl beleumundeten Schenke. Dort traf er Senecas Neffen, den Dichter Lucanus. Der hatte mit Nero, dem Möchtegern-

Poeten, so manchen Wettkampf um den Lorbeer eines Dichterfürsten ausgetragen, aber, gewitzt wie er war, den Kaiser immer gewinnen lassen. Schließlich war dessen Wohlwollen eher karrierefördernd als seine Eifersucht.

Dass Roms kunstverständige Mäzene hinter dem Rücken des kaiserlichen Dilettanten spöttische Bemerkungen tauschten, war eine andere Sache und sprach für den guten Geschmack von Männern wie Petronius, den »arbiter elegantiarum«, wie er genannt wurde. Kürzlich hatte sein neuester Roman, *Satyricon*, eine gewagte Persiflage auf Neros Rom, unter den Literaturkennern Furore gemacht. Erst nachdem der unglückliche Otho in der von Rauch und scharfen Gerüchen erfüllten Schankstube einen Krug roten Falerner hinuntergestürzt hatte, war er imstande, dem Dichter sein Elend anzuvertrauen.

»Der Kaiser nimmt mir meine Frau weg, Nero will sie in seinem Bett haben«, quengelte er. Dass der ehebrecherische Impuls vermutlich von ihr, seiner Frau, ausgegangen war, behielt er lieber für sich. Besser, die Schuld dem anderen, dem Eindringling, zuzuschreiben.

Lucanus war von dieser Neuigkeit nicht eben beeindruckt. »Nun, dann nimm dir eine andere! Rom ist schließlich voll von hinreißenden Frauen, die froh wären, einen wie dich ins Bett zu bekommen. Drusilla zum Beispiel, die Nichte der Kaiserin! Hast du noch nicht bemerkt, dass die entzückende Kleine Augen nur für dich hat? Und dann, ihr sanftes Erröten, wenn sie zufällig deinen Weg kreuzt! Wenn du meinen Rat willst, nimm Drusilla zur Frau und überlass Poppaea dem Nero, wenn er sie schon unbedingt haben will.«

Otho schnaubte verächtlich. »Wer will schon ein halbes Kind wie Drusilla? Ich möchte Poppaea nicht aufgeben«, knurrte er grimmig. »Bedenke, sie kann dein Untergang werden«, warnte ihn Lucanus und vertiefte sich achselzuckend in den Genuss würziger, in Weinlaub gebackener Würstchen, indes Otho scheel vor sich hin starrte und ab und zu einen tiefen Zug aus dem immer wieder neu gefüllten Weinkrug tat.

Anderen Morgens war Nero übel gelaunt. Das Versprechen, das er Poppaea, von ihren sinnlichen Reizen überwältigt, gegeben hatte, nagte an seinen Gedanken. Unerfreuliche Hürden galt es zu überwinden, ehe er Octavia, die tugendhafte und selbstbewusste Kaiserin, in die Wüste schicken konnte. Bestimmt würde sie mit Zähnen und Klauen verteidigen, was sie ihre ehelichen Rechte nennen mochte. Nero kannte das, er hatte immer schon seine liebe Not mit starken, rechthaberischen Frauen gehabt. Das war schon bei seiner Mutter Agrippina so gewesen. Wenn sie ihren Befehlston angeschlagen hatte, war dem jungen Nero nichts anderes übrig geblieben, als den Nacken zu beugen. Doch immerhin, er verdankte Agrippina den Thron, nachdem sie diesen alten Trottel von Claudius, den ewig stotternden »Kaiser Clau-Clau«, mittels einer vergifteten Birne ins Jenseits befördert hatte.

Freilich, Dankbarkeit war nicht eben eine Tugend in der Sippschaft der Cäsaren, und die Alte beging den Fehler, sich allzu sehr in die Regierungsgeschäfte sowie das private Leben des Sohnes einzumischen. Auch diese leidige Ehe mit Octavia, die ihm nun zu schaffen machte, war schließlich auf ihren Rat hin zustande gekommen. Kurz, es war an der Zeit gewesen, sich die lästige Mahnerin vom Hals zu schaffen! Also ab mit ihr auf ein leckes Schiff, um sie dem launischen Meergott Neptun zu opfern!

Doch was Wunder, der wollte sie nicht, und so blieb dem muttermörderischen Sohn nichts anderes übrig, als sie eigenhändig zu erdolchen. Danach war ein Dankopfer an die Furien fällig, die vor den Missetaten der Cäsaren so wohlwollend die Augen geschlossen hielten.

36

Aber nun, dieses neue Ärgernis, die causa Octavia! Die Sache musste so schnell und unauffällig wie möglich erledigt werden. Nero brannte vor Ungeduld, die verführerische Poppaea bei sich einziehen zu sehen. Er ließ seinen alten Mentor und philosophischen Ratgeber Seneca rufen. Vielleicht, dass der weise Mann Rat wusste, wie man die unerwünschte Dame loswerden konnte. Mit dem missliebigen Otho hätte er dann leichtes Spiel. Nie würde der es wagen, sich seinem Befehl zu widersetzen.

Doch der Imperator sah sich, soweit es Octavia betraf, in seinen Hoffnungen getäuscht. Denn kaum hatte er dem alten Stoiker seine Wünsche gebeichtet, schon zeterte der los: Unmöglich, das dürfe er nicht, Octavia sei sakrosankt, ein Liebling der Götter, zudem aus bester Familie und beim Volk äußerst angesehen. Nie und nimmer würde dieses dulden, dass sie verstoßen würde.

Aber bitte, das Volk …, was hatte das schon zu sagen? Wenn es aufmüpfig wurde, stopfte man ihm mit Brot und Spielen die Mäuler – ohnehin musste ja wieder einmal an einer Rotte von Aufrührern ein Exempel statuiert werden. Also nicht gezögert, sondern her mit einem vernünftigen Scheidungsgrund! Doch Seneca, dieser alte Narr, wollte davon nichts wissen. Und schon gar nicht für eine Hure wie Poppaea. Er wagte es, das unselige Wort auszusprechen, doch da wurde Nero zum wutschnaubenden Stier. »Hinaus mit dir, du elender Tropf«, schrie er, mit hochrotem Kopf. »Ich schicke dir meine Prätorianer auf den Hals, lebendig will ich dich in meinem Palast nicht mehr sehen!« Seneca verstummte. Er wusste nur zu genau, mit Nero war nicht zu scherzen, wenn er in dieser Verfassung war. Seine Drohung kam einem Todesurteil gleich. Also begab sich Seneca schlurfenden Schritts in seine Studierstube und wies seinen treuen Famulus an, ihm in der Kammer nebenan ein wohlriechendes Bad zu bereiten. »Tu es nicht, Seneca«, flehte der Junge, der aus der düsteren Miene des Weisen wohl ahnte, was jener im Sinn hatte. »Töte dich nicht, Meister, sondern lass uns fliehen, solange es noch Zeit ist! Ich folge dir, wohin du nur willst!« Doch Seneca schüttelte den Kopf. »Der Weise weiß, wann es Zeit ist, abzutreten«, gab er verhalten lächelnd zur Antwort. Und gefassten Schritts betrat er die Kammer und stieg in das Becken, aus dem duftende Dämpfe emporstiegen. Er öffnete seine Adern, und als das Wasser sich rot zu färben begann, überließ er sich dem dahinplätschernden Strom verblassender Gedanken. – So ging Seneca gelassenen Muts ein in das Reich der Schatten …

Octavia indessen, die ungeliebte Noch-Kaiserin, die so ihres wichtigsten Parteigängers beraubt war, begriff, dass sie nun handeln musste, wenn sie überleben wollte. Also ließ sie im Geheimen Otho zu sich kommen, den zum Hahnrei gewordenen Gatten ihrer Widersacherin. »Du weißt, was in deinem Haus vor sich ging?«, stellte sie ihn zur Rede. Otho nickte betrübt. Dafür Worte zu finden, war er nicht fähig.

»Bist du ein Mann oder eine Memme?«, richtete die Kaiserin eine Frage an ihn, die er so ähnlich früher schon aus Poppaeas Mund nicht gerne gehört hatte. Eine lange, bedrohliche Pause folgte. Dann Octavia, mit leise zischender Stimme: »Ich will, dass du Poppaea umbringst!« Der General spürte, wie ihn eisige Kälte durchrieselte. »Herrin, das kannst du nicht verlangen. Es wäre Frevel!«, stammelte er. Aus Octavias Augen blickte ihn die Kälte eines Basilisken an.

»Erzähle du mir nicht, was ich verlangen kann«, fauchte sie böse. »Wenn du dich weigerst, werde ich dem Kaiser sagen, du hättest dich an mir vergriffen. Mag er mich als Frau auch schon längst abgeschrieben haben, er wird es nicht dulden, dass du seine Würde in den Schmutz gezogen hast. Glaube mir, dein Tod würde kein angenehmer sein, zumal dadurch ein Hindernis auf seinem Weg zu Poppaea aus der Welt wäre. Oder glaubst du, er würde dich schonen, weil du ein erfolgreicher General warst?«

Nein, Otho wusste nur zu genau, dass Octavia recht hatte. Und überhaupt, mit ihr war nicht zu spaßen, sie würde ihn eiskalt dem Zorn Neros ausliefern, wenn er sich weigerte, ihrem Befehl zu gehorchen. Zudem – hatte die Treulose den Tod nicht verdient? Und gab es in Rom nicht Gesetze, die es dem Oberhaupt einer Familie erlaubten, mit missliebig gewordenen Mitgliedern nach Gutdünken zu verfahren? Doch Otho konnte sich eine Welt ohne Poppaea kaum vorstellen. Würde nicht alles ringsum für ihn in Düsternis versinken? Und selbst wenn er sich zu der infamen Tat durchringen sollte, was, wenn er – was wahrscheinlich war – dabei ertappt würde? Dann stand ihm zweifellos ein schlimmer Tod in der Arena bevor. Nero, der Liebestolle, würde keinen Augenblick zögern, den Mörder seiner Angebeteten den Löwen oder sonstigem wilden Getier vorzuwerfen.

Als Otho – scheinbar willfährig – dieses Problem mit der Kaiserin zu erörtern suchte, begriff er, dass diese an alles gedacht hatte. »Die Hure ist schon im Gästetrakt des Palastes untergebracht«, eröffnete sie ihm. »Heute Nacht noch kannst du die Tat ausführen, der Kaiser ist auf einem Empfang für den parthischen Gesandten. Lass dir von meiner Nichte ein Kleid geben, als Frau verkleidet, kannst du dich unauffällig im Palast bewegen!« Für die Prätorianer am Eingang würde gesorgt sein, bedeutete sie ihm noch mit verschwörerischer Stimme, ein Schlaftrunk würde ihnen die Augen verschließen.

Otho merkte wohl, dem Mordauftrag würde er nicht mehr entrinnen können. Zudem richtete es Fortuna, die ewig Zweideutige, ein, dass er an der Tür mit Drusilla beinahe zusammenstieß. Die hektische Röte ihres Gesichts und ihre freudig erschrockenen Blicke verrieten ihm nur zu deutlich, wie es um ihre Gefühle für ihn bestellt war. Es war für Otho ein Kinderspiel, die Arglose zu überreden, ihm eines ihrer Gewänder zu überlassen – er wolle einem Freund einen Streich spielen, wie er behauptete.

Drusilla, die von ihrem heimlich Geliebten nichts Böses vermutete, klatschte wie ein Kind in die Hände und führte ihn in ihr Gemach, wo sie ihn mit allem versorgte, um ihn als Frau durchgehen zu lassen. Befriedigt ließ sie ihn vor ihren großen Spiegel aus poliertem Silber treten, betrachtete ihn von allen Seiten und rief entzückt: »Sieh nur, was für ein hübsches Mädchen ich aus dir gemacht habe!«

Otho warf nur einen flüchtigen Blick auf sein verändertes Selbst. Also wirklich, ein Mädchen! Wenn das nicht zum Lachen war – wäre der Anlass dieser Scharade nur nicht so tödlich ernst gewesen! Er hauchte Drusilla einen flüchtig dankbaren Kuss auf die Wange und suchte das Weite. Dass das liebende Mädchen, von Neugier getrieben, ihm auf lautlosen Sohlen heimlich nachschlich, nahm er, in düsteres Brüten versunken, nicht wahr.

Was die Prätorianer vor Poppaeas Appartement betraf – die schliefen fest, wie Octavia es versprochen hatte. Und auch Poppaea schlief, der noch immer unschlüssige Mörder merkte es, als er leise ihr Gemach betrat. Sie schlief, hingestreckt auf einer Liege – aus tyrrhenischem Purpur, versteht sich! –; der Kaiser wusste Bescheid um ihre heimlichen Wünsche und hatte sich beeilt, sie zu erfüllen. Aus dem Nebengelass war nur das dumpfe Schnarchen von Poppaeas Amme zu hören. Auch sie war also, nach einem vermutlich aufregenden Tag, zufrieden entschlummert. Hatte sie nicht, ähnlich wie ihre Herrin, schon immer hoch hinausgewollt? Konnte sie sich etwas Besseres wünschen, als die Vertraute der künftigen Kaiserin zu sein?

Mit unsicheren Schritten trat Otho näher, zog den Dolch aus den Falten seines Gewandes, zögerte noch, verzaubert von dem schmerzhaft vertrauten Anblick der schlafenden Schönen … Sein Fuß stieß an einen Pokal, der am Ende des Bettes lag und nun laut scheppernd über den Boden rollte. Poppaea, über deren durchsichtiges Nachtgewand Rosenblätter verstreut lagen, regte sich, hob traumversponnen die Augen – sah die Waffe blitzend über sich und schrie auf. Sogleich stürzte die Amme herbei – was für ein mächtiges Weib die doch war! – und entrang dem erschrockenen Attentäter den Dolch, rief nach den Wachen. Die kamen schlaftrunken hereingetappt, bereit, sich auf den Übeltäter zu werfen und ihn zu arretieren. Doch – Poppaea gebot Ruhe, nachdem sie sich schnell über die Person des Attentäters klar geworden war.

»Es ist nichts geschehen«, erklärte sie kurz und bündig. »Ich will nicht, dass der Kaiser damit behelligt werde!« Dies in einem Tonfall, als ob sie selbst schon das Diadem auf ihrem wolkig rötlichen Haar trüge. Dann, leise in Richtung des versteinert stehenden Otho: »Verschwinde, du Narr! Oder willst du in die Arena?« Der verhinderte Mörder fand endlich wieder zu sich selbst, nützte die Gelegenheit und entkam in der Dunkelheit, leichten Herzens. Sie wollte dich retten – vielleicht liebt sie dich doch noch, fuhr es ihm durch den Sinn.

Zu ihrem Unglück indes wurde die um ihren Liebsten besorgte Drusilla, im Vestibül hinter einer Säule lauschend, entdeckt. Die Wachen bemächtigten sich ihrer, und da sie sie für die Beinahe-Mörderin hielten, nahmen sie sie fest und schleppten sie anderntags vor den Kaiser.

An Neros Reaktion konnte kein Zweifel bestehen. Octavias Nichte als Mörderin vor seinem Gericht – was für ein Glücksfall! Doch erblasste er, als er erfuhr, in welcher Gefahr seine Angebetete sich befunden hatte. »Octavia, dieses Ungeheuer von einer Gattin, hat es befohlen«, schrie er in Richtung der Senatoren und anderen hohen Chargen, die gekommen waren, ihm ihre morgendliche Aufwartung zu machen. »Auf die Folter mit beiden!« Dies mit überschnappender Stimme. Die Folter freilich war nach Römischem Recht nur Sklaven vorbehalten, sie an freien Bürgern und gar der römischen Nobilitas zu üben, war strikt verboten. Doch was scherte das den entrüsteten Nero? »Ich will Geständnisse«, brüllte er in die Runde, »das Volk soll erkennen, wie verworfen seine angeblich tugendhafte Kaiserin und ihr Anhang ist! Mörderin einer unschuldigen Frau – wie abscheulich!« Die herbeigerufenen Schergen waren sofort dabei, sich Drusillas zu bemächtigen, die sich wimmernd in ihrem harten Zugriff wand.

In diesem Augenblick betrat Otho die Szene. Der Anblick des verängstigten Mädchens war zu viel für ihn. Er warf sich dem Kaiser zu Füßen. »Herr, lass sie gehen, sie ist unschuldig. Sie hat mir nur eins ihrer Kleider geliehen, für einen Scherz mit einem Freund, wie ich ihr gesagt habe. Sie ahnte nichts Böses! Ich – ich allein versuchte, Poppaea zu töten!« Nero stieß ihm den rot bestiefelten Fuß hart in die Seite. »Hinweg mit dir, du Wurm! Du wirst deine Untat noch bitter büßen!« Sogleich stürzten sich die Wachen auf ihn, zerrten ihn hoch und stießen ihn in Richtung des Ausgangs. Die Senatoren blickten betreten, verhielten sich aber schweigend. Bestimmt wäre es nicht geraten, den Zorn des Imperators noch mehr anzuheizen. Und den unglücklichen Otho gaben sie ohnehin schon verloren, auch wenn sie dies insgeheim bedauerlich fanden.

Zweifellos wäre es ihm übel ergangen, wenn nicht Poppaea, mit großem Aplomb und in eine goldfarbene Robe gehüllt, den Saal betreten und sich mit bittender Geste an Nero gewandt hätte. »Vergib ihm, oh Herr, und schick ihn nur in Verbannung! Dort kann er kein Unheil mehr anrichten. Ich möchte nicht, dass meinetwegen sein Blut fließt. Dieser Mann war schließlich einmal mein Gatte. Und dir war er ein erfolgreicher General. Bedenke, die Leidenschaft hat ihn verblendet!«

Ihre Stimme war leise und sanft, eine linde Brise, die durch den kalten Saal wehte.

Nero nagte an seiner Unterlippe. Poppaeas Auftritt kam entschieden zur Unzeit. Allzu gerne hätte er alle drei, den Mörder-General, die naive Göre und vor allem diese Megäre, seine Noch-Ehefrau Octavia, die den Plan vermutlich ersonnen hatte, in die Arena geschickt, um sie den wilden Tieren auszuliefern. Schuldig auch in den Augen des Volkes! Aber um Poppaeas willen musste er wohl den Milden spielen. Dass sich die Weiber doch immer wieder in die Politik mischen mussten! Privatim würde er mit Poppaea ein ernstes Wort reden müssen.

»Na schön, dann ab mit den Missetätern auf die wüsteste Insel des Reichs!«, knurrte er mit grimmiger Miene. »Führt sie und Octavia in Ketten nach Ostia! Dort erwartet sie ein Schiff, das sie an ihren Verbannungsort bringen soll!« Er winkte einem Schreiber, kritzelte einen Namen auf ein Wachstäfelchen. Der Anführer der Wache erbleichte. »Herr, auch die Kaiserin?«, fragte er zögernd. »Sie ganz besonders«, gab Nero ungnädig zur Antwort und wandte sich Poppaea zu, die ihn strahlenden Blicks betrachtete.

Octavia indessen begriff: Nachdem ihr Plan gescheitert war, wurde es Zeit, Abschied zu nehmen. Sie tat es mit großer Geste, die Stufen des Palastes hinabsteigend. Keinesfalls wollte sie warten, bis die Schergen kamen, sie zu holen. »Leb wohl, Rom, mein geliebtes Vaterland«, rief sie und winkte der Menge zu, die schweigend herzutrat, als sie, von Neros Prätorianern eskortiert, ihren Weg in die Verbannung antrat, von der sie wusste, dass sie ihr Todesurteil bedeutete.

Stumm blickten ihr die Leute nach, verängstigt von dem Gedanken: Wenn das ihr, der Höchstgestellten im Lande, zustoßen konnte, was würde dann mit ihnen, den kleinen Leuten, geschehen? Sie fühlten sich mehr als jemals der Willkür der Mächtigen ausgeliefert. Unmut machte sich breit, und sie begannen, gegen Nero, der sich selbst eine Gottheit nannte, im Geheimen zu murren. Unter den Senatoren indessen und den Großen des Landes wurden bald Pläne geschmiedet, wie man den Tyrannen, der die Gesetze Roms willkürlich mit Füßen trat, eines Tages loswerden könnte.

Poppaea aber hielt Einzug in Neros Palast. Sie bekam das ersehnte Bett aus tyrrhenischem Purpur, doch ihre glücklichen Zeiten darin währten nur kurz. Denn Nero war launenhaft, und als er die Frau bekommen hatte, die er begehrte, begann sie ihn bald zu langweilen. Wie reizvoll war sie ihm gewesen, als sie einem anderen zugehört hatte – und nun?

Selbst als sie schließlich ein Kind von ihm erwartete, änderte dies nichts an seinem verhärteten Sinn. Und so starb Poppaea schließlich in ihrem Bett aus tyrrhenischem Purpur, Opfer eines Fußtritts, den der tyrannische Gatte der Schwangeren versetzt hatte. Otho aber, der gehörnte Ex-Ehemann, gelangte in einem Jahr, das als Drei-Kaiser-Jahr in die Annalen einging, für eine kurze Weile selbst zu der Würde, nach der Poppaea so gierig gestrebt hatte. Wer weiß, vielleicht hätte sie mit ihm doch die glücklichere Wahl getroffen?

Intermezzo II
Märchenbetten und der Glanz des Orients

Wo römische Legionäre ihren Fuß hinsetzten, brachten sie viel von römischer Lebensart mit. Das galt vor allem im Westen, wo ihre Städtegründungen zum eigentlichen Kern einer neuen Zivilisation wurden. In den harten Zeiten der Völkerwanderung fiel es den mit Ochsenkarren und Vieh umherstreifenden germanischen und slawischen Stämmen nicht schwer, sich an die Annehmlichkeiten zu gewöhnen, die ihnen bis ins ferne Britannien in den festgegründeten Römersiedlungen geboten wurden.

Anders stand es um die auf den Spuren Alexander des Großen nach Osten marschierenden Feldherren wie Lucullus, dem Rom und somit auch wir die Kirsche verdanken. Sie stießen dort auf einen geradezu barbarischen Luxus, der auf sie nicht ohne Wirkung bleiben konnte. Die Menschen des Orients hatten das, was den Römern in der Mehrzahl der Fälle so gänzlich fehlte: Fantasie. Wo der Römer ein Arsenal an Nützlichkeit aufbot – Brücken, Aquädukte, Villen mit Bodenheizung und anderen Annehmlichkeiten –, ließen sich die asiatischen Herrscher goldene Paläste und hängende Gärten errichten, und ihre begüterten Untertanen wetteiferten darin, es ihnen gleichzutun.

Aus dem Alten Testament erfahren wir etwa, wie es um die Lagerstätte des ebenso frommen wie lendenstarken Königs Salomon, des Weisen, bestellt war: Sie war aus duftendem Zedernholz geschnitzt, mit Füßen aus getriebenem Silber und einer Kopflehne aus reinem Gold. Das Innere dieses rundum geschlossenen Bettes sei mit Purpurdecken und seidenen Kissen sowie weichen Tierfellen ausgestattet gewesen, wie die Überlieferung berichtet.

Der König, der darin angeblich mit Hunderten von Ehefrauen und Konkubinen »der Liebe pflegte«, muss sich die Anregung zu diesem erstaunlichen Prunkbett von seinen orientalischen Nachbarn geholt haben. Vielleicht hat ihm auch seine prominenteste Besucherin, die Königin von Saba, dafür einige Ratschläge gegeben. Im Buch Esther wird gleichfalls ein derartiges Königsbett beschrieben, das mit einem goldenen Baldachin auf einer Estrade von grünem, weißem und schwarzem Marmor gestanden sei.

Und auch in Kriegszeiten verzichteten die Anführer der großen Heere nicht auf ein Luxusbett, das dann meist im Inneren eines Zeltes aufgebaut war (wir kennen das aus den Zeiten al-Gaddafis). Holofernes zum Beispiel bettete sich – weinselig und völlig arglos – auf seine purpurnen Kissen, ohne zu ahnen, dass er darauf bald seinen Kopf verlieren würde.

Das Bett des letzten Perserkönigs, Darius III., war – heißt es – von einer Art Grotte aus goldenen Reben überdacht, an denen kostbare Juwelen als Trauben hingen. Die habe der König gepflückt und sie seiner jeweiligen Gefährtin geschenkt, wenn er mit ihr zufrieden gewesen sei.

Im realen Leben und abseits solcher fantastischen Vorstellungen bevorzugten die Völker des Orients allerdings eher leichte und bewegliche Lagerstätten, etwa Holzgestelle, die mit Gurten bespannt und mit Matten oder Teppichen belegt wurden. Darüber wurden zumeist Leinentücher und Kissen gelegt, die aus verschiedensten

46

Materialien gewebt waren. Es gehörte zu den Aufgaben der Frau, für die Innenausstattung der Betten zu sorgen, womit sie oft ihr Leben lang beschäftigt war. Befand man sich auf Reisen, verwendete man tragbare Betten, die mittels zweier Stangen an den Packsätteln von Pferden oder Maultieren befestigt waren. Wer sich diesen Luxus nicht leisten konnte und zu Fuß auf den staubigen Straßen unterwegs war, hatte sich vielleicht eine zusammengerollte Matte auf den Rücken geschnallt und deckte sich nachts mit seinem Umhang zu. Der Gichtbrüchige, der im Neuen Testament von Jesus geheilt wird, hatte so vermutlich wenig Mühe, nachdem sein Gebrechen auf wundersame Weise beseitigt war, »aufzustehen, sein Bett zu nehmen und zu gehen«.

Die muslimisch-arabische Eroberung der Länder Kleinasiens und des Vorderen Orients wie der nordafrikanischen Mittelmeerküste bis hin nach Spanien brachte zahlreiche neue kulturelle Impulse in diesen Raum, die mehr und mehr an Bedeutung gewannen. Die wegen ihres Reichtums als Goldene Städte bezeichneten Metropolen wie Bagdad und Damaskus – heute besorgniserregende Brennpunkte der Weltpolitik – waren damals glänzende Vorbilder einer luxuriösen Kultur, die jener der alten Königreiche in nichts nachstand, aber weitgehend von einer neuen Religion, eben dem Islam, geprägt war. Auf der anderen Seite freilich gab es ein unübersehbares Heer der Besitzlosen, die bestenfalls einen Strohsack ihr Eigen nannten, auf dem sie sich in einem finsteren Winkel eines Abbruchhauses zur Ruhe legen konnten. Der heute wieder des Öfteren beklagenswerte Gegensatz zwischen Arm und Reich trat damals in besonders krasser Weise in Erscheinung.

In den zahlreichen Geschichten, die professionelle Märchenerzähler in den Basaren und auf öffentlichen

Plätzen zum Besten gaben, wird vor allem die glänzende Seite des Lebens beschrieben, deren fantasievolle Bilder die Zuhörer gierig in sich einsogen. Die andere, dunkle, kannte man ja meist aus eigener Erfahrung. Geschichten um »goldene Betten« und die gefahrvollen Liebschaften, die sich um diese herum abspielten, oder von armen Schluckern, die durch die Liebe einer Königstochter selbst zu Prinzen und Königen mutierten, übten damals eine ähnliche Anziehungskraft auf ein Massenpublikum aus wie heute etwa die bekannten bunten Blätter mit den neuesten Nachrichten über Pop-Ikonen und den europäischen Hochadel. Übrigens hat auch der legendäre *Gestiefelte Kater* auf einem Basar des Orients das Licht der Welt erblickt!

Zwar war der Beruf des Märchenerzählers in der islamischen Welt ausschließlich Männern vorbehalten, weil nur diese öffentlich auftreten durften. Aber in der berühmtesten aller orientalischen Geschichtensammlungen, nämlich Tausendundeine Nacht, tritt erstaunlicherweise eine Frau als Erzählerin auf, allerdings in der strikten Abgeschiedenheit der Haremswelt, und nur in der Zweisamkeit mit ihrem Gatten. Er allein darf ihr Publikum sein für den ungeheuren Schatz an Fantasie, den sie vor ihm ausbreitet. Natürlich wird diese kluge und erfindungsreiche Frau, die ihr Leben mithilfe ihrer Erfindungsgabe rettet, aus durchaus männlicher Sicht geschildert. Sie ist der tugendhafte Gegenpol zu den ausschweifenden und treulosen Sünderinnen, die den tödlichen Zorn des Herrschers provoziert haben, sodass er künftig jede seiner Bettgefährtinnen in den Tod schicken will. Die Frage ist nun: Was, wenn diese fiktive Märchenerzählerin als reale Frau in die Öffentlichkeit getreten wäre und das feinmaschige Gespinst ihrer Fantasie vor einem ungleich größeren Publikum ausgebreitet hätte?

Für eine muslimische Zuhörerschaft jener Epoche völlig undenkbar! In diesem Kulturraum tritt eine gesittete Frau nicht öffentlich auf. Und wenn, würde sie es möglicherweise nicht weniger mit dem Leben bezahlt haben als eine Ehebrecherin.

Aber stellen wir uns diese Scheherezade – die, so wie wir sie aus den Geschichten kennen, ein Wunschbild männlicher Idealvorstellungen ist – einmal als kluge, emanzipierte Dichterin vor – ähnlich vielen selbstbewussten Frauen des heutigen Iran, die genug davon haben, ihre Begabungen in der Diskretion einer nach außen verschlossenen Häuslichkeit und ihr Gesicht hinter einer Burka zu verstecken; eine Frau, die es hinauszieht in die bunte Welt der Basare und des öffentlichen Lebens, die dort Anerkennung und Bewunderung sucht und findet – wer weiß, wie sie dann die Geschichte ihres Lebens erzählt hätte.

Es wäre wohl reizvoll, einen Blick auf diese andere, freizügige und weltoffene »Scheherezade« zu werfen, die – vielleicht – in den Köpfen vieler orientalischer Frauen schon längst spazieren geht!

Laila und die tausend-und-zweite Nacht

Man nennt mich Laila, und ich bin eine Geschichtenerzählerin auf dem Basar der »Goldenen Stadt«, wie
Samarkand noch genannt wird. Tag für Tag sitze ich vor
meinem rot-weiß gestreiften Zelt an der Straße der Kaffeesieder. Ringsum in den bunten Buden schlürfen die
Männer ihren Kaffee und rauchen ihre Tschibuks, die
langen Wasserpfeifen, vertreiben sich mit Würfelspielen
die Zeit oder feilschen um ihre Geschäfte, indes in den
Läden verschleierte Frauen ihre täglichen Einkäufe ver-
richten und die Kinder sich in den umliegenden Straßen-
zügen balgen. Doch wenn ich meinen kleinen kostbaren
Täbris-Teppich vor meinem Zelt ausbreite, dann strömen
die Leute herbei und umringen ihn in engen Trauben,
denn sie wissen, gleich schlägt die Stunde der Geschichten. Alle in der Gegend kennen und loben meine Erzähl-
kunst und füllen meinen Münzkasten auf, zum Dank für
die bunten Bilder, die ich in ihrer Fantasie entzünde.

Jeden Morgen lasse ich meine einzige Magd, die mir in
dieses neue abenteuerliche Leben gefolgt ist, mein Gesicht
und die Hände mit Nussöl dunkel färben, damit ich das
Aussehen einer Nubierin bekomme. Für den Rest haben
die Jahre gesorgt, die ihre Falten in mein Gesicht gegraben
haben. Heute würde mich wohl kein Mensch, der mich
einst gekannt hat, wiedererkennen. Meine Geschichte ist
vielleicht die abenteuerlichste von allen, die ich je erzählt
habe. Tausendmal und öfter bin ich dem Tod entronnen,
habe alle Genüsse des Lebens kennengelernt und bin in

die tiefste Verzweiflung gestürzt. Doch immer wollte ich nur das eine: erzählen, erzählen, erzählen!

Als ich ein kleines Mädchen und die einzige Tochter des Großwesirs unseres Herrn, des Königs war, hat alles angefangen. Mein Vater hatte bei einem der zahlreichen Kriegszüge auf dem Schlachtfeld einen alten verhutzelten Mann getroffen, der war irgendwie zwischen die Fronten geraten. »Töte mich nicht!«, flehte der Alte angesichts des blutigen Schwertes, das mein Vater in der Hand hielt, »glaube mir, ich kann dir noch von Nutzen sein!« »Wozu sollte ein Elender wie du mir schon nützen können?«, versetzte mein Vater verächtlich. »Ich bin der beste Geschichtenerzähler weit und breit und kann deine Tage mit den Erfindungen meines Geistes bereichern«, prahlte der Alte. Nun muss man wissen, gute Geschichtenerzähler sind in unserer Gegend äußerst begehrt. Neugierig geworden, nahm ihn mein Vater mit zu seinem Palast, um seine Kunst auf die Probe zu stellen. Er lud seine Freunde zu einem Mahl und befahl dem Erzähler: »Nun zeig, was du kannst, und erzähle! Doch wisse, wenn du bei meinen Freunden keinen Gefallen findest, wird es dich den Kopf kosten.« Köpfe waren damals, wie auch sonst überall in der Welt, eine billige Währung in Samarkand.

Um diese Zeit war ich ein Mädchen von fünf oder sechs Jahren und lebte mit den Frauen abgeschlossen im Harem. Doch ich fand immer Möglichkeiten, mich hinauszuschleichen. Wer achtete schon auf ein kleines Mädchen, das sich in einem verschwiegenen Winkel irgendwo zwischen den Vorhängen versteckte? Von dort aus konnte ich den Geschichten lauschen, die der Alte so kunstvoll zu erzählen verstand, dass keiner, der sie gehört hatte, je genug davon bekommen konnte. Auch ich hätte am liebsten in die Hände geklatscht und gerufen: »Weiter, weiter! Noch mehr!« Einige Male ließ mein

Vater seinen wunderbaren Erzähler sogar bei seinen Frauen auftreten. Natürlich nur unter strenger Aufsicht, denn fremde Männer waren im Frauenhaus eigentlich nicht zugelassen. Immerhin, die Damen zogen züchtig ihre Schleier vor das Gesicht, denn wenn der Erzähler auch ein alter Mann war, wäre es doch höchst unschicklich gewesen, hätten sie sich vor ihm unverhüllt gezeigt.

Für mich aber, das kleine Mädchen, hieß es wieder einmal: »Marsch, ab ins Bett mit dir!« Denn die Geschichten waren längst nicht immer für Kinder geeignet, die hätten schlimme Träume davon bekommen können. Aber natürlich fand ich auch hier Mittel und Wege, im Geheimen zu lauschen. Und all die bunten Märchen und Geschichten von mildtätigen oder bösartigen Dschinn, von schönen Prinzessinnen und grausamen Herrschern, von blutdürstigen Ungeheuern und wagemutigen Prinzen und wilden Abenteurern bevölkerten meine Träume und gruben sich mir tief ins Gedächtnis. Ich hatte bald keinen größeren Wunsch, als selbst eine Märchenerzählerin zu werden und ein neugieriges und fasziniertes Publikum um mich zu versammeln.

Das ging natürlich nicht, denn ich war ja selbst so etwas wie eine Prinzessin oder doch wenigstens eine Dame von Stand. Als ich das heiratsfähige Alter erreicht hatte, ließ mein Vater eine Kupplerin kommen, die für mich eine standesgemäße Heirat unter den Söhnen der Großen des Landes aushandeln sollte. Das war so Sitte in unserem Land. Aber ich weigerte mich, einen der jungen Männer, die für mich in Frage gekommen wären, zu nehmen. In meinem Kopf spukten vielmehr all die heldenhaften Prinzen und Abenteurer aus den Geschichten, die ich als Kind gehört hatte. Worauf mein Vater, der ein kluger Mann war und mich nicht zwingen wollte, einen zu nehmen, den ich nicht mochte, mir ein Hofamt beim

König verschaffte: Ich wurde zur Aufseherin der königlichen Betten ernannt. Das war nun ein Ehrenamt besonderer Art. Ich hatte dafür zu sorgen, dass sich die privaten Räume des Königs und insbesondere sein Schlafgemach stets in tadellosem Zustand befanden. Das galt vor allem für das Bett, in dem er mit seinen zahllosen Frauen die Nächte zu verbringen geruhte.

Oh dieses Bett! Es war wahrhaftig das Prächtigste, was ich jemals gesehen hatte: Die Bettstatt, aus kunstvoll ineinander verflochtenem Zedern- und Zitronenholz, ruhte auf den silbernen Pranken eines Löwen. Der darüber gespannte Baldachin glich einer goldenen Grotte, mit Traubengehängen und Blütenranken aus glitzerndem Edelgestein geschmückt. Der Boden ringsum war mit kostbaren Seidenteppichen bedeckt; die lagen so dicht an dicht, dass man das Gefühl hatte, über samtiges Moos zu schreiten. Der Raum, durch Säulenpaare von Porphyr und weißem Marmor unterteilt, zeigte als Ganzes eine Pracht, an die ich mich heute noch mit einer gewissen Wehmut erinnere. Denn es lag ein Fluch auf der Stätte, an der der König die Stunden seiner Ruhe wie auch seiner intimen Vergnügungen genießen sollte.

Begonnen hatte alles damit, dass seine einstige Königin ihn mit einem stämmigen Sklaven betrog, während der Herrscher mit seinen Freunden sich auf der Jagd befand. Die beiden Frevler wälzten sich genüsslich in den seidenen Laken des Bettes, als der König, dem ein Spion die bösen Absichten des Paares zugetragen hatte, unerwartet das Gemach betrat. Er schlug dem Übeltäter auf der Stelle den Kopf ab, ehe er die Brust seiner angsterstarrten Gattin durchbohrte, sodass das Blut in hellen Fontänen sich über das Bett und seine seidenen Kissen ergoss. »Räumt diesen Unrat weg und sorgt dafür, dass das Bett neu errichtet wird«, befahl er der herbeigeeilten

Dienerschaft. »Wahrlich, von nun an will ich jede Frau, die dieses Bett künftig mit mir teilen soll, nur eine Nacht lang besteigen und sie dann in die Wüste schicken, denn die Weiber sind allesamt nichts wert.«

Das hatte sich ihm schon vor einigen Monaten ins Gedächtnis gegraben. Damals hatte er seinen Bruder in einem benachbarten Königreich besucht, der mit seiner ihm angetrauten Gattin ähnlich trübe Erfahrungen hatte machen müssen; doch war sie, von heimlichen Freunden gewarnt, zusammen mit ihrem Liebhaber seinem Zorn entkommen. Seither wurde überall nach ihr gefahndet, indes war es den beiden gelungen, sich im Land zu verbergen.

All das war vor meiner Zeit geschehen, doch mein Vater, der Wesir, hatte mir aufgetragen, dafür zu sorgen, dass der König mich bei der Ausübung meines Amtes nicht zu Gesicht bekam, damit sich sein Zorn nicht über mich ergießen sollte.

Zu dieser Zeit begannen im Land beunruhigende Gerüchte zu zirkulieren. Der Harem des Königs sei voll schöner Mädchen und Frauen, dennoch zögen immer wieder königliche Reiter über Land, die keinen anderen Auftrag hätten als den, weitere geeignete Jungfrauen für den König zu rekrutieren. Das Seltsame: Nachdem eine Auserwählte das königliche Schlafgemach betreten hatte, um dort mit dem König eine Liebesnacht zu verbringen, wurde sie nie mehr gesehen. Ihre Spur verlor sich, nachdem sich die Tür des königlichen Gemachs hinter ihr geschlossen hatte. Zwar hatte ich mit den Damen der königlichen Gemächer nur wenig Kontakt, doch bemerkte ich wohl, dass eine dunkle Wolke über dem Palast hing. Die Mägde, die meinem Befehl unterstellt waren, verrichteten ihre Arbeit nur schleppend und zuweilen entfuhr einer von ihnen ein tiefer Seufzer. Ich fragte sie,

weshalb sie so betrübt sei: »Ach, die Arme«, antwortete
sie, »die heute Nacht in dieses Paradies geführt wird!
Sie ahnt nicht, dass ihr die Hölle bevorsteht.« Natürlich
verwies ich den Mädchen solche Reden und schalt sie,
weil sie den üblen Gerüchten um unseren Herrn und
Gebieter Glauben schenkten. Doch am Abend beriet
ich mich mit meinem Vater, dem Großwesir, und auch
er seufzte und sagte: »Ach, meine Tochter, so weit ist
es wegen eines liederlichen Weibes gekommen: Unser
König, der einst ein guter und gerechter Mann war, ist
zum Tyrannen geworden, der seine Untertanen nicht
achtet und jede Frau in den Tod schickt, die sein Bett
mit ihm geteilt hat.« Und mein Vater beschwor mich, das
Amt der königlichen Bettenaufseherin niederzulegen,
damit ich nicht in Gefahr geriete, vom König bemerkt
zu werden. Doch genau das wollte ich nicht! Glaubte
ich doch, ein Mittel zu kennen, das ihn von seinem Hass
gegen die Frauen heilen würde. Also beschloss ich, mich
ihm heimlich zu nähern. Mit Hilfe einer vertrauten Magd
gelang es mir, dem Obereunuchen einen Schlaftrunk zu
schicken, der ihn für viele Stunden außer Gefecht setzen
würde, sodass er außerstande war, dem König eine neue
Bettgefährtin zuzuführen. In ein schlichtes weißes Lei-
nengewand gehüllt und ohne allen Schmuck betrat ich
– allein und auf mich gestellt – das königliche Gemach
zu einer Stunde, die sonst nur der jeweiligen »Favoritin«
vorbehalten war. Wohl schlug mir das Herz angstvoll bis
zum Hals, aber ich war fest entschlossen, meinen Plan
durchzusetzen. Ich wollte den König durch meine Kunst
des Erzählens, die ich dem alten, inzwischen längst schon
begrabenen Geschichtenerzähler verdankte, dazu bringen, seinen mörderischen Gedanken zu entsagen. Seine
Neugierde sollte mir helfen, sein Gehirn von seinen blut-
rünstigen Erinnerungen zu reinigen. Insgeheim war ich

mir sicher, dass es meine Berufung sei, den König davon zu heilen.

»Du bist nicht das Mädchen, das ich herbestellt habe«, sagte er, noch im Türrahmen stehend und mich mit einer Mischung aus Verwunderung und Missbilligung betrachtend. Ich senkte den Blick, wie es sich für eine Frau in meiner Position gehörte. »Vergib Herr! Ich bin Scheherezade, die Tochter deines Wesirs, und bin hergekommen, um deiner Unterhaltung zu dienen.« Seine Brauen zogen sich düster zusammen. »Der Wesir ist ein guter Mann, ich will ihn nicht kränken. Geh nach Hause, Scheherezade, ich will dich hier nicht mehr sehen«, sagte er, trat aber näher, um mich aufmerksamer zu betrachten. Jetzt hätte es heißen müssen: »Ich höre und gehorche« – aber das wäre das Aus für meinen Plan gewesen. Stattdessen sagte ich: »Der Abend ist noch nicht fortgeschritten, mein Herr. Ich bin eine gute Geschichtenerzählerin. Erlaube mir, dass ich dich mit einer meiner Geschichten zerstreue.« Der König musterte mich noch immer. Dann – gleichsam unentschlossen – griff er nach einem der Granatäpfel, die in einer goldenen Schale bereitstanden, und ließ sich auf einem Kissen nieder. Eine Handbewegung verwies mich auf den Platz ihm gegenüber. »Eine Geschichte also! Nun gut, erzähle, Scheherezade, Tochter meines geschätzten Wesirs!«

Und so begann ich, meine erste Geschichte zu erzählen. Der König hörte wie gebannt zu, und die Nacht verging wie im Flug. Irgendwann kam eine Dienerin herbei und brachte frisches Öl für die Lampen und Erfrischungsgetränke für uns. Kaum war sie gegangen, befahl der König: »Weiter, Scheherezade, ich will auch den Schluss noch hören!« Doch da sagte ich: »Ich sehe wohl, du bist ermüdet, mein König. Ich will dir den Rest der Geschichte in der morgigen Nacht erzählen, wenn du ausgeruht bist.«

Ich wusste wohl, dass wir an einem entscheidenden Punkt unserer künftigen Beziehung angekommen
waren. Wenn der König nun wütend wurde, war es um
mich geschehen. Wenn nicht – nun, so hatte ich schon
halb gewonnen. Der König wiegte sein Haupt hin und
her und schien unentschlossen. Schließlich sagte er: »Du
bist klug wie eine Katze, die um ihr Leben kämpft. Gut,
ich schwöre, dir soll kein Haar gekrümmt werden, bis du
deine Geschichte vollendet hast!«

Ich gestehe, mein Herz wurde schwer bei diesem
Schwur, denn damit wurde zur Gewissheit, wovon ich
noch immer gehofft hatte, es sei nur ein Gerücht: Der
König hatte den Tod unzähliger Frauen befohlen, und
nun stand auch mein Leben auf dem Spiel. Aber er zog
seinen goldenen Siegelring vom Finger und gab ihn mir.
»Zeig ihn den Wächtern«, befahl er. »Wer diesen Siegelring trägt, ist unantastbar.« Doch nahm er mir seinerseits
den Schwur ab, dass ich am nächsten Abend wiederkommen würde, um ihm den Schluss meiner Geschichte zu
erzählen.

Die Wächter, die offenbar bereitstanden, um mich zu
ergreifen und einem undurchsichtigen Schicksal zuzuführen, zuckten zurück, als sie den Ring des Gebieters
erkannten. Ehrfürchtig geleiteten sie mich zu einem
kleinen Ruhegemach, wo ich auf die dort ausgebreiteten
Kissen sank und augenblicklich in einen tiefen Schlaf
der Erschöpfung fiel. Als ich erwachte, war es schon spät
am Tag, ich fand Dienerinnen um mich beschäftigt, sie
hatten mir ein duftendes Bad bereitet und wiesen auf
das für mich zurechtgelegte Gewand. »Ein königliches
Ehrenkleid«, flüsterten sie. »Allah gebe, dass es dir Glück
bringt!«

Nun, ganz wohl war mir bei diesen Vorbereitungen
nicht. Schließlich wollte ich ja nicht als Odaliske vor

den Herrscher treten. Doch immerhin, er hatte mir ein »Ehrenkleid« schicken lassen. Ließ dies nicht vermuten, dass er es auch respektieren würde? Ich fand ihn ungeduldig in seinem Gemach auf und ab schreitend, als ich über die Schwelle trat. »Du kommst spät«, sagte er in mildem Tadel. »Aber nun lass mich endlich den Rest deiner Geschichte hören!«

Erzählen, erzählen! Manchmal fühlte ich meinen Mund ganz trocken werden davon – aber vielleicht war es auch die unterschwellige Todesangst, die meine Gedanken umdüsterte. Jedenfalls nahm ich meine ganze Kunst zusammen. Ich verstand mich darauf, das Ende einer Geschichte so mit dem Anfang der nächsten zu verknüpfen, dass die königliche Neugier stets in Spannung gehalten wurde.

Aber was, fragte ich mich, wenn die Begierden des Fleisches eines Tages die seines Geistes überstiegen? Hatte ich dann die Bande zwischen uns schon so fest geknüpft, dass sie seinen Mordinstinkt in Zaum hielten? Solche und ähnliche Gedanken zerrten an meinen Nerven, auch wenn ich Nacht um Nacht neue Geschichten für ihn erfand und sie voller Hingabe und mit all der Kunstfertigkeit, die ich aufbringen konnte, zum Besten gab. Und irgendwann – ich weiß nicht, ob nach Tagen oder Wochen – war ich am Ende: Mitten in meiner Erzählung brach ich buchstäblich zusammen. Das Letzte, was ich wahrnahm, war, dass mich der König auf seinen Armen zu seinem Bett trug …

Von den Tagen, die unmittelbar darauf folgten, weiß ich wenig, denn ich war von einem hitzigen Fieber befallen worden: Die Anspannung der letzten Tage war zu viel gewesen. Man hatte mich in einem ruhigen Raum nahe den königlichen Gemächern untergebracht, der Leibarzt des Königs kümmerte sich um mich und gab den Mägden Anordnungen, was zu tun sei. Etwas viel Mühe für eine Frau, die womöglich demnächst eines obskuren Todes sterben würde. Denn des Königs Bett war in meiner Erinnerung geblieben, und es schien, dass es früher oder später doch mein Schicksal werden würde. Zurzeit jedenfalls war der Herrscher gnädig. Er erkundigte sich nach meinem Befinden und schickte Geschenke, freilich nicht solche, wie er sie einst seinen Favoritinnen geschenkt hatte, ehe sein Geist sich durch die Untreue seiner Gattin verdüstert hatte. Nicht kostbare Stoffe und reichen Schmuck sandte er, doch einen sprechenden Papagei in einem goldenen Käfig – vielleicht als Hinweis darauf, in welcher Rolle er mich sah? Aber auch eine schneeweiße Katze mit unergründlichen Augen und einen schwarzen Eunuchen-Knaben, der sich darauf verstand, die Laute zu schlagen, ließ er in mein Gemach bringen. Dass er versuchte, in diesen tristen Tagen meiner Krankheit für Unterhaltung zu sorgen, rührte mich, auch wenn die Ungewissheit meines Schicksals mir zu schaffen machte. Was, wenn dieser unberechenbare Herrscher zu seiner verhängnisvollen Gewohnheit der »Frauen für eine Nacht« zurückkehrte und ich nur ein klägliches Intermezzo geblieben war?

Von dieser Furcht befreite mich schließlich der Besuch meines Vaters. Der König selbst hatte ihn herbefohlen, und nun saß er an meinem Lager, hielt meine Hand, an der noch immer der königliche Ring steckte – denn niemand hatte gewagt, ihn mir abzunehmen –, und berichtete, was sich im Königreich zutrug. »Die Boten, die das Land nach frischen Jungfrauen für ihren König durchstreiften, sind zurückbeordert worden«, erzählte er mir, »und das Königreich bereitet sich auf eine Hochzeit vor. Es scheint, dass unser Herrscher entschlossen ist, wieder eine Frau zu nehmen.« Da die Augen meines Vaters dabei hoffnungsvoll glänzten, war leicht zu erraten, dass er dabei an mich dachte. So kam es denn auch: Zwischen dem König und seinem Wesir wurde eine Art von Ehevertrag für mich ausgehandelt: Ich sollte sein Eheweib werden und sein Bett mit ihm teilen, darüber hinaus aber auch, sooft und solange er es wünschte, ihn mit meinen Geschichten unterhalten. Und: Wenn ich eine dieser mir auferlegten Pflichten vernachlässigte, sollte das meinen Tod bedeuten! Ansonsten gewähre er mir gnädig Sicherheit und königliche Ehren. Von Liebe war in dem Vertrag nicht die Rede, aber immerhin verstand ich mich darauf, zwischen den Zeilen zu lesen. Oder jedenfalls glaubte ich damals, dass ich das könne …

Nun, die Hochzeit wurde mit großer Pracht gefeiert, und meine Brautgeschenke übertrafen alle meine Erwartungen. Blieb noch die Brautnacht – ein Kapitel, über das zu reden einer anständigen Frau nicht zusteht. Nur so viel – der Herrscher erwies sich als ein großartiger Liebhaber, und die Nächte im königlichen Bett versprachen mehr Wonne, als ich erwartet hatte. Wir erprobten darin in mehr als tausend Nächten mindestens ebenso viele Stellungen und Experimente der Leidenschaft, und da sie mir alle ein Übermaß an Lust einbrachten, wurde ich bald ebenso süchtig nach dem Bett des Königs wie er nach meinen Geschichten. Bald wusste ich nicht mehr, was er mehr begehrte: meinen ihm entgegenblühenden Körper oder die unzähligen Geschichten, mit denen ich seinen Geist in Spannung hielt. Und allmählich ging es nicht nur um diese, denn auch er begann zu erzählen, sprach über seine Regierungsgeschäfte, seine Sorgen und Pläne. So entwickelte sich zwischen uns ein reger Gedankenaustausch, und ich wurde zu seiner geheimen Beraterin in allen Dingen und lenkte seine Entscheidungen nach meinen Vorstellungen – aber, wie ich voll Stolz behaupten kann, stets zum Besten des Landes. Denn ich wollte dafür sorgen, dass sich die Liebe, die ich für ihn empfand, bald auch auf sein Volk übertrug, das früher vor seiner Willkür gezittert hatte.

Die Jahre vergingen, und ich hatte ihm im Lauf der Zeit drei schöne Söhne geboren, von denen der Älteste des Königs Reich einmal erben würde, die beiden anderen aber sollten, wenn sie das Alter erreicht hatten, mit Glücksgütern reich gesegnet in die Welt hinausziehen und neue Reiche für sich begründen. Doch dann, von einem Tag auf den anderen, wendete sich das Blatt. Das war ausgerechnet an unserem Thronjubiläum. Ich machte meinem Gatten den Vorschlag, zur Feier des Tages vor versammeltem Hofstaat einige meiner schönsten Geschichten vorzutragen. Tatsächlich war in mir im Lauf der Zeit der Wunsch erwacht, meine Kunst vor einem größeren Publikum zu zeigen. Die Abgeschiedenheit des königlichen Gemachs und der einzige, wenngleich illustre Zuhörer genügten mir nicht mehr. Ich wollte ein größeres Publikum haben, sehnte mich nach dem Applaus der vielen. An den einen allein schien mir meine Kunst verschwendet.

Ach, ich ahnte nicht, was dieser Wunsch in ihm auslösen würde. Er wurde furchtbar zornig, nannte mich eine Treulose und schäumte, gewiss sei ich nicht besser als die Huren, die er zum Tod verdammt habe, und es werde nicht lange dauern, werde auf den geistigen Ehebruch auch der fleischliche folgen. Ich war sprachlos vor Entsetzen, warf mich ihm zu Füßen und versicherte, dass mein unschuldiger Wunsch nichts zu bedeuten habe, dass ich nicht habe ahnen können, dass ihm die Exklusivität meiner Erzählungen so wichtig sein könne. Nur allmählich gelang es mir, den Zornigen zu besänftigen, doch die heitere Stimmung des Festes war ein für alle Mal verdorben. Und auch in mir wuchs allmählich etwas von einem fatalen Misston. Dass der König so eifersüchtig darauf bestand, allein meine Geschichten zu hören, versetzte mich in die Lage eines Singvogels in einem Käfig oder eben jenes sprechenden Papageis, den er mir einst geschenkt hatte. Doch verbarg ich meinen Groll und fuhr fort, seine Abende mit meinen Erzählungen zu würzen.

Im Geheimen aber wuchs in mir der Wunsch, diesem goldenen Käfig zu entfliehen. Was mir einst überaus begehrenswert erschienen war, des Königs Liebe, wurde mir nun verhasst. Bald sah ich in ihr nur noch ein Hindernis auf dem Weg in eine Freiheit, die ich von Tag zu Tag heißer ersehnte.

Um diese Zeit geschah es, dass ein schwarzer Dschinn von mir Besitz ergriff und mir einredete: Wenn du deine Freiheit je erlangen willst, muss der König sterben! Nur sein Tod ist der Schlüssel zur Erfüllung deiner Wünsche! Anfangs spielte ich nur mit dem Gedanken und malte mir in meiner Fantasie Situationen aus, in denen der König zu Tode kommen konnte. Ich suchte und fand in meinen Geschichten Möglichkeiten dazu: einen inszenierten Jagdunfall etwa, ein politisches Attentat, Gift, von vertrauter Hand gereicht. Gab es nicht viele Familien im Land, die durch seine Raserei gegen die angebliche Untreue der Frauen eine geliebte Tochter verloren hatten? Hatte er nicht unzählige Menschen in den Tod geschickt und verdiente, dafür bestraft zu werden? Allmählich redete ich mir ein, es sei nur gerecht, wenn der Herrscher seine einstigen Verbrechen nun selbst mit dem Tod büßte. Ja, der Gedanke gefiel mir und setzte sich in mir fest. Ich begann, davon zu träumen, und selbst in meinen nächtlichen Erzählungen spielten ermordete Herrschergestalten eine zunehmend wichtige Rolle. Es war, als wollte ich damit mich selbst und die Abgründe meines Innersten entlarven.

62

Der König – mein Gatte – ahnte nichts von diesen Gedanken. Nach jenem gewaltigen Zornausbruch war unser Leben – nicht zuletzt durch meine demütige Unterwerfung – wieder in ruhigere Bahnen geraten. Aber ich spürte, wie ich – innerlich mehr und mehr ermattet – allmählich meinen Schwung und meine Erfindungskraft verlor. Bald würde mein Geist nur noch hohl wie eine ausgebrannte Ruine sein. Doch da kam mir der Zufall – oder war es der schwarze Dschinn? – zu Hilfe.

Der König beschloss wieder einmal, auf Tigerjagd zu gehen. Sein Leibarzt hatte ihm zu einem Gericht aus Tigerhoden geraten, um seine Manneskraft zu stärken. Wusste doch jedermann im Land, dass Tigerhoden nicht nur Kampfesmut bewirkten, sondern aus erschlafften Männern Giganten an Lendenkraft machten. Und obwohl mein Gatte, allmählich in die Jahre gekommen, sich noch immer viel auf seine Manneskraft zugutehielt, schien er doch von Zeit zu Zeit einer Stärkung zu bedürfen.

Eigentlich hätte ich ihn warnen müssen, denn eine Wahrsagerin hatte dem Land und mir einen schweren Verlust vorhergesagt. Doch eine ungewisse Stimme in mir weigerte sich, darüber etwas verlauten zu lassen. Ich beschloss, darüber zu schweigen: Insch' Allah – mochte das Schicksal seinen Lauf nehmen!

Vom Fenster meines Gemachs aus sah ich den König und sein Gefolge davonreiten. Hinter ihm, auf seinem purpurgeschirrten Pferd, saß sein geschmeidiges schwarzes Pantherweibchen Selina und krallte sich am Fellbezug des Sattels fest. Den Tag verbrachte ich in gesteigerter Unruhe. Ich tadelte mich selbst, dass ich meinen Gatten nicht von dieser verhängnisvollen Jagd abgehalten hatte. Es war schon spätnachts, als der Jagdzug in tödlichem Schweigen zurückkehrte. Kein Hornsignal kündigte froh die Beute an. Auf einer Trage wurde der erlegte Tiger herbeigebracht, auf einer zweiten der tote König. Sein Pantherweibchen hatte ihm in Todesangst die Kehle aufgerissen, als der Tiger auf Ross und Reiter zugestürzt kam. Der König war tot – und ich fragte mich, ob nicht meine schwarzen Gedanken das Unheil herauf- beschworen hatten.

Das Land versank in Trauer, und mich überkam bit- tere Reue. Doch das Leben ging weiter. Mein ältester Sohn wurde zum König ausgerufen, mein Vater über- nahm die Regentschaft, ganz so, wie ich es mir vorgestellt hatte. Bald würden meine jüngeren Söhne in die Welt hinausziehen, einem unbekannten, aber hoffentlich glor- reichen Schicksal entgegen, wie all die abenteuernden Helden aus meinen Geschichten.

Und ich? Ich war überflüssig geworden im Palast. Die Gemächer, die ich mit dem König geteilt hatte, erschie- nen mir nur noch öde und leer. Das königliche Bett, in dem ich so viele glückliche und auch manche fatale Stun- den erlebt hatte, war nicht mehr das meine. Bald würde eine andere, jüngere Königin mit ihrem Gatten darin ruhen. Und so fasste ich den Entschluss, den Palast zu verlassen.

Ich wies meine vertrauteste Magd an, einige Kleider, meine Juwelen, etliche Beutel mit Gold und den klei- nen Täbris-Teppich einzupacken, auf dem ich zu sitzen pflegte, wenn ich dem König meine Geschichten er- zählte. Auch ließ ich verlauten, dass ich auf Pilgerreise zum Grab eines berühmten Marabout gehen würde. Und so verließ ich nur in Begleitung meiner Magd den Palast, um in der Volksmenge unterzutauchen.

In einem abgelegenen ruhigen Viertel der Stadt mie- tete ich ein kleines Haus mit einem Garten, in dem Schirasrosen einen köstlichen Duft verbreiteten. Ich wies

meine Magd an, eine weiße Eselin und ein rot-weiß ge-
streiftes Zelt zu kaufen, wie es den Geschichtenerzählern
des Landes als Wahrzeichen diente. Auch lehrte ich sie,
mir Gesicht und Hände mit Nussöl dunkel zu färben, um
mein Aussehen zu verändern. Zwar gab es nur wenige
Menschen, die mein Gesicht unverhüllt gesehen hatten,
doch – man konnte nicht wissen! Vom Vorsteher in der
Straße der Kaffeesieder erwarb ich nach einigem Feilschen die Erlaubnis, dort mein rot-weißes Zelt zu errichten und mich als Geschichtenerzählerin zu etablieren.

So bin ich zu Laila, der Geschichtenerzählerin geworden, während sich die Spuren von Scheherezade, der
einstigen Königin, im Sand der Geschichte verloren. Wer
weiß, vielleicht werde ich eines Tages mit einer Karawane
aufbrechen und nach Bagdad oder Damaskus ziehen,
und meine Geschichten werden mich begleiten und –
vielleicht – meine Zeit überdauern.

Intermezzo III
Bettenfrust und Bettenlust

Der Bettenluxus des Orients versetzte die Kreuzritter, die ausgezogen waren, um die Heilige Stadt Jerusalem von ihren islamischen Besatzern zu befreien, in kein geringes Erstaunen. Zuhause, in den zugigen Burgen, die mehr der Verteidigung dienten, als dass sie wohnliche Stätten waren, hatten sie es nicht so bequem. Seit dem Zerfall des Römerreiches waren die Zeiten unsicher geworden, und die jungen Völker des Abendlandes taten sich schwer damit, Ordnung in das Chaos zu bringen, das sich über das ganze damals bekannte Europa ausgebreitet hatte.

Es ging überall um Eroberung und Landnahme, und man hatte immer mit Feinden zu rechnen, die das an sich zu reißen suchten, was man selber erst erobert hatte. Keine günstige Zeit, sich in seiner Behausung – ob Königspfalz, Rittergut oder Stadthaus – wohnlich einzurichten. Eigentlich rechnete man ständig damit, wieder losziehen zu müssen. Kein Grund also, sich mit festen oder gar anspruchsvollen Möbeln auszustatten. Beim Bett begnügte man sich häufig mit einer Art hölzerner Pritsche, auf die ein Strohsack oder eine Matte aus geflochtenen Binsen gelegt wurde; darauf kamen einige Felle von erlegten oder geschlachteten Tieren, sowie von den Frauen des Hauses gewebte Leintücher und Decken. Als Tisch verwendete man ein simples Holzbrett, das auf zwei Böcken ruhte. War die Mahlzeit vorbei, wurden die »Tafeln« an die Wand gestellt und die Böcke beiseitegeschoben. Das nannte man dann »die Tafel aufheben«. Als Sitzgelegenheiten dienten oft eisenbeschlagene Kisten mit Griffen daran, in denen man den wertvolleren Bestand seiner Habe verstauen konnte, wenn es wieder einmal hieß: Aufbruch ins Unbekannte. Die Kisten bargen neben Geld auch Kleider, gewebte und bestickte Stoffbahnen, mit deren Hilfe man ungemütlich zugige Säle in wohnlichere und vor allem wärmere Kammern unterteilen konnte, ferner allen möglichen Hausrat, Geschirr und, falls vorhanden, als besonderen Schatz Bücher.

Alle Welt – mit Ausnahme der Bauern und an der das Land gebundenen Unfreien – war nahezu immer unterwegs. Das galt vor allem für Könige und Fürsten, die ihr Land bereisten, um Gerichtstag zu halten, Tribut einzunehmen und vor allem die riesigen Ländereien kennenzulernen, die ihrer Herrschaft unterstanden. Schlösser und Burgen, die sie bewohnten, standen die meiste Zeit leer, wenn man vom Dienstpersonal absah, das sie instand zu halten hatte. Die nackten Steinwände mussten erst durch den mitgebrachten Hausrat bewohnbar gemacht werden, ehe der König oder der Burgherr mit seinem Gefolge sich dort einquartieren konnte. Die Betten wurden bei solchen Gelegenheiten gleich als Ganzes mitgebracht. Noch im 15. Jahrhundert, als der Geschmack anspruchsvoll geworden war und der Aufwand des Wohnens sich beträchtlich gesteigert hatte, wurden die Betten der Herrschaft, zusammen mit dem übrigen Hausrat, im Tross von Schloss zu Schloss gekarrt und vor Ort neu aufgestellt.

In der Frühzeit der Burg war diese eher ein Wohnturm mit einem einzigen großen Saal und einer Feuerstelle in der Mitte, für die ein Loch im Dach als Abzug diente. In dieser »Halle« spielte sich das gesamte häusliche Leben ab. Man aß, würfelte und zankte sich darin, war es Schlafenszeit, suchte man einen Strohsack oder einfach eine Laubschütte auf und streckte sich dort in den Kleidern zum Schlafen aus. Als Decke diente oft der eigene Umhang. Ausgenommen von dieser recht rustikalen Art des Schlafens war nur der Hausherr mit seiner Familie. Für ihn gab es schon bald eine eigene, mittels Wandbehängen oder Teppichen abgetrennte Schlafkammer. Oft fanden sich neben dem Ehepaar auch dessen Kinder darin behaust. Ältere Knaben wurden in den Gemeinschaftssaal verwiesen, wo sie von den Knappen »in die Lehre« genommen wurden. Für die Hausfrau und die erwachsenen Töchter wurde bald ein eigener Aufenthaltsraum gefunden, die Kemenate, die meist im Obergeschoß eines Wehrturms gelegen war. Schließlich musste der wertvollste Familienbesitz, die heiratsfähigen Töchter, mit deren Hilfe man durch günstige Eheverträge seinen Besitz vermehren konnte, vor unbefugten Zugriffen durch heimliche Liebhaber geschützt werden. Das Brautbett war im Übrigen ein wichtiger Teil der Brautausstattung, für die der Brautvater zu sorgen hatte. Noch heute ist es, wenn in bäuerlichen Kreisen eine traditionelle Hochzeit gefeiert wird, üblich, im Brautzug einen Kammerwagen mit einem aufwendig verzierten und ausgestalteten Bett und einem Brautkasten mitzuführen, in dem die Ausstattung der Braut verstaut ist.

Geschlafen wurde über einen langen Zeitraum hinweg gleichsam öffentlich. In den Herbergen, aber auch in den klösterlichen Gästehäusern standen wahre Monstren von Bettgestellen, in denen oft einander völlig fremde Personen nebeneinander schliefen. Der Komfort war gering. Selbst in den besseren Herbergen waren Strohsäcke und mit Werg gefüllte Matratzen allgegenwärtig. Decken und Leintücher wurden selten und nur gegen Aufzahlung ge-

68

wechselt. Gar ein eigenes Bett in einer Einzelkammer zu ergattern – dafür musste man schon eine ganz besondere »Standesperson« sein oder ein exorbitantes Trinkgeld entrichten.

In den Klöstern, von denen so gut wie jeder Fortschritt im ersten Jahrtausend der abendländischen Gesellschaft ausging, schliefen Mönche und Nonnen zwar allein in einer Zelle, doch ihre Lagerstätten waren jedem Luxus abhold. Ein schmales Brett mit einem Strohsack darauf – manchmal aus Gründen der Selbstkasteiung aber auch ohne einen solchen – und eine dünne Decke oder ein Umhang mussten oft genug ausreichen, und selbst bei eisiger Kälte gab es kaum ein wärmendes Feuer. Zudem wurden die kargen nächtlichen Schlafstunden immer wieder durch die Gebetszeiten unterbrochen. Übereifrige Asketen schliefen sogar in sargartigen Betten, in denen sie sich nach einem entsagungsvollen und mühsamen Leben auch zur ewigen Ruhe betten lassen wollten.

Viele Jahrhunderte lang befanden sich Erziehung und Unterricht der Kinder weitgehend in der Hand von Ordensleuten. Die Kleinen lebten in Internaten fernab von den Eltern, um Lesen und Schreiben und all die anderen nützlichen Tätigkeiten zu lernen, die dazu beitrugen, sie zu gut erzogenen Mitgliedern der menschlichen Gesellschaft zu machen. Sie wurden zumeist in Schlafsälen untergebracht, wo sie eine von Vorhängen umgebene Bettstatt hatten und ihre wenigen Habseligkeiten in einer kleinen Truhe verstauen konnten. Ähnliches galt für die sogenannten Hôtels de Dieu, die Spitäler, die gleichfalls von Ordensleuten betrieben wurden. Die Krankensäle hatten durch Stoffbahnen voneinander getrennte Betten, doch darin lagen oft zwei oder mehr Kranke. Das Bettzeug wurde zwar regelmäßig gewaschen, aber da man nur unzureichend Desinfektionsmittel kannte, wie etwa den

Essig, war die Übertragungsgefahr von Seuchen enorm. François Rabelais, der Autor des berühmten Schelmenromans *Gargantua und Pantagruel*, führte als Leiter des Hôtel de Dieu von Lyon einen erbitterten Kampf, seine Patienten in Einzelbetten unterbringen zu können. Er war auch einer der Ersten, die darauf bestanden, Kranke mit Ansteckungsgefahr von den übrigen zu isolieren.

Als etwa um 1100 die Zeiten allmählich ruhiger wurden, begann man in den Kernländern Europas mehr und mehr Wert auf eine komfortablere Ausgestaltung seines Wohnbereichs zu legen. Das galt zunächst natürlich nur für die gehobenen Gesellschaftsschichten. Könige und große Herren konnten es sich nun leisten, nicht nur ein eigenes Bett für sich zu haben, sondern dieses noch dazu als ein besonderes Schmuckstück ausgestalten zu lassen. Heimkehrende Kreuzritter brachten viel von dem exquisiten Geschmack des Orients mit in ihre raue Heimat. Mit der Wiederentdeckung antiker Lebensgewohnheiten zur Zeit der beginnenden Renaissance rückten erlesene Paradebetten mehr und mehr in den Mittelpunkt des Interesses. Wichtige Impulse gingen in dieser Hinsicht auch von den Städten aus, in denen sich die verschiedensten Kunsthandwerke etablierten und regen Zuspruch fanden. Das Renaissancebett war ein zumeist mit kunstvollen Schnitzereien geschmücktes massives Möbelstück, dessen Kopfende mit einem baldachinartig vorgewölbten Überbau versehen war. Im unteren Teil der Bettlade befand sich eine verschließbare Truhe, in der alles Wertvolle aufbewahrt werden konnte. Das Ganze stand zusätzlich auf einem Podest, das manchmal so hoch war, dass man eine Trittleiter brauchte, um das Bett zu besteigen. Um sich gegen Kälte und Zugluft zu schützen, aber auch eine gewisse Intimität zu sichern, wurden diese Betten mit dicken Vorhängen umgeben, die man rundherum zuziehen konnte. Die Damen der guten Gesellschaft hatten oft ihr ganzes Leben lang damit zu tun, Vorhänge und Wandbehänge sowie Tapisserien herzustellen, um eine einigermaßen wohnliche Atmosphäre zu schaffen.

In den Städten waren es vor allem die Häuser bedeutender Kaufleute sowie der durch ihre Kunstfertigkeit reich gewordenen Mitglieder verschiedener Handwerkszünfte, die wesentlich zur Entstehung einer städtischen Bettkultur beitrugen. Die Handwerker etwa, die mit viel Geschick und Fantasie die Aufträge des Adels ausführten, kamen bald dahin, dasselbe auch für sich selbst zu tun, wenn auch in einem etwas bescheideneren Rahmen. So können wir heute noch in vielen Museen die Zeugnisse bürgerlicher Handwerkskunst bewundern.

Eine wichtige Rolle bei dieser Entwicklung spielten die Städte des Nordens, die sich im Hansebund zusammengeschlossen hatten. Die nordischen Kaufleute, die auf ihren Reisen in den Süden Bekanntschaft mit dem Luxus der italienischen Stadtstaaten, allen voran Venedigs, geschlossen hatten, fanden auch ihrerseits Möglichkeiten, ihre Schlafstätten so behaglich wie möglich auszustatten. Eine Bettstatt im Norden musste vor allem eines gewährleisten: Wärme! Und so schufen sie sich tiefe, außen mit kunstvollen Beschlägen versehene Bettladen, in denen der Schläfer sich zwischen zwei dicken Federbetten förmlich begraben konnte. Manchmal genoss auch eine ganze Familie gemeinsam die wohlige Wärme eines solchen Bettes. Vor allem in Norwegen und Schweden wurde viel Sorgfalt darauf verwendet, die ursprünglich wild lebenden Eiderenten zu zähmen, um ihren Flaum für die eigenen Betten nutzbar zu machen, nachdem man beobachtet hatte, wie sich die Enten diesen selbst ausrupften, um ihren Küken ein wohliges Nest zu bereiten. Bald entwickelte sich ein reger Handel mit Eiderdaunen, denn auch im übrigen Europa wollte man gerne unter Plumeaus schlafen, wie die Federbetten in Frankreich genannt wurden.

Und noch eine Bettform fand sich vor allem an der Atlantikküste weit verbreitet: das Schrankbett, das einer Schiffskoje nachempfunden war. Diese Betten waren richtige hölzerne Schreine, die, mit Schiebetüren versehen, innen ein großes, meist mehrschläfriges Bett enthielten. Häufig schlief ein Ehepaar mit seinen kleinen Kindern in einem solchen Bett, und manchmal wurden in einer Art Schlafgalerie mehrere Bettschränke aufgestellt, sodass mehrere Generationen einer Familie in ein und demselben Raum schlafen konnten, ohne einander zu stören. Die Schläfer fanden sich in ihren kleinen Schlafkojen völlig geborgen und vor allem von Kälte und Zugluft beschützt. Ein Kenner dieses patenten Schlafmöbels schrieb darüber: »Ich, der ich den Bettschrank meines Großvaters teilte, behaupte, dass nichts über diesen Schlafschrank geht. Man fühlt sich darin viel geborgener als in offenen Betten.«

Das Bett als solches füllte den gesamten Raum zwischen den Wänden aus. Dort waren Haken angebracht, um die Kleider daran aufzuhängen, denn man zog sich erst innerhalb des Bettschranks richtig aus. Bei jung verheirateten Paaren mag dies ein Anlass für recht handgreifliche Bettspiele gewesen sein. Auch waren es wohl nicht immer die rechtmäßigen Besitzer solch verschwiegener Schlafstätten, die bei günstiger Gelegenheit Hand in Hand hineinschlüpften, um dort ein heimliches Schäferstündchen zu genießen.

Königliche Bettgespenster

Das Wirtshaus »Zum blauen Eber« war eine wohlbestallte Gastwirtschaft, in der Reisende eine Nacht verbringen konnten, ohne befürchten zu müssen, von Läusen aufgefressen oder von Straßenräubern ausgeraubt zu werden. Das festgebaute Haus stand an einer Wegkreuzung etliche Meilen vor Bosworth Market, einem Ort, der wenig später als eines der großen Schlachtfelder der englischen Geschichte bekannt werden sollte. Die Wirtin, eine resche, hochbusige Person in den besten Jahren, befand sich an diesem nebelumsponnenen Abend des 21. August 1489 in höchster Aufregung. Eben war ein von Kopf bis Fuß gewappneter Ritter vor ihrer Schankstube eingetroffen und hatte mit befehlsgewohnter Stimme gerufen: »Alles raus da! Seine Gnaden, der König, beliebt hier zu nächtigen und will das Haus für sich haben!«

Der König – das war Richard III., über den allerlei finstere Gerüchte im Umlauf waren. Kaum zu glauben, dass einer, der für sein Volk doch ein Beispiel der Gerechtigkeit sein sollte, so abscheuliche Verbrechen begangen haben sollte wie die, die insgeheim von Mund zu Mund liefen. Auch die Wirtin »Zum blauen Eber« hatte davon gehört und befürchtete, dass ihr Haus durch ihn in Verruf geraten könnte, wenn etwa die Gegenseite den Sieg davontragen würde. Sie wusste wohl, die Hügel ringsum waren von einander bekriegenden Heerhaufen besetzt, die sich so nahe waren, dass man durch den Nebel das Klirren der Rüstungen und das Stampfen der

Pferde hören konnte. Es würde eine furchtbare Schlacht werden, wenn die beiden Heere aufeinandertrafen. Der Gasthof »Zum blauen Eber« würde möglicherweise in Mitleidenschaft gezogen werden. Die Wirtin hatte es vermieden, in all den Auseinandersetzungen zwischen den Häusern Lancaster und York jemals Partei zu ergreifen. Sie hatte den Parteigängern der einen wie der anderen Seite Gastfreundschaft gewährt und dem Himmel dafür gedankt, dass sie sich bisher aus allen Querelen hatte heraushalten können, ohne dass ihr Anwesen in Flammen aufgegangen und sie und ihr Gesinde abgeschlachtet worden waren. Doch nun hieß es wohl Farbe bekennen. Kein Mensch hätte ihr in diesen Stunden vor der großen Schlacht weniger willkommen sein können als dieser König. Immerhin, der König verlangte Gehorsam, und wer wäre sie, um ihm diesen zu verweigern? Also beeilte sie sich, den Wünschen des Ritters Folge zu leisten. Geschäftig gab sie dem Gesinde ihre Anweisungen, ließ den Schankraum räumen und die Pritschen aus dem Schlafsaal im Obergeschoß unters Dach bringen. Den Mägden befahl sie, eilends frische Binsen auf den Boden zu breiten und wohlriechende Kräuter darüberzustreuen, damit das improvisierte Schlafgemach des Königs süßen Duft verströmen sollte. Insgeheim überlegte sie, welche der jungen und reizvollen Mägde sie in ihr eigenes Festgewand aus jüngeren Tagen stecken sollte, um ihrem Gast, wenn er dies wünschen sollte, eine ansehnliche Bettgespielin zu bieten. Ihre Gedanken wanderten zur Bereitstellung der Mahlzeit für den hohen Herrn. Würde er allein zu speisen geruhen oder in Gesellschaft seiner Ritter? Während sie den Koch anwies, sich um Bratspieß und Pfannen zu kümmern, und der Großknecht ihr bestes Fass Wein aus dem Keller rollte, hielt ein von vier muskulösen Rössern gezogenes Gefährt vor dem Tor.

Darauf thronte, von Leinentüchern sorgsam umhüllt, das
Feldbett des Königs. Er pflegte es auf seinen Reisen durch
das Königreich stets mit sich zu führen. Der Platz, wo
er es aufstellen ließ, galt als zeitweiliger Mittelpunkt des
Reiches. Aber sollte es jetzt, mitten im Krieg, nicht besser
im Feldherrenzelt inmitten seines Heerbannes stehen?
Was sollte die seltsame Laune des Königs, es in einem
friedlichen Gasthof aufzuschlagen? Und was, wenn die
Schlacht verloren ging und des Königs Gegner sein Bett
entdeckten? Würde sie dann nicht für seine Parteigänge-
rin gehalten und ihr Haus gebrandschatzt werden? Diese
und andere verängstigte Gedanken mögen der Wirtin
durch den Kopf gegangen sein, während sie zusah, wie
die Männer des Königs ächzend und schwitzend das in
Teile zerlegte schwere Bett über die steile Treppe nach
oben schleppten, in die Schlafstube, die nun völlig kahl
war von allem anderen Gerät. Dort wurde es aufgestellt
mit Blickrichtung zu den niedrigen Fensterhöhlen, die
mit gelblichem Pergament bespannt waren. Da stand es
nun, massiv und sperrig, die Stirnwand des Baldachins
zeigte die Wappen des Königs: eine Strahlensonne für
das Haus von York und den weißen Eber für Gloucester.
Dazu in den Bettvorhängen, die von den flinken Fingern
der Mägde befestigt worden waren, gesticktes Rosenge-
rank mit der weißen Rose, die als ein weiteres Emblem
des Hauses York galt.

Die Wirtin, die ihrerseits überall rasch mit Hand anlegte, das königliche Bettzeug geordnet und einen Tisch
am Fenster hatte bereitstellen lassen, stellte einen Krug
mit kräftigem Burgunderwein und ihr bestes Zinnge-
schirr dazu – es gab genug Speisen aufzutragen: Hühner-
und Wildpasteten und ein deftiger Wildschweinbraten.
Ob der König, so nahe an einer entscheidenden Schlacht,
wünschen mochte, etwas zu essen? Sie fragte sich insge-

heim, wie sich diese großen Herren wohl fühlen mochten, in der Nacht, bevor sie aufeinander losgingen und Tausende von wackeren Männern mit sich in den Tod rissen?

Ein einzelnes Hornsignal riss sie aus ihren Gedanken: vor dem Tor ein Reiter auf einem fahlen Grauschimmel! Kein Zweifel, der König! Die Ritter, die ihn begleiteten, hielten sich im Hintergrund. Ein dunkler Umhang verbarg die glitzernde Rüstung. Der Helm mit dem gezackten Goldreif ließ ihn majestätisch erscheinen, trotz der nach oben geschobenen schiefen Schulter, die einen Buckligen aus ihm machte. Die Knie der Wirtin zitterten, als sie sie beugte, die Worte der Begrüßung kamen ihr nur stockend über die Lippen. Der König winkte ungeduldig ab: »Einen Krug Wein, Gevatterin, und einen Bissen zu essen!«, befahl er.

Schon ist er vom Pferd gesprungen, seine Rüstung klirrt bei jeder Bewegung. Zwei Herren seines Gefolges begleiten ihn, als er die steile Treppe nach oben steigt. Der Raum, der sich ihm auftut, duftet wie eine Sommerwiese. Ungeduldig lässt er sich aus seiner Rüstung schälen. Hastig verschlingt er, was die Mägde ihm auftragen, stürzt einen Becher Wein hinunter und noch einen, steht eine Weile sinnend vor dem Bett, lässt sich dann gegen die hochgeschichteten Kissen sinken. »Wein, noch einen Krug Wein«, befiehlt er. Die Wirtin stellt den ans Kopfende des Bettes, schließt behutsam die Tür hinter sich, als sie hinausgeht. Der König ist allein mit seinen Gedanken. Der Raum ist von Kerzen diskret erleuchtet, die Flammen werfen im Windhauch, der von den Fenstern herüberweht, ungewisse Schatten. Der König greift nach dem Krug, tut einen tiefen Zug – weitet sich der Rand des Gefäßes da nicht zu einem breiten Rund, und schwimmt nicht ein feistes Gesicht in dem überschwappenden

Wein, aus dem gurgelnde Geräusche nach oben steigen? Entsetzt stößt Richard den Krug von sich, sein Inhalt ergießt sich auf die Binsen am Boden. »Clarence, was willst du? Geh … lass mich allein!«, stöhnt er; »was willst du an meinem Bett? Ich musste es tun … du hättest mir die Krone gestohlen, die du doch nur vertan hättest, elender Säufer, der du warst!« Er sieht den schweren, fülligen Mann, seinen Bruder, wie er lachend die Leiter hinanschwankt zu einem Weinfass im oberen Teil des königlichen Kellers, das will er eigenhändig anschlagen. Er hat gewettet, er könne es ebenso gut wie der Kellermeister. Doch beweisen kann er es nicht mehr. Dafür sorgen die beiden obskuren Gestalten am Fuß der Leiter. Diese stürzt um, und Clarence, der unersättliche Säufer, fällt ins Bodenlose, reißt im Sturz ein Fass mit sich, liegt wie ein hilfloser dicker Käfer auf dem harten Kellerboden, mit geborstenem Schädel, einen Ausdruck ungläubigen Staunens in den erschlafften Zügen, inmitten eines Schwalls von rotem Burgunderwein. »Rasch, ins nächste Weinfass mit ihm«, rufen die Mörder. In ihren Wämsern klirrt das Gold, das sie für ihre ruchlose Tat belohnen soll. Ächzend schleppen sie den schweren Körper zu dem nächstgelegenen Fass; dessen Deckel ist abgenommen, die ruchlose Tat gut vorbereitet. Der Tote wird über den Rand gekippt. Doch der Geruch des verschütteten Weins verdichtet sich zu gefährlichen Dämpfen. »Nichts wie raus hier«, mahnt einer der Mörder. Gemeinsam stürmen sie auf die Kellertür zu, doch die ist verschlossen. Es gibt kein Entrinnen. Am Morgen darauf werden sie am Fuß des Fasses gefunden, in dem der Ermordete schwimmt. Es wird von einer Verschwörung gemunkelt, doch die Spuren verlaufen sich buchstäblich im verschütteten Wein …

Der König, den Rücken gegen die hochgetürmten Kissen gelehnt, schließt die Augen, versucht die schrecklichen Bilder zu bannen, die ihn umkreisen. Nachts auf den ächzenden Treppen des White Tower: schleichende Schritte! Zwei Kinder in einem stillen Schlafgemach im Turm, zwölf und neun Jahre alt, Königskinder, vaterlos, und von ihm, Richard, zu Bastardkindern gemacht. Hat er nicht das Gerücht ausgestreut, die Königin sei schon längst in geheimer Ehe gebunden gewesen, ehe der damalige König von England sie geehelicht hatte? Nun war ihr Gatte tot, auf den Stufen, die zu seiner Kapelle führten, gestürzt und mit einer Kopfwunde aufgefunden; die alte Königin befand sich im Kirchenasyl, und er, Richard, hatte endlich die Krone, nach der er sich so lange gesehnt hatte. Aber um sie sicher zu haben, musste noch eines geschehen, die Kinder mussten verschwinden, für immer! Der König schließt die Augen, um die schrecklichen Bilder zu verdrängen, die ihn in dieser Nacht vor seiner letzten großen Schlacht umkreisen.

Die Kinder sind müde, sie haben Ball gespielt auf dem Rasen des Tower, dort, wo die Blutgerüste aufgestellt werden, wenn es gilt, Verschwörer und Königsverräter hinzurichten. Das ist oft schon geschehen in letzter Zeit, und morgen wird es wieder so weit sein. Aber da geht's ans Schlachten im Großen. Die Heerlager stehen einander gegenüber, morgen wird er, Richard, ins Feld reiten, mit blitzender Rüstung und dem Kronhelm auf dem Kopf. Und er wird siegen wie immer, wenn er zu Felde zieht. Wäre nur erst diese Nacht vorbei, die Nacht mit den schlimmen Bildern!

War die Tür zum Schlafgemach der Kinder nur angelehnt? Knarrte die Treppe unter dem schweren Schritt der gedungenen Mörder? Eine einsame Kerze warf ein flackerndes Licht auf die unschuldigen Schläfer. Auf dem Tisch im Erker stand ein angefangenes Schachspiel. Der

König war meilenweit weg, seine Städte im Norden zu besichtigen. Niemand sollte ihn in der Nähe wähnen, wenn die Untat geschah. Es war schnell getan – zwei Kissen wurden auf die Gesichter der schlafenden Prinzen gedrückt; der ältere bemerkte kaum, wie ihm geschah, doch der jüngere erwachte und begann, verzweifelt um sein Leben zu kämpfen. Ein Schlag mit dem Schwertknauf – und er lag tot, mit zerschmettertem Schädel. Der König hat die kleinen Leichen nie gesehen, aber jetzt erschienen sie ihm, zwischen Wachen und Traum. Ihre Körper liegen irgendwo in den Tiefen des Tower verscharrt, die Luft schwirrt von üblen Gerüchten. Entführung, raunen die einen, Mord, flüstern die anderen; und immer öfter wird ein Name genannt – der Richards, des neuen Königs!

Aber da ist noch ein Kind, ein Knabe, sein eigener Sohn! Jetzt tritt er wie ein fahler Schatten in des Königs Bewusstsein, sein Sohn, der einzige, den er je hatte. Tot, hinweggerafft von einer tückischen Krankheit, die Strafe Gottes für den Prinzenmord, murmeln die Stimmen. Totwürgen möchte er sie, um sie zum Verstummen zu bringen. »Tot, – tot …«, raunt eine liebliche Stimme – die seiner Königin, der sanften Anne Neville. Ach, was hat er sich angestrengt, mit ihr noch einen Sohn zu zeugen, den Erben, dem es bestimmt war, den Fortbestand des Hauses York zu sichern. Nacht für Nacht war er zu ihr ins Bett gekommen – alles vergeblich. Aber ein neuer Sohn musste her, und das bedeutete, Platz zu schaffen für eine neue Gemahlin. Auch Anne musste geopfert werden. Er tat es behutsam, mit eigener Hand – Tag um Tag nur ein wenig von dem Gift, sie fühlte nur, wie sie schwächer und schwächer wurde, bis sie – beinahe in seinen Armen – starb. Ihre Augen waren dunkel vor Entsetzen gewesen – war es das Wissen um ihren Tod oder die Erkenntnis, dass er, den sie geliebt hatte, ihn verschuldet hatte? Hieß es doch, dass Sterbende hellsichtig seien. Der König zitterte vor plötzlicher Kälte. »Ein Weib, bringt mir ein Weib ins Bett, ich friere!«

Der Knappe, der auf der Schwelle wacht, beeilt sich, den Wunsch des Königs an die Wirtin weiterzugeben. Auch die hat kein Auge zugetan – wie könnte sie, mit dem unheimlichen Gast in ihrem Haus? Sie nimmt die jüngste ihrer Mägde, zieht sie die Treppe hinauf, schubst sie vor des Königs Bett. Mit klammen Fingern greift Richard nach dem blühenden Fleisch, presst seinen kälteschauernden Leib gegen den lebenswarmen des Mädchens. Das – schreckensstarr – lässt alles mit sich geschehen, fühlt den Mann über ihr zusammensacken. Schwer atmend gleitet er in einen kurzen Schlummer. Zu früh für den erschöpften Schläfer dämmert der Morgen herauf, müde verlässt Richard sein Bett, lässt sich die silberne Rüstung anlegen, setzt den Helm mit dem Kronreif auf. Voll königlicher Würde reitet er in die Schlacht.

Am Abend wird er nackt im Gestrüpp eines Ginsterbuschs liegen, zwischen dessen Zweigen der Helm mit seiner verlorenen Krone hängt.

* * *

Die Wirtin »Zum blauen Eber« handelte entschlossen, als sie den Ausgang der Schlacht erfuhr. Es heißt, ein Zufall habe ihr geholfen, das Geheimnis des königlichen Bettes zu entdecken. Der König habe in der Hast seines Aufbruchs den Schlüssel seiner geheimen Schatzkammer im Bett verloren.

Der sei der Wirtin in die Hände gefallen, und sie habe, Beutel um Beutel, Richards Goldschatz in der Bettlade gefunden. Umsichtig, wie sie war, fasste sie sogleich ihren

Entschluss. Sie ließ das Bett zerlegen und auf ein Fuhrwerk laden, wo es unter einer Schütte Stroh und allerlei Hausgerät wohl geborgen war. So brach sie mit doppeltem Pferdegespann und ihrem gesamten Gesinde auf nach London, das zur Hochzeit und Krönung des neuen Königs rüstete. Als kluge Frau, die sie war, wusste sie, dass sie den anrüchigen Schatz nicht ausgeben konnte, ohne sich in tödliche Gefahr zu begeben. Also war sie entschlossen, ihn dem neuen König, Henry Tudor, anzubieten, gegen ein Privileg ihrer speziellen Wahl, versteht sich. Und auch nicht, ohne dass sie ein oder zwei der schweren Beutel für die Verwirklichung ihrer Zukunftspläne abgezweigt hätte.

Henry Tudor war ein sparsamer Mann. Die Not seiner Jugend – immer auf der Flucht oder im französischen Exil – hatte ihn gelehrt, dass Gold eine zweifelhafte Ware war, die immer dann zu verschwinden drohte, wenn man sie am nötigsten brauchte. Das unverhoffte Anerbieten der Wirtin »Zum blauen Eber« kam ihm äußerst gelegen, war doch das Land ausgeblutet von den ewigen Kämpfen. Es würde die Krone viel Geld kosten, bis Land und Städte wieder saniert waren. Eine wahre Patriotin, mag er im Stillen gedacht und sich gefragt haben, was sie sich von ihm dafür erhoffte. »Gebt mir ein Privileg, Sire, für das größte und schönste Hurenhaus in ganz London, und ich will alle Tage für Euer Gnaden Glück beten!« Ein Angebot, das den König, der sonst eher ein ernsthafter Mann war, nicht wenig belustigt haben mag. Immerhin, der Tausch wurde vollzogen, und die Wirtin ging mit Entschlossenheit daran, unter des Königs Protektorat ihr Vorhaben zu verwirklichen. Sie sei, berichtet ein Chronist, danach viele Jahre die unumschränkte Gebieterin eines weitläufigen Anwesens in der Drury Lane gewesen. Es hieß, dass dort die besten Weine und die hübschesten Mädchen angeboten wurden, ja, dass selbst der König seinen älteren Sohn, den Prinzen Arthur, dort hingeschickt habe, damit er im Umgang mit dem weiblichen Geschlecht etwas Übung bekomme; denn der war ein schüchterner junger Mann und sollte demnächst mit einer spanischen Prinzessin vermählt werden. Bedauerlicherweise nützten ihm die Erfahrungen, die er im Haus der Wirtin »Zum blauen Eber« gesammelt hatte, nur wenig: Er starb, kurz nachdem er die Prinzessin Katarina geheiratet hatte. Sein Nachfolger im Brautbett, der spätere König Heinrich VIII., hatte wenig Gründe, Nachhilfe im Umgang mit Frauen zu suchen.

Wie dies oft bei brisanten Geschichten aus ferner Vergangenheit der Fall ist, existieren noch einige weitere Versionen davon. In einer heißt es, die Wirtin »Zum blauen Eber« habe von dem heimlichen Schatz in Richards Bett nichts gewusst, sondern es vielmehr in der Stadt Leicester ahnungslos einem Kneipenwirt verkauft. Der stellte das sperrige Ding in das eheliche Schlafgemach, allerdings ohne den verräterischen Baldachin; den hatte die kluge Wirtin schon vor Antritt ihrer Reise am Heuboden des Blauen Ebers verstecken lassen. Auch der neue Besitzer sei nur durch Zufall hinter das Geheimnis gekommen und habe damit als Kaufmann sein Glück gemacht. Schließlich sei er sogar zum Friedensrichter in seiner Gemeinde ernannt worden. Doch missgünstige Stimmen raunten, er sei mit dem Teufel im Bunde. Und nach seinem Tod fielen Räuber über seine Witwe her und ermordeten sie, um sich in den Besitz ihres Reichtums zu bringen. Die Räuber freilich wurden gefasst und dem Henker übergeben, der sie allesamt an den Galgen brachte.

Dem Chronisten dieser Version des königlichen Bettes verdanken wir übrigens auch dessen Beschreibung: Reich und eigentümlich verziert, aus Eichenholz geschnitzt, die

Holzverkleidungen mit Intarsien in Schwarz, Braun und Weiß, die Pfosten mit Hochreliefs von Sarazenenfiguren geschmückt, verrät die Einzigartigkeit seiner Konstruktion den eigentlichen Zweck, für den es gebaut worden war. Jeder Teil davon, mit Ausnahme des Corpus, war so gemacht, dass es sich nach Belieben in Einzelteile zerlegen und wieder zusammenbauen ließ, sodass man es für die Reise in eine riesige Truhe umwandeln konnte. – So viel zu König Richards Bett. Allerdings, wo es wirklich geblieben sein mag, kann heute niemand mehr sagen. Mag es im Nebel der Geschichte verschwunden sein!

Es war übrigens William Shakespeare persönlich, dem wir die Vorstellung von König Richards »Gewissenstraum« verdanken. Der große Dichter erwies sich dabei auch als großer Psychologe. Nacheinander lässt er in seinem Drama Richard III. die Geister der von jenem Ermordeten mit ihren Anklagen auftreten, ihn verfluchen und seinen Untergang vorhersagen. In mehr als 58 Zeilen versuchen diese Geister, sein Gewissen wachzurütteln, und verkünden gleichzeitig seinem Widersacher, dem Herzog von Richmond (später König Heinrich VII.), einen glanzvollen Sieg. So der in jugendlichem Alter ermordete Prinz Edward, der Sohn König Heinrichs VI.:

Lass morgen schwer dir auf der Seel' mich lasten
und denk, wie in der Blüte meiner Jahre
du mich gemordet hast.
Verzweifle drum und stirb!

Es folgt eine lange Reihe der durch Richard zu Tode Gekommen, deren Anklagen mit dem immer gleichen Refrain enden:

Verzweifle drum und stirb!

Und der als Letzter ungerecht Hingerichtete, der Graf von Buckingham, fügt noch hinzu:

Träum' weiter du, von blutgen Taten und vom Tod!

Die Reaktion des so vielfach Verfluchten ist nicht etwa Reue, sondern Selbstmitleid. Er fühlt sich von allen verdammt und verzweifelt:

Keine Kreatur ist da, um mich zu lieben,
und sterb ich, keine Seel, die um mich trauert!

*   *   *

Shakespeares Königsdramen wurden im Elisabethanischen Jahrhundert und zur Zeit Jakobs I. sehr oft aufgeführt. Theater war in dieser Zeit immer auch politische oder religiöse Meinungsbildung für das Volk. Die radikale Schwarzzeichnung des Vorgängers und Rivalen der relativ jungen Tudor- und Stuart-Dynastien sollte wohl dazu beitragen, ihn auch historisch und moralisch in der öffentlichen Meinung hinzurichten, indem ihm jeder Funke von Sympathie entzogen wurde. Richard III. wurde vor allem durch Shakespeares Drama zu dem machtgierigen und skrupellosen Monstrum, als das er in die Geschichte eingegangen ist. Angesichts dieser Entwicklung ist allerdings nicht klar festzustellen, ob sich Shakespeare von den zahlreichen Gerüchten inspirieren ließ, die um die Person des zwielichtigen Königs ohnehin im Umlauf waren, oder ob er selbst es war, der durch seine eindringliche Zeichnung des »königlichen Mörders« diese erst ins Leben gerufen hatte.

Tatsache ist jedenfalls, dass die neuere Forschung das Leben und die Regentschaft König Richards aus größerer Entfernung etwas objektiver und damit gerechter beurteilt als seine Zeitgenossen und Nachfolger. Mag sein, dass er dadurch doch noch ein Stück jener öffentlichen Empathie bekommt, deren völlige Abwesenheit er als so bejammernswert empfunden hatte.

Und noch einmal: Richard III., einst auf dem Schlachtfeld von Bosworth verschollen, taucht aus dem Nebel der Geschichte wieder auf. An einem Augusttag des Jahres 2012 waren Bauarbeiter auf einem Parkplatz am Rande der Stadt Leicester am Graben. Dabei stießen sie auf ein offenbar sehr altes Skelett, dessen Schädel Merkmale schwerer Verwundungen aufwies. Seit der geschlagenen Schlacht hatten sich immer wieder Gerüchte um den erschlagenen König und sein verschwundenes Bett gerankt. Die Bauarbeiter staunten nicht schlecht ob ihres Fundes. Historiker nahen sich seiner an und bald machte der Name König Richards die Runde, zumal das Skelett eine starke Krümmung der Wirbelsäule aufwies, was genau zum Buckel Richards passte. Mit Richard starb das Geschlecht der Plantagenets aus, aber er hatte eine Reihe illegitimer Nachkommen. 17 Generationen später leben noch Personen, deren Ahnenreihe auf ihn zurückzuführen ist. Durch eine umständliche DNA-Analyse wurde schließlich eine verwandtschaftliche Beziehung festgestellt, durch die bewiesen werden konnte, dass es tatsächlich König Richards Skelett war, das ganz unköniglich im Erdreich unter einem simplen Parkplatz verscharrt worden war. Nun steht ihm – spät, aber doch – die Ehre eines königlichen Begräbnisses in der Kathedrale von Leicester bevor. Ob er es als einen Akt ausgleichender Gerechtigkeit gegenüber seiner oft geschmähten Person betrachten würde? Die Geschichte jedenfalls nimmt oft einen seltsamen Lauf, dessen Sinn nicht immer klar zu erkennen ist.

Intermezzo IV
Ein Bett zu vererben

Die Zeit Shakespeares – so viel wissen wir – hat mit unserer heutigen Wegwerfgesellschaft nichts gemeinsam. Die Zeitgenossen des großen Dramatikers erzeugten nicht Berge von Müll; was sie sich schufen, war vielmehr für Generationen bestimmt. Das Bett war ebenso wie der übrige Hausrat ein selbstständiger Wert, den man an seine Kinder und Kindeskinder weitervererbte. Anders als heute, wo jeder mehrmals in seinem Leben seine Wohnung neu einrichtet, wäre es selbst reichen Kaufleuten in den Städten nicht eingefallen, dies zu tun und den »alten Plunder« dem Sperrmüllhof zu überantworten. Freilich, alten Plunder im heutigen Sinn des Wortes gab es damals noch nicht. Alle Möbelstücke waren auf Dauer angelegt, und es gab kaum eines, das nicht – bei aller Zweckmäßigkeit – auch eine ästhetisch vollendete Form hatte. Dasselbe galt für die Kleidung. In den Vermächtnissen der Zeit waren Festtagsgewänder, Mäntel, ja sogar Schuhe angeführt. Gute Stoffe und sonstige Materialien hatten ihren Preis. Mochte auch der Schnitt eines Gewandes nicht mehr zeitgemäß sein, so konnte man doch das Material weiterverwenden. Vor allem Brautgewänder wurden fast immer von der Mutter auf eine Tochter vererbt und ausdrücklich in den Testamenten erwähnt. Verschwendung lag den gut betuchten bürgerlichen Familien völlig fern. Aber auch in den Adelsfamilien war es durchaus üblich, kostbare Gewänder und wertvollen Hausrat an die folgende Generation zu vererben. Gelegentlich machten

solche Erbstücke eine Wanderung durch mehrere Berufs-
stände, etwa wenn eine der großen Damen ihre abgetra-
gene Garderobe an ihre Zofe oder sonstiges Dienstpersonal verschenkte. Diese wussten solche Gaben wohl zu
schätzen, indem sie sie für ihre Bedürfnisse umänderten
und sich in ihnen nur an Festtagen voller Stolz zeigten,
um sie – möglichst unversehrt – eines Tages an ihre eigenen Töchter weiterzugeben. Im Übrigen gab es damals wie
heute eine Art von Secondhand-Shops, in denen manche
Erbstücke landeten, um dann, mit einer entsprechenden
Geschichte versehen, auf interessierte Kundschaft zu warten. Die darin angebotenen Stücke waren umso begehrter,
je prominenter der Rang ihres Vorbesitzers war.

Von den Gesetzen her blieb es Zivilpersonen weitgehend überlassen, wie sie ihr Erbe verteilten. Im Bereich
des Adels aber hatte der jeweilige Landesherr ein Mit-
spracherecht, zumal ein großer Teil von Land- und Haus-
besitz nur auf Zeit verliehen wurde, was vom jeweiligen
Lehensherrn jederzeit revidiert werden konnte. Wie sehr
selbst der private Besitz dem öffentlichen Zugriff ausgesetzt war, beweisen etwa die englischen Steuergesetze
aus dem 15. Jahrhundert. War der Erbe nicht imstande,
die ihm oft sehr willkürlich auferlegte Erbschaftssteuer zu
entrichten, konnte der Steuereinnehmer nicht nur alle bewegliche Habe beschlagnahmen, sondern auch Herd und
Bett des säumigen Zahlers zerstören, wodurch dessen
Heimstätte weitgehend unbewohnbar gemacht wurde.

Innerhalb eines Familienverbandes herrschten bestimmte erbrechtliche Bräuche. So war es üblich, dass die
Witwe eines Verstorbenen ein Drittel seines Besitzes, in
jedem Fall aber das gemeinsame Ehebett samt Ausstattung erhielt. Sollte eine andere Regelung getroffen werden, musste dies testamentarisch festgelegt werden. In
Adelshäusern war das beste Bett dem ranghöchsten Be-

sucher vorbehalten und wurde später an den Haupterben weitergegeben. Neben der Witwe erbten die Kinder, wobei das älteste den Löwenanteil erhielt. Jüngere Kinder hatten ein Anrecht auf Starthilfe beim Aufbau einer eigenen Existenz. Töchter bekamen ein angemessenes Heiratsgut, das sie in die Lage versetzen sollte, einen standesgemäßen Gatten zu finden. Auch Shakespeares Testament, das er im Alter von 52 Jahren abfasste, hielt sich im Großen und Ganzen an diese Regel.

Mit dem »zweitbesten Bett« wird in seinem Fall wohl das Ehebett gemeint gewesen sein. Das beste war vermutlich ein eher ominöses Geschenk des Grafen Southampton, über das einige recht pikante Gerüchte im Umlauf waren. Shakespeare benützte es wohl selbst; es soll auch sein Totenbett geworden sein.

Manche seiner Biografen haben seine Formulierung: »Item I give unto my wife my second-best bed and its furniture« als einen Ausdruck von Missachtung gegenüber einer ungeliebten Gattin interpretiert. Doch er sprach ihr damit wohl nur jenen Teil der Erbschaft zu, auf den sie ohnehin Anspruch gehabt hätte, nämlich das Ehebett. Das »beste« Bett hatte er offensichtlich, wie auch den weitaus größten Teil seines sonstigen Besitzes, seiner Lieblingstochter Susanna und deren Gatten, dem Arzt John Hall, zugedacht. Überhaupt zeigt der Grundton des Testaments, dass Shakespeare großen Wert darauf legte, sein Erbe in verlässliche Hände zu legen. Jedenfalls zeichnet sich in seinem Testament ein erfolgreiches bürgerliches Leben ab, mit kontinuierlicher Mehrung seines Besitzstandes, aber auch mit großzügigen Erinnerungsgaben an seine Freunde. Ein anderes, ungleich bedeutsameres Erbe vermachte der Dichter William Shakespeare der gesamten Menschheit: den Schatz seines literarischen Schaffens, das die Jahrhunderte überdauert hat.

Von Shakespeares Bettgeheimnissen

Im Haus des Handschuhmachers John Shakespeare hing der Haussegen schief. Eben hatte der Meister, der zugleich Ratsherr der kleinen Stadt Stratford-upon-Avon und somit einer ihrer Patrizier war, erfahren müssen, dass sein Ältester sich einer schweren Verfehlung schuldig gemacht hatte: Er hatte Anne Hathaway, die älteste Tochter eines Großbauern im benachbarten Dorf, geschwängert! Das Mädchen war acht Jahre älter als Willie und hatte es offensichtlich eilig, unter die Haube zu kommen. Sie hatte den erst achtzehnjährigen Lehrling des Öfteren heimlich getroffen, und der war dumm genug gewesen, sich von der raffinierten kleinen Dirne einfangen zu lassen. Und nun war der offenkundig schockierte Vormund des Mädchens unter viel Lärm erschienen und hatte erklärt, Willie müsse sein Mündel als Braut zum Altar führen, oder es würde ihm schlimm ergehen. Eine Anzeige beim zuständigen Kirchenamt sei das Mindeste, und das würde den Lümmel eine hübsche Stange Geld kosten, wenn er nicht sogar an den Pranger geschickt würde.

Willie blickte betreten, als er in die väterliche Werkstatt gerufen wurde. Eben erst war er von einem Fischzug zurückgekehrt, bei dem ihm etliche Forellen an der Angel geblieben waren. Willie liebte es, in seiner Freizeit in einem stillen Winkel am Avon zu sitzen und seinen Träumen nachzuhängen, während er seine Angel lässig ins träge dahinziehende Wasser tauchte. Oft war er

dann überrascht, wenn ein plötzlicher Ruck an dieser
verriet, dass ein Fisch angebissen hatte. Es war sehr still
in diesen Stunden, die er zwischen dem Gebüsch der
Weiden am Ufer verbrachte, doch in seinem Kopf ging
es unterdessen recht lebhaft zu. Denn da kreisten seine
Gedanken um die Figuren, die ihm aus den Büchern der
Autoren entgegentraten, welche er von der Lateinschule
her kannte, aber auch um ganz andere, die er sich selbst
erdacht hatte, oder auch um solche in Geschichten von
Feen und Fabelwesen, die man sich im Volk erzählte. Die
Engländer seiner Zeit waren ebenso abergläubisch wie
fantasievoll und wussten viel Merkwürdiges zu berichten.

Und da waren auch noch die Schauspieltruppen, die
neuerdings durch die Grafschaften zogen und mit ihren
aufreizenden Stücken die Bewohner der größeren und
kleineren Städte – wie Coventry oder eben Stratford –
entzückten. Sie spielten zumeist in Wirtshaushöfen unter
freiem Himmel, wobei sie sich nicht selten mit einem
Minimum an Requisiten begnügten. Aber mit ihren
prächtigen Kostümen und ihrem schauspielerischen
Geschick vermochten sie ihre Stücke so lebendig aufzu-
bereiten, dass ihnen die Begeisterung ihres Publikums
sicher war.

Der junge Handschuhmacherlehrling war da keine
Ausnahme. Er nutzte jede Möglichkeit, die sich ihm bot,
und fühlte sich von dem bunten Bühnentreiben ani-
miert, sich auch einmal auf diesem Gebiet zu versuchen.
Die Darsteller der Stücke, die er bei solchen Gelegenheiten kennenlernte, waren ausschließlich Männer; Frauen
waren am Theater damals noch nicht zugelassen. Deren
zumeist aristokratische Mäzene hatten auch für ihre
moralische Integrität zu bürgen, die sie durch die Teilnahme von weiblichen Schauspielern gefährdet sahen.

Der junge Shakespeare versuchte – mit einer Gruppe

von Altersgenossen, die so wie er die Lateinschule besucht hatten – sooft er nur konnte, mit den Theaterleuten in Kontakt zu treten, und lauschte gebannt ihren Geschichten, ebenso, wie er die Stücke, die sie darboten, förmlich in sich hineinsog.

Kurzum, William träumte von seinem Auszug nach London und davon, eines Tages selbst Mitglied einer gefeierten Theatergruppe zu werden. Von einer Ehe mit einem späten Mädchen wie Anne Hathaway träumte er nicht. Der vorwitzige Junge muss aus allen Wolken gefallen sein, als er begriff, dass seine Zukunft, die er sich bisher mit einer Art von gemäßigtem Optimismus vorgestellt hatte, sich nun ganz entscheidend verändern würde.

Adieu, London, adieu, Schauspielerkarriere! Der farbenprächtige Traum war ausgeträumt. An seine Stelle würde das Leben als biederer Familienvater treten, der – törichter Knabe, der er war – sich viel zu früh die Ketten einer unerwünschten Ehe würde anlegen lassen müssen. Denn: Auch Anne Hathaway hatte einen Traum, nämlich den, einen jungen Mann, mit dem sie einen ganzen Sommer lang herumgetändelt hatte, endlich in ihr Ehebett zu bekommen.

Sie war sich vermutlich darüber im Klaren, dass Willie, in den sie offensichtlich ein wenig verliebt war, und auf dessen unverblümte, wenn auch verständliche Wünsche sie nur zu bereitwillig eingegangen war, nur sehr zögerlich reagierte, als sich die beiden Alten darüber einigten, dass spätestens im November geheiratet werden müsse. Schließlich sah man dem Mädchen seine Voreiligkeit schon recht deutlich an. Schlimm genug, dass sie nicht als Jungfrau vor den Altar treten konnte.

Willie würde beim Bischof um Dispens für das dreimalige Aufgebot ansuchen müssen. Auch mussten Bürgen für diesen unerhörten Vorgang gefunden werden, der sie beide zu öffentlichen Sündern abstempelte. Es hatte in Annes Familie einen handfesten Krach gegeben, als die Wahrheit ans Licht gekommen war. Aber trotzdem war Anne froh darüber, denn nun würde sie endlich die Rolle einer geschätzten Hausherrin in Anspruch nehmen können, statt sich wie bisher im Anwesen ihrer Eltern um die Aufzucht der jüngeren Geschwister und die überbordende Hausarbeit kümmern zu müssen. Und sie war überzeugt – trotz der finsteren Miene, die ihr junger Liebhaber zeigte, als er merkte, dass es für ihn keine Fluchtmöglichkeit mehr gab –, es würde ihr bald gelingen, ihn mit seiner neuen Rolle als Ehemann auszusöhnen. Schließlich hatte er sie schon so manches Mal spüren lassen, dass sie ihm nicht gleichgültig sein konnte.

Solcherart getröstet, legte sie, nachdem die Alten sich ausgesprochen und die Einzelheiten des zu errichtenden Ehekontrakts beschlossen hatten, am darauffolgenden Sonntag ihren Festtagsstaat an, um im Haus ihres widerstrebenden Bräutigams ihr Verlöbnis zu feiern.

Man kam dazu überein, die Hochzeit ohne jedes Aufsehen spät im November zu begehen, in einer kleinen Dorfkirche, Temple Grafton. Die Braut schmollte, weil sie sich nicht, der Sitte gemäß, im Hochzeitsstaat einer »ungekränkten Jungfrau« zeigen durfte, und der Bräutigam zog vermutlich ein griesgrämiges Gesicht, als er ihr seinen Ring an den Finger steckte.

Doch erst nach dem Festmahl, bei dem er dem würzigen Ale wohl mehr zugesprochen hatte, als für ihn gut war, begriff er, wie sehr sich sein Leben verändert hatte. Bisher hatte er in dem Haus seiner Eltern in der Henley Street mit seinen jüngeren Brüdern in einem Raum im Dachgeschoß geschlafen und viel Spaß mit ihnen gehabt, wenn er es nicht vorgezogen hatte, sich einen stillen

Winkel zu suchen und dort beim Schein einer einsamen Kerze in den wenigen Büchern zu schmökern, die im Haus vorhanden waren, oder Gedichte und kleine Szenen auf Zettel zu notieren, die überall in der Werkstatt herumlagen. Nun war für die jungen Brautleute eine geräumige Stube eingerichtet worden, in deren Mittelpunkt das breite, mit einem baldachinartigen Oberteil versehene Ehebett stand, das rundum mit schweren Wintervorhängen bestückt war. Schränke und Truhen waren schon mit Annes Kleidern und sonstigen Habseligkeiten gefüllt, und die Stube zur Feier des Tages mit grünen Girlanden geschmückt. William, von seinen Freunden geleitet, hatte das Gefühl, nun nie wieder für sich allein sein zu können. Der Anblick seiner Braut, die ihn lächelnd, mit offenem Haar und einem Nachthemd aus feinstem Batist schon im Bett erwartete, konnte ihn nicht aufheitern. An einem süß duftenden Maitag auf einer Sommerwiese oder im grünen Verlies eines Ufergestrüpps ein williges Mädchen im Arm zu halten, war schließlich etwas anderes, als in einer kalten und nebeligen Novembernacht zu einer Frau ins Brautbett steigen zu müssen, die ihm mehr oder weniger von seiner vorwitzigen Begierde beschert worden war. Wie viele Männer in einer ähnlichen Situation, war vermutlich auch Willie der Ansicht, seine Braut habe ihn mit Absicht hereingelegt, und diese Vorstellung erfüllte ihn wohl mit einem unterschwelligen, aber dauerhaften Groll gegen seine junge Frau. Die ihrerseits nahm ihm übel, dass er nach Feierabend lieber mit seinen gleichaltrigen Freunden im Wirtshaus saß und auch sonst jede Gelegenheit wahrnahm, sich ihrer Gesellschaft zu entziehen.

Das Beste, was man von dieser Ehe sagen kann, ist, dass das Paar nebeneinander her lebte, ohne einander zu verstehen. Anne war in der Familie ihres Gatten

zweifellos wohlgelitten, denn sie war eine ordnungslie-
bende Frau, die sich aufs Haushalten verstand und von
Kindesbeinen an gewohnt war zuzupacken, wo es nottat.
Da sie aber überhaupt nicht verstand, was im Kopf ihres
Mannes vorging, hatten die beiden kaum Gesprächsstoff,
wenn sie des Abends allein waren. Sobald sie sich in der
Abgeschiedenheit ihres Bettes als Mann und Frau gegen-
übersaßen, hatten sie sich nur wenig zu sagen. Dies umso
mehr, als durch die fortgeschrittene Schwangerschaft
auch die sexuelle Anziehungskraft des Weibes nicht ausreichte, um den Mann hinreichend zu fesseln. So kam
es, dass Willie sich verzweifelt fortsehnte aus seinem ungeliebten Ehebett und dessen Enge, hinaus in die große
weite Welt, die London hieß und aus der mit den Jahren
immer öfter lockende Botschaft kam. Zwar liebt er seine
Kinder, die quirlige Susanna, seine Erstgeborene, und
auch später sein Liebling für immer, und die jüngeren
Zwillinge, Hamnet, den Sohn, der das Schicksal so vieler
Kinder in jener Zeit erfährt und viel zu früh stirbt, und
dessen Schwester Judith; doch bringt ihn die Liebe zu
seinen Kindern nicht dazu, sich in seiner Rolle als Familienvater wirklich zuhause zu fühlen.

Einer seiner Freunde war nach London gegangen und
hatte dort die Witwe seines Prinzipals geehelicht, bei
dem er das Druckerhandwerk erlernt hatte. Dort, in der
Offizin, wurde viel Dramatisches gedruckt, Theaterzettel und Textbücher, die bei den Aufführungen verkauft
wurden. Manches davon mag Willie wohl ins Haus ge-
flattert sein. Er wird selbst viel geschrieben haben in
diesen stillen Jahren, die seine Biografen später »the lost
years« nennen werden, Gedichte, Skizzen zu dramatischen Szenen, Stimmungen. Auch liebte er die Natur und
war ihr ein genauer Beobachter. Später sollten immer
wieder die lieblichen Bilder der Landschaft um Stratford

und das stille beschauliche Leben im Ablauf der Jahreszeiten in seine unvergleichlichen Verse einfließen. Aber
er sah auch das harte Leben der Bauern und der schwer
arbeitenden Handwerker, die sich ihr Leben lang abmü-
hen mussten. Shakespeare war kein Idealist, und in den
reifen Jahren seines Schaffens zeichnete er die Charaktere seiner dramatischen Figuren, wie er sie in seinen
stillen Lehrjahren kennengelernt hatte. Einstweilen aber
träumte er verzweifelt von einem Später, in dem sich
seine geheimen Wünsche vielleicht doch noch erfüllen
würden.

Endlich, im Lauf des Jahres 1587, war es dann doch so
weit. Er ließ Frau und Kinder in der Obhut seines Vaters
– und wohl auch in dessen materieller Verantwortung –
und tauchte ein in die unruhig pulsierende, stinkende
und doch so faszinierende Weltstadt London.

Freilich, alles hat seine zwei Seiten. Und der Umstand,
dass er nun endlich, so viel er nur wollte, an seiner heiß
begehrten Theaterluft schnuppern konnte, entschädigte
ihn kaum für schmal bemessene Mahlzeiten. Und die
Nächte auf einem harten Strohsack im zugigen Dachgeschoß von Fields Druckerei ließen ihm möglicherweise
sein verschmähtes, aber bequemes Ehebett in einem besseren Licht erscheinen. Zudem war des munteren Field
Meisterin nicht eben ein Ausbund von Charme. Sie hätte
es lieber gesehen, ihr junger Gatte hätte fromme Traktate
und philosophische Abhandlungen gedruckt anstatt der
bunten Theaterzettel und der oft derben Stücke rivalisie-
render Schauspieltruppen.

Der junge Shakespeare, dessen Kopf von Ideen
schwirrte, hatte bald Anschluss an die Theaterleute gefunden und wurde, zu seinem Glück, bald in der eigenen Truppe der Königin heimisch. Die wurde von einem
erfahrenen Prinzipal, James Burbage, geleitet. Es dauerte

nicht lange, so kam Shakespeare, dessen Stücke in der gesamten Theaterwelt für Furore sorgten, als gleichberechtigter Partner zu dessen acht Teilhabern. Er machte sich als Darsteller, »Regisseur«, vor allem aber als Dichter einen hervorragenden Namen. Seine Zugehörigkeit zur Truppe der Königin berechtigte ihn dazu, bei Hofe zu erscheinen und vor der Souveränin und ihrem Gefolge aufzutreten. Das bot dem Dichter-Schauspieler Möglichkeiten, von denen er nie zuvor geträumt hatte. Nicht wenige der glänzenden jungen Aristokraten, die die Königin um sich versammelte, suchten die Freundschaft des Dichters, und manche verstanden es auch, sich seiner Fähigkeiten zu bedienen, indem sie bei ihm Texte bestellten, mit denen sie sich dann als ihrer eigenen Erfindung schmückten. So kam es zu jener geheimnisvoll rätselhaften Dreiecksbeziehung, in der ein – möglicherweise – »bestes« Bett eine besondere Rolle spielen sollte. Shakespeare hatte sein karges Quartier bei den Fields schon längst aufgegeben und eine komfortablere Wohnung im Haus eines Perückenmachers bezogen, die ganz in der Nähe des Globe Theatre lag, in dem seine Truppe damals spielte. Das bedeutete, er konnte dort nach Belieben Besuche empfangen und führte nun, trotz aller beruflichen Betriebsamkeit, ein äußerst geselliges Leben unter seinesgleichen, war mit Schauspielern und Dichtern wie Christopher Marlowe befreundet und verbrachte seine Nächte nicht selten mit ebenso reizvollen wie anrüchigen Damen, die sich irgendwo zwischen Hofkreisen und Bordellen bewegten. Zuweilen mag auch einer jener attraktiven und nach Zärtlichkeit schmachtenden jungen Männer in seinem Bett gelandet sein, die sich mehr zu ihrem eigenen Geschlecht hingezogen fühlen als zu dessen weiblichem Pendant.

Einer von ihnen trug einen großen Namen: Der junge

Graf von Southampton gehörte entschieden zu den besonderen Zierden des Hofes. Elizabeth liebte es, einen Kreis von strahlenden jungen Leuten um sich zu versammeln, und Southampton war zweifellos einer der strahlendsten. Er mag ein Auge auf den zehn Jahre älteren Shakespeare geworfen haben, dessen Dichtkunst ihn so begeisterte, dass er eine Reihe von Sonetten bei ihm bestellte und ihn dafür wahrhaft fürstlich entlohnte. Die Anziehung zwischen den beiden könnte gegenseitig gewesen sein, denn der Dichter hatte ihm sein erstes Versepos, *Venus und Adonis*, gewidmet.

Er war zu jener Zeit mit einer ebenso geheimnisvollen wie reizenden »dunklen Dame« liiert, die ihrerseits die Mätresse eines kränkelnden alten Hofbeamten gewesen sein soll. Der Umstand, dass sie Shakespeares heimliche Geliebte war, spornte Southampton an, sich seinerseits näher mit ihr, deren Name in den Sonetten nicht genannt wird, zu beschäftigen. Das führte schließlich zu einer handfesten Menage à trois, in der sich der Dichter mit seiner Geliebten in einem Bett in Southamptons Appartement befand, während jener den heimlichen Zuschauer machte und das Treiben der beiden Liebenden, selbst hinter dem Bettvorhang verborgen, genüsslich beobachtete. Davon sei er so in Hitze geraten, dass er schließlich selbst in dem Lotterbett landete und das Recht in Anspruch nahm, die dunkle Schöne gleichfalls in stürmischen Besitz zu nehmen.

Eine Zeit lang schien sich Shakespeare mit der neuen Situation abgefunden zu haben, wobei anzunehmen ist, dass es gelegentlich auch zu Intimitäten zwischen den beiden Männern kam. Doch irgendwann überkam Shakespeare die Eifersucht, er wollte seine Geliebte nicht mehr teilen. Es gab also keine Sonette mehr, und die »dunkle Dame« entschwand aus seinem Gesichts-

kreis. Southampton aber, der wohl ein schlechtes Gewissen hatte, ließ das Bett, das mit so zwielichtigen Erinnerungen verknüpft war, in der Wohnung des Dichters
abliefern. Es begleitete Shakespeare zunächst in seine
verschiedenen Wohnungen in London. Später, als er
sich mehr oder weniger endgültig nach Stratford in sein
neu erworbenes Haus New Place zurückzog, wird er es
dorthin mitgenommen haben. Southampton, der das
Bett seinerzeit in Auftrag gegeben hatte, besaß einen
kostspieligen Geschmack, und so wird dieses Bett wohl
als das beste im Hause Shakespeares betrachtet werden
müssen. Shakespeare wird es vielleicht in seinem eigenen
Zimmer für sich selbst verwendet oder es als Gästebett
für hochgestellte Besucher benutzt haben. Für seine Ehefrau blieb nur das »zweitbeste Bett«, ihr gemeinsames
Ehebett, das der Dichter im Verlauf der Jahre immer seltener aufsuchte.

Leider war über den Verbleib des »besten Bettes«
nichts zu erfahren. Vermutlich war es in der Gesamt-
masse der Erbschaft enthalten, die Shakespeares Lieblingstochter Susanna gemeinsam mit allem Haus- und
Grundbesitz schließlich zugefallen war. Für Anne hingegen blieb mit dem Vermächtnis des zweitbesten Bettes
der bittere Beigeschmack, dem größten Genie Englands
eine nur wenig geliebte Gattin gewesen zu sein.

Intermezzo V
Repräsentation im Bett

Auftritt: das 17. Jahrhundert! Ein neuer Lebens- und Kunststil verbreitet sich über den alten Kontinent. In Italien wird das Barock zum neuen Lebensgefühl. Das Gefüge des gesellschaftlichen Lebens wird dadurch in seiner Gesamtheit verändert: es wird bis in die feinen Verästelungen des Privaten theatralisch. Schaustellung wird die oberste Richtlinie des sozialen Zusammenspiels. Das gilt natürlich in erster Linie für die Oberschicht, setzt sich aber, an deren Beispiel orientiert, weit ins Bürgertum hinein fort, ja, strahlt selbst in die ländliche Bevölkerung hinein. Und wenn es schon nicht bis in die bäuerlichen Wohnstuben vordringen kann, spätestens beim allwöchentlichen Besuch der Dorfkirche stößt auch das Landvolk auf diese barocke Theatralik, wird es mit einem Himmel voll schwebender Stuckengel und mit auf Wolken thronenden Scharen von bunten Heiligen konfrontiert. Und auch an unserem speziellen Thema, dem Bett, ging diese Entwicklung – weg vom Privaten, hin zum Theatralisch-Repräsentativen – nicht spurlos vorüber.

War die Schlafkammer und vor allem das Bett bisher eine Art von Rückzugsgebiet ins Private, ja Intime, gewesen, so trat es nun ins Rampenlicht. Es wurde zum Repräsentationsobjekt. Das begann ganz oben, bei den Betten der Herrscher. Für die französischen Könige etwa war das Bett neben dem Thron der Sitz der Macht. Am deutlichsten wurde dies mit dem Paradebett Ludwigs XIV.

demonstriert. Die gesamte Anlage von Versailles ist so konzipiert, dass das königliche Schlafzimmer den Mittelpunkt der Schlossanlage bildet. In der Mitte eines großartig ausgestatteten Raumes stand das Bett auf einer Estrade, ganz in rot-goldenen Brokat gehüllt. Wenn sich der König nicht darin befand, trug es einen Hermelinüberwurf; auf einem Kissen darauf lagen die königlichen Insignien. Eine weitläufige Balustrade sollte verhindern, dass ein Unbefugter dem königlichen Bett zu nahe kam. Um dieses Bett versammelte sich morgens und abends alles, was in Versailles Rang und Namen hatte, doch nur wenige der höchsten Hofherren hatten das Privileg, beim täglichen Lever oder Coucher dem König beim An- und Ausziehen auch tatsächlich zu assistieren. Das Ganze lief als gigantisches Theater ab, über das sich der geniale Spötter Molière nicht genug lustig machen konnte, was aber nicht verhinderte, dass sich die Könige und Fürsten Europas daran ein Beispiel nahmen und versuchten, es dem »Roi soleil« gleichzutun. Ja, die Nachwirkungen des königlichen Bettes reichten weit ins 19. Jahrhundert, sah sich doch der bayerische König Ludwig II. dazu veranlasst, auf der Insel Herrenchiemsee ein zweites, womöglich noch großartigeres Versailles nachbauen zu lassen. Das königliche Schlafzimmer entsprach in allen Details dem des Sonnenkönigs. Sein Bewunderer aber hat – aus Respekt vor seinem Vorbild – nie in dessen Paradebett-Kopie geschlafen.

Doch zurück zum Original. Was dem Adel so gut wie jeden Tag erlaubt war, am Aufstehen und Schlafengehen des Königs teilzunehmen, wurde manchmal auch zum Privileg einer Handvoll auserwählter Bürger. Die durften dann am Bett des Königs vorbeidefilieren, wenn dieser gemeinsam mit seiner Königin darin Hof hielt, was selten genug der Fall war. Dadurch sollte dem Volk demonstriert werden, dass mit der königlichen Ehe alles zum Besten stand und dass die ersehnte Ankunft eines Thronfolgers getrost erwartet werden konnte. Tatsächlich allerdings war die königliche Bettpräsentation nichts weiter als ein Theatercoup. Denn waren die Bettvorhänge hinter dem letzten Besucher gefallen, begab sich seine Majestät schnurstracks in seine private Schlafkammer, um sich, von einem diskreten Kammerdiener betreut, zum Schlafen zurückzuziehen. Sein Bett darin war wohl nur weniger prächtig, hatte aber den Vorteil, dass er darin auf Wunsch jederzeit eine geeignete Schlafgefährtin vorfand, wenn er es nicht vorzog, in das ebenfalls pompöse und höchst private Bett einer seiner offiziellen Mätressen zu steigen.

Die große Bedeutung des Königsbettes findet sich im Krönungszeremoniell bestätigt: Der König musste im Bett liegen, wenn seine Herren eintraten und ihn aufforderten, aufzustehen und sich zur Krönung vorbereiten zu lassen. Der königliche Bettenkult reicht weit in die Vergangenheit zurück. Ludwig XII. hatte vom Bett aus Recht gesprochen, was diesem Möbel den Ehrentitel *lit de justice* eintrug und Friedrich Schiller zu dem pikanten Bonmot veranlasste: Das Bett der Gerechtigkeit ist das Bett, in dem die Gerechtigkeit schläft.

Was für den König recht war, wurde es auch für seine Untertanen, und so wurde das Schlafzimmer ganz allgemein ein Ort der Repräsentation, jedenfalls der am reichsten ausgestattete Raum der Wohnung. Adel wie wohlhabende Bürger gaben Unsummen für ein kunstvoll gestaltetes Bett aus, und weil alle Welt das Theater und vor allem die spezielle Erfindung des Barock, die Oper, liebte, konnte zur Zeit des englischen Königs Charles II. Nell Gwynne, eine extravagante Schauspielerin, die es zur Mätresse des Königs gebracht hatte, sich ein Bett

leisten, das mit getriebenen Silberfiguren und einem ver-
spiegelten Baldachin geschmückt war.

Überhaupt bot das Bett vor allem den Damen reichlich
Gelegenheit, sich darin zu präsentieren. Sie empfingen im
oder besser auf dem Bett ihre Freunde und Bekannten,
flirteten mit ihren Verehrern, plauderten geistreich und
ließen sich währenddessen von ihren Zofen bedienen. Im
18. Jahrhundert, als das kraftvoll ausschweifende und zuweilen bizarre Barock in das tändelnd verspielte Rokoko
überging, wurden all diese Aktivitäten aus dem ursprünglichen Schlafzimmer in das Boudoir verlegt. Das eigentliche Bett rückte in den Hintergrund und verbarg sich
hinter einem Schwall von prächtigen Vorhängen, während
sich die Damen – in verführerischem Morgengewand,
versteht sich – malerisch auf einer Chaiselongue, einem
eleganten Tagesbett, räkelten und, umgeben von einer
Schar Bediensteter, Händler und Verehrer ihr Möglichs-
tes taten, um mit ihren Reizen zu paradieren. Zuweilen
erschien auch der Gatte zu dieser äußerst koketten weiblichen Selbstdarstellung, doch im Allgemeinen schliefen
die Paare getrennt. Der Ehemann verbrachte im Galanten
Zeitalter seine Nächte nur selten mit seiner angetrauten
Frau, die ihrerseits sich öffentlich lieber mit einem ihrer
Galane zeigte. Im späten 18. Jahrhundert war das Bett
mehr oder weniger »weiblich« geworden und diente in
erster Linie der theatralischen Demonstration weiblicher
Reize. Die Bettenbauer der Zeit mussten ein hohes Maß an
Fantasie aufbringen, um dafür einen möglichst aufwendi-
gen und oft auch ausgefallenen Rahmen zu kreieren.

Da gab es Betten in Form einer riesigen silbernen
Muschel, in dem sich seine Besitzerin als rosige Venus
bewundern ließ, oder auch Betten aus Ebenholz, deren
Baldachine von muskulösen Mohrenfiguren getragen
wurden. Als die Besitzerin eines solchen Bettes Zwillinge

von verdächtig dunkler Hautfarbe bekam, behauptete sie, dass sie die Mohren ihres Bettes zu oft betrachtet habe. Mit dem Aufkommen des orientalischen bzw. chinesischen Geschmacks wurde es üblich, den Betthimmel mit Büschen von Straußenfedern zu schmücken und das Schlafzimmer mit mehr oder minder erlesenen Chinoiserien zu schmücken. In der bürgerlichen Gesellschaft versuchte man, viele dieser Extravaganzen nachzuahmen. Doch sind die Ausschweifungen der »großen Welt« dort nie richtig angekommen. Für die »anständige Bürgerin« wäre es auch im 18. Jahrhundert ganz undenkbar gewesen, wie ihre aristokratische Geschlechtsgenossin Besuche im Morgenrock zu begrüßen, wenn es sich dabei nicht um echte Familienmitglieder handelte. Dieses Tabu wurde nur zu ganz bestimmten Gelegenheiten durchbrochen. So empfing zum Beispiel eine Wöchnerin ihre Gäste im Bett, um ihnen Gelegenheit zu geben, ihr Neugeborenes in der Wiege zu bewundern. Und auch nach dem Tod eines Gatten fanden sich die Trauergäste am Bett der Witwe ein. Dann war das gesamte Schlafzimmer schwarz drapiert. Noch zu Mozarts Zeit war es üblich, dass die Witwe nicht selbst am Leichenbegängnis teilnahm, sondern die Beileidsbezeugungen der Trauergäste im schwarz verhangenen Bett entgegennahm.

Und auch beim Sterben hatte das Bett eine wichtige Repräsentationsrolle inne: Feierlich auf einem schwarzen, mit Blumen und brennenden Kerzen geschmückten Totenbett im Schlafzimmer aufgebahrt, erhielt der Verstorbene, in seinem besten Feiertagsstaat, sozusagen die letzten Besuche von Freunden und Anverwandten, während die engste Familie bei ihm Wache hielt und für seinen »glücklichen Heimgang« betete.

Wer es sich leisten konnte, hatte ein eigenes Totenbett für derartige Anlässe. Es gab aber auch Bestattungsunternehmen, die Trauerbetten für solche Hausaufbahrungen verliehen.

Den Betten-Pomp der Lebenden jedenfalls fegte der Sturm der Französischen Revolution hinweg. Die berühmtesten Betten der Zeit wurden in Paris von einem wütenden Mob auf die Straße geworfen und zerhackt oder angezündet, wenn es nicht besonnenen Bürgern gelang, sie zu retten, um sie einem mehr oder weniger schwungvollen Handel zuzuführen.

Casanova – Herr über hundert Betten

Ein alter, kränkelnder Herr sitzt in einem Gemach mit schönem Deckengewölbe auf Schloss Waldstein im nordböhmischen Provinzstädtchen Dux (dem heutigen Duchcov) und schreibt tagaus, tagein an seinen Memoiren. Sechzehn Bände werden es am Ende sein, und sie beleuchten alle Facetten des 18. Jahrhunderts – seines Jahrhunderts. Denn Giacomo Casanova, der sich auch Chevalier de Seingalt nennt, verkörpert mehr als alle anderen Persönlichkeiten dieser Epoche das sogenannte Galante Zeitalter. Ja, er ist in gewisser Weise seine personifizierte Quintessenz, ist Abenteurer, Gelehrter, eleganter Gesellschafter, geheimnisumwitterter Spion, geistreicher Literat, skrupelloser Schwindler, mysteriöser Freimaurer, vor allem aber Frauenverführer. In all seinen Abenteuern geht es immer wieder um das Bett, oder vielmehr um die vielen Betten, in denen er seine lust- und leidvollen Erfahrungen mit den unterschiedlichsten Vertreterinnen des »ebenso schönen wie mitleidlosen Geschlechts« gesammelt hat. Infolge der vielen Brüche in seiner Lebensgeschichte kann er mit Recht von sich sagen, er sei mehrmals in seinem Leben geboren worden.

Reden wir also zunächst von seiner ersten, der realen Geburt. Offiziell sind seine Eltern Schauspieler. Später, in seinen Memoiren, deutet er an, er sei der »natürliche Sohn« eines Venezianer Edelmannes, Michele Grimani. Die Mutter des illegitimen Sprösslings wurde verheiratet, um den Skandal zu vertuschen, der sich daraus ergeben hätte. Als das Paar nach London ging, wo die Mutter später als Sängerin Triumphe feierte, überließen sie das schwächliche Kind seiner Großmutter Marzia. Die späteren Begegnungen mit seiner Mutter sind spärlich. Auch die Kontakte mit seinen jüngeren Geschwistern zeugen nicht gerade von einem regen Familienleben. Der Vater starb früh. Giacomo hatte ihn kaum gekannt. Über seine Mutter wird er später sagen: »Ich kannte nur ihre Schönheit und ihre Abwesenheit.« Der kleine Giacomo war ein kränkliches Kind, das oft an Nasenbluten und wohl auch an psychischen Entwicklungsstörungen litt. Er behauptete, seine ersten Kindheitserinnerungen reichten nur bis zum achten Lebensjahr zurück. In jener Zeit lernte er auch erst lesen und schreiben. Großmutter Marzia, die sich offensichtlich um den zurückgebliebenen Knaben sorgte, tat zwar alles, um seine Entwicklung zu fördern, hatte darin aber wenig Erfolg. Schließlich suchte sie mit ihm eine Strega, eine Heilzauberin, auf. Die steckte den Knaben in eine Kiste und trieb draußen allerlei Hokuspokus, der bei Giacomo eine Art von heilsamem Schock bewirkte. Als er die Kiste wieder verlassen durfte, wurde er liebkost und mit Süßigkeiten verwöhnt. Auch wurde ihm eingeredet, eine schöne und gütige Fee werde ihm in der Nacht erscheinen und ihn mit einem Kuss heilen; doch dürfe er mit niemand darüber reden, sonst würde er all sein Blut verlieren und sterben.

Zweifellos machte dieses Erlebnis auf das Kind tiefen Eindruck und beeinflusste – auch im Zusammenhang mit seinem ambivalenten Verhältnis zu seiner Mutter, die »nie mit ihm sprach« – seine spätere Beziehung zum weiblichen Geschlecht. Mag sein, dass er in jeder Frau, die seinen Weg kreuzte, die geheimnisvolle und gütige Fee suchte, die ihm seine Mutter nie sein konnte.

Sei dem wie immer, das Ritual der Strega von Murano

hatte Erfolg: Von nun an holte Giacomo rasch alles auf, was er in den ersten Jahren seines Lebens versäumt hatte. Auch später meinte es das Schicksal gut mit dem Jungen, der zeitweise als Violinist sein Brot verdiente. Durch einen für ihn glücklichen Umstand gewann er die Protektion eines venezianischen Senators, Matteo Giovanni Bragadin, dem er durch seine geschickte medizinische Intervention das Leben rettete, als dieser während einer Gondelfahrt einen Schlaganfall erlitt. Der dankbare Mann nahm ihn darauf wie einen Sohn in seinen Haushalt auf, was Casanova später zu der Bemerkung veranlasste: »Das, mein lieber Leser, ist die ganze Geschichte meiner Metamorphose und der glücklichen Zeit, in der ich zum Stand eines vornehmen Herrn aufstieg.« Er hatte sich damit, so jung er auch sein mochte, den Ruf eines hervorragenden Arztes gesichert.

Am spektakulärsten freilich war seine dritte »Geburt«, als ihm die Flucht aus den Bleikammern des Dogenpalasts gelang. Er war, mit knapp 21 Jahren, ein Opfer des Spitzelwesens der Serenissima geworden. Auf anonyme Anschuldigungen hin war er an dem unheilschwangeren Ort, der unzähligen Opfern den Tod brachte, eingekerkert worden, doch Optimist, der er war, gab er die Hoffnung nicht auf, seinem Schicksal zu entkommen. Tatsächlich gelang ihm nach einem knappen Jahr die Flucht aus dem berüchtigten Gefängnis. Dadurch wurde er mit einem Schlag zu einer europäischen Berühmtheit, denn bisher war es noch keinem gelungen, den Bleikammern zu entrinnen. Alle Welt wollte mehr über die Einzelheiten des spektakulären Ausbruchs wissen, und Casanova appellierte mit seinen Ausführungen zu diesem Thema nicht selten an das Mitgefühl der empfindsamen Damenwelt, die ihn, zum Trost für die erlittenen Qualen, nur zu bereitwillig in ihre Betten aufnahm.

Casanovas Liebe zu den Frauen kannte keine Grenzen. Ständig war er in ein weibliches Wesen verliebt – und manchmal waren es auch zwei Liebschaften nebeneinander, weil er sich nicht entscheiden konnte, welcher er den Vorzug geben sollte. Und weil er ständig unterwegs war, fand sich Casanovas Bett allerorten: in Gasthöfen, wo er in einem Gemeinschaftsschlafraum die erstbeste Gelegenheit benützte, um ins Bett einer durchreisenden Schönheit zu schlüpfen, auf einsamen Landsitzen, wo er Gastfreundschaft genoss und von der liebenswürdigen Hausherrin in Abwesenheit ihres Gatten eingeladen wurde, ihre Schlafstatt mit ihr zu teilen. Casanova nahm solche Angebote bereitwillig an, war dabei aber stets bemüht, seine jeweilige Partnerin auch glücklich zu machen. Er genoss die Liebe, wo sie sich ihm bot, und als glücklicher Italiener empfand er dabei keine Gewissensbisse. Zu Unrecht wurde er oft mit dem anderen großen Frauenverführer, dem düsteren Spanier Don Juan, verglichen, doch dem ging es lediglich um die Eroberung der Frauen; war diese geglückt, verlor er wie im Fall der unglücklichen Donna Elvira jedes Interesse an ihr. Casanova hingegen ging es um das gemeinsame kurze Glück. »Ich habe die Frauen bis zur Verrücktheit geliebt«, gesteht er in seinen Memoiren, »doch stets liebte ich meine Freiheit mehr.«

Seine verliebten Abenteuer sind legendär. Er berichtet darüber in unzähligen Variationen, geht dabei aber immer sehr diskret vor, indem er, um die beteiligten Damen nicht zu kompromittieren, für sie Decknamen erfindet, um ihre Herkunft zu verschleiern. Es kostete die Historiker, die sich mit seinen Schriften beschäftigten, einige Mühe, die Personen, die sich hinter den fiktiven Namen verbergen, zu enttarnen. Ein gutes Beispiel findet sich in einer Begegnung mit einer Schauspieltruppe, der

ein sehr schöner »junger Mann«, Bellino genannt, ange-
hörte. Casanova vermutete instinktiv zu Recht, dass sich
hinter »Bellino« ein Mädchen verbarg, das sogleich seine
Fantasie in Brand setzte, zumal der angebliche Junge eine
wundervolle Sopranstimme sein Eigen nannte. Als er
sich endlich als Frau zu erkennen gab, befiel Giacomo ein
so heftiges Liebesfeuer, dass er ihr beinahe nach Neapel
nachgereist wäre, um sie zu heiraten. Doch wieder einmal war seine Liebe zur Freiheit stärker. Später, als er sie
in London und Prag wiedersah, war die Flamme längst
erloschen. Von dem Kulturreisenden Charles Burney
erfahren wir, dass »Bellino« niemand anders als die berühmte Sängerin Angiola Calori war.

Zuweilen hatten Casanovas Eroberungen auch recht
komische Seiten. So teilte er auf einer Reise von Neapel
nach Rom in einem Gasthof sein Bett mit einem Rechts-
anwalt namens Castelli, der mit seiner Frau und deren
jüngerer Schwester reiste. Die beiden Frauen schliefen
gemeinsam in dem anderen Bett. Als sich nachts auf der
Straße ein lärmender Streit anbahnte, stand Castelli auf,
um zu vermitteln. Prompt nützte Casanova die Gelegenheit, ins Bett der beiden Damen zu schlüpfen. Das allerdings brach angesichts der heftigen Liebesbemühungen
des Eindringlings prompt in sich zusammen. Bemer-
kenswerterweise schien der Gatte gegen den amourösen
Zwischenfall wenig eingewendet haben, denn die Damen
waren in der Folge noch mehrmals mit dem ungestümen
Liebhaber im gemeinsamen Bett anzutreffen.

Auf mehr oder minder leidenschaftliche Gasthoflieb-
schaften stoßen wir in Casanovas Leben noch öfter,
einmal, weil er ein Mann von schnellen Entschlüssen
war, aber auch, weil rasch geschlossene Liebeshändel im
18. Jahrhundert so bedenkenlos eingegangen wurden wie
heutzutage sogenannte One-night-Stands. Gelegentlich

bahnte sich bei solchen Zufallsbegegnungen eine ernsthafte Romanze an, wie die mit einer Dame, der er in seinen Memoiren den Namen Henriette gibt. Sie war, als Mann verkleidet, mit einem ungarischen Offizier unterwegs nach Parma. Die beiden wurden von Polizisten miteinander im Bett überrascht und aufgefordert nachzuweisen, dass sie miteinander verheiratet seien. Casanova, der im angrenzenden Zimmer den stürmischen Disput hörte, kam den Bedrohten zur Hilfe und intervenierte beim Truppenkommandanten des Ortes, sodass sich Wirt und Polizisten kniefällig für ihren Fauxpas, in die Privatsphäre des Paares eingedrungen zu sein, entschuldigen mussten. Casanova war von der Schönheit der Dame derart überwältigt, dass er sie zu überreden suchte, in seiner Gesellschaft weiter nach Parma zu reisen, was sie ihm, gleichfalls in Liebe entbrannt, schließlich zugestand. Mochte er sie auch ursprünglich für eine Abenteurerin gehalten haben, änderte er doch bald seine Meinung. Tatsächlich gehörte sie einer adeligen Familie in Aix-en-Provence an. Sie wollte dorthin zurückkehren, nachdem sie sich von ihrem Gatten und dessen Vater getrennt hatte, die sie als »Unmenschen« bezeichnete. In Parma lebte sie drei Monate in diskreter Zurückgezogenheit, bis sie Nachricht von ihrer Familie erhielt, dass sie in Genf abgeholt werden würde. Dort trennten sich die Wege der beiden Liebenden. »Du wirst auch Henrietta vergessen«, ritzte sie mit einem Diamantring in eine Fensterscheibe des Hotels, in dem sie logierten. Später kreuzten sich ihre Wege noch zweimal, ohne dass sich Henrietta zu erkennen gab. »Ich liebe Sie noch immer«, schrieb sie ihm, »doch bin ich froh, dass Sie mich nicht erkannt haben, denn eine gewisse Fülle hat mein Gesicht verändert.« Über vierzig Briefe soll ihm die zärtliche Schöne geschrieben haben – die aber wurden nie in seinem Nachlass aufgefunden.

Casanova tat sich im Übrigen viel darauf zugute, als Retter bedrängter Damen aufzutreten, und schildert in seinen Memoiren mehrere solcher Begebenheiten. Doch keine der Affären hat die Neugierde seines Publikums mehr erregt als seine Beziehung zu zwei venezianischen Nonnen, die er nur mit den Initialen C. C. und M. M. bezeichnet. Er lernte C. C., die Caterina Capretta hieß, durch deren Bruder, einen Franziskanerpater, kennen. Hingerissen von ihren Reizen, überredete er sie mittels eines wohl nicht wirklich ernst gemeinten Heiratsversprechens zu einer leidenschaftlichen Affäre. Das Bett für diese befand sich in einem abgelegenen Haus, das der französische Gesandte de Bernis für sich in ähnlicher Absicht gemietet hatte. Später gesellte sich die lesbische Freundin der unfrommen Nonne, die heimlich eine Liebschaft mit de Bernis unterhielt, diesen erotischen Séancen zu, und der Feinschmecker de Bernis machte den heimlichen Beobachter, wenn er sich nicht gleich selbst mit in das erotische Getümmel stürzte.

Casanova erzählt das alles ganz unbefangen und ohne die geringsten Skrupel. Dabei müssen wir aber bedenken, dass viele Klöster in jener Zeit mehr Versorgungsanstalten für Töchter aus gutem Haus waren als tatsächlich Stätten des Gebets. – Casanovas Behauptung, er habe alle Frauen, die er liebte, glücklich gemacht, wird zeitweise anzuzweifeln sein, wie am Beispiel der reizenden Manon, einer Tochter der in Paris unter dem Namen Silvia Balletti lebenden Tänzerin, zu beweisen ist. Casanova verliebte sich in das schöne und zärtliche Kind, zunächst ohne die Absicht, sie zu verführen. Doch wenig später war er mit Manon verlobt. So entspann sich ein qualvoller Geschlechterkampf zwischen Manons drängendem Heiratswunsch und Giacomos Freiheitsdrang. Wie immer trug Letzterer den Sieg davon, was der darüber zweifellos unglücklichen Manon ihre Selbstachtung zurückgibt: Sie schickt ihm seine ohnehin spärlichen Briefe zurück mit der Mitteilung, dass sie in Kürze den Hofarchitekten Blondel heiraten werde.

Gelegentlich wird ihm von Vertreterinnen des »mitleidlosen Geschlechts« übel mitgespielt. Als Casanova, wie er in den Memoiren ausführt, in Solothurn mit der Gattin eines Barons Roll ein heimliches Rendezvous ausmacht, wird er von deren Freundin, einem hässlichen Drachen, ausgetrickst, indem diese ihn in dem Gasthof, in dem sie logierten, kurzerhand in ihr eigenes Zimmer verfrachtet. Unglücklicherweise leidet die gar nicht Schöne an Gonorrhoe, was den armen Betrogenen an einer Fortsetzung seiner Romanze mit der Baronin hindert. Wieder genesen, entschädigt er sich für diesen Verlust durch eine Liebesgeschichte mit seiner schönen Haushälterin, einer Madame Dubois. Über sie schreibt er: »Sie besaß alles, was man sich für eine glückliche Ehe wünschen konnte. Hätte ich eine Frau geheiratet, die so geschickt gewesen wäre, mich zu lenken, ohne mich mein Joch fühlen zu lassen, hätte ich mein Vermögen bewahrt, Kinder gehabt und wäre nicht jetzt mutterseelenallein und arm.«

Zu dieser Erkenntnis mögen ihn die üblen Erfahrungen veranlasst haben, die der gewiefte Frauenkenner und -versteher immer wieder mit raffinierten Prostituierten macht, die es verstehen, den leicht Entflammbaren zu umgarnen und nach Kräften auszunutzen. Das wohl einschneidendste Erlebnis dieser Art verdankt er einer »Dame« in London. Diese, eine Augsburgerin namens Marianne Brunner, hat sich dort den Namen Charpillon zugelegt. Sie lebt zusammen mit ihrer Mutter und deren drei Schwestern, die ausnahmslos Karrieren als Prostituierte und Kupplerinnen hinter sich haben. Mit Casanova hat die raffinierte Kleine leichtes Spiel. Er verliebt sich fast augenblicklich in das hübsche Lärvchen und findet, kein Preis sei zu hoch, um ihre Gunst zu erringen. Sie versteht sich hervorragend darauf, den verliebten Narren, als der er sich wieder einmal erweist, zum Wahnsinn zu treiben, indem sie alles verspricht, immer neue Forderungen an ihn stellt, aber nichts dafür gibt. »Dieses Mädchen hatte von vornherein die Absicht, mich unglücklich zu machen, noch bevor ich sie kennengelernt hatte. Und sie hat es mir sogar gesagt!«, stellt er resignierend fest. Als ihm bewusst wird, wie sehr er sich in der Charpillon getäuscht hat, versucht er, seinen Kummer in einem Bordell zu vergessen, und muss zu seinem Entsetzen feststellen, dass er impotent geworden ist. Achtunddreißigjährig resümiert er: »An diesem Septembertag des Jahres 1763 begann ich zu sterben und hörte auf, zu leben.«

Wenige Jahre später bemerkte Casanova, dass die Liebe für ihn nicht mehr sein konnte, was sie einmal gewesen war. »Es geschah mir bisweilen, dass ich den Liebesgenuss weniger bezaubernd fand, als ich es mir vorgestellt hatte. Außerdem nahm schon seit einigen Jahren meine Manneskraft ab«, stellte er resignierend fest.

Wenig Aufmerksamkeit schenkte er seinen Kindern, die sich überall in der Welt verstreut fanden. Zwar liebte er es, mit ihrer Schönheit zu prahlen, doch zu einem warmen menschlichen Verhältnis mit ihnen kam es nicht, dafür aber im Fall der siebzehnjährigen Leonida Castelli zu einer durchaus inzestuösen Verbindung. Ihre Mutter war nämlich niemand anderer als jene »Lucrezia«, die er in seinen Jugendjahren gemeinsam mit ihrer Schwester in einem Gasthof beglückt hatte. Das schöne Kind war ihm von dessen Liebhaber, dem alternden Herzog von Matalone, als zukünftige Gattin angeboten worden. Der Schock der Mutter, die angereist war, um der geplanten Hochzeit beizuwohnen, war gewaltig, als sie ihren ehemaligen Liebhaber erkannte. Schließlich landeten alle drei im Bett, was Casanova zu dem Ausruf veranlasste: »Wir Glücklichen, wir haben einem Engel das Leben gegeben!«

Bei zunehmendem Alter allerdings erwiesen sich die Frauen, die seinen Weg kreuzten, zunehmend als Teufelinnen, aber auf sie verzichten mochte Casanova auch nicht. Es ging ihm dabei keineswegs ausschließlich um sexuelle Kontakte. Nein, er wollte vielmehr seine Geliebten nicht nur reizend, sondern auch geistvoll finden. So verzichtete er in London auf eine intime Bekanntschaft mit der stadtbekannten Kurtisane Kitty Fisher, weil er nicht genügend Englisch konnte, um sich mit ihr zu unterhalten. Er räumte den Frauen durchaus das Recht auf Selbstbestimmung ein und konnte mit Recht von sich behaupten, dass er keine je ohne ihr Einverständnis verführt habe. Er legte großen Wert darauf, dass seine jeweiligen Freundinnen ihm geistig ebenbürtig waren, dass sie sich als gebildete und geistreiche Gesprächspartnerinnen auch außerhalb des Bettes bewährten. Mit einer »stummen« oder geistig trägen Frau im Bett hätte das sinnliche Vergnügen, einen schönen Körper in Besitz zu nehmen, kaum ausgereicht, ihm das Glücksgefühl zu bereiten, nach dem er ständig auf der Suche war.

Casanova war also nicht nur anspruchsvoll, soweit es die Freuden des Bettes betraf, sondern fast noch mehr, wenn es um die Genüsse des Geistes ging. Er war immer begierig, sich möglichst universell in den Wissenschaften weiterzubilden. Mit fünfzehn hatte er, ursprünglich für den Beruf des Geistlichen bestimmt, seine erste (und einzige) Predigt gehalten, mit siebzehn erwarb er an der Universität zu Padua einen Doktortitel. Sein besonderes Interesse allerdings galt der Medizin. Auf seinen Reisen kreuz und quer durch Europa bis in den Nahen Osten war er bestrebt, möglichst viele Eindrücke aufzusaugen und sie in seinen literarischen Werken festzuhalten. Er übersetzte französische Operntexte, darunter die von Rameau komponierte Oper *Zoroastre*, ins Italienische und verkehrte mit den führenden Geistern der Zeit, allen voran Voltaire und d'Alembert. Als Mitglied einer Freimaurerloge versuchte er sich unter anderem an magischen Ritualen, glitt dabei aber etliche Male gefährlich nahe in die Niederungen bizarrer Schwindeleien ab, wie das Beispiel seiner Beziehung zu einer ominösen, aber enorm reichen Witwe, einer Madame d'Urfé, beweist. Das Zeitalter Casanovas brachte ja eine ganze Reihe von äußerst dubiosen Persönlichkeiten wie etwa den »Grafen« Cagliostro oder den Magnetiseur Mesmer hervor, die es glänzend verstanden, sich an den prall gefüllten Geldbeuteln der Reichen schadlos zu halten, wobei es oft um so obskure Probleme wie den Stein der Weisen oder die Kunst des Goldmachens ging. Die Marquise d'Urfé war nicht mehr reizvoll, sondern eine Frau jenseits der fünfzig. Sie hatte von ihrem Gatten ein sagenhaftes Vermögen geerbt und war von dem Wahn besessen, sie müsse als Mann wiedergeboren werden, um mit den »Elementargeistern« in Verbindung zu kommen. Casanova erschien ihr das geeignete Medium zu sein, um diese Metamorphose in Gang zu setzen. Der schlaue Venezianer tat ihr den Gefallen, auf diesen Unsinn einzugehen, wozu ihn wohl ihre Großzügigkeit und ihre ausgeprägte sexuelle Begierde animierten. Das magische Ritual, bei dem die Übertragung ihrer Seele auf einen männlichen Körper stattfinden sollte, sah einen Sexualakt zwischen ihr und Casanova vor. Als der sich nach einigem Zögern bereitfand, zu diesem obskuren Zweck in ihr Bett zu steigen, bat er seine damalige Freundin Marcolina, ihm bei dieser fatalen Bettgeschichte durch ihre Anwesenheit beizustehen. So wird es wohl wieder einmal eine von dem alten

Frauenverführer so geschätzte Dreierbeziehung gewesen sein, die Madame d'Urfé zumindest vorübergehend überzeugte, dass sie dadurch zum Mann geworden sei.

Casanova, der die verwirrte Witwe um einen nicht zu knappen Teil ihres Vermögens erleichtert hatte, entschloss sich, das Experiment nicht zu wiederholen, und begab sich wieder einmal auf Reisen. Skrupel hatte er keine: »Wenn ich ihr in aller Offenheit gesagt hätte, dass ihre Ideen Hirngespinste seien, sie hätte mir nicht geglaubt«, versuchte er seine Teilnahme an diesem fragwürdigen Spektakel zu rechtfertigen.

Seine Karriere als abenteuernder Kavalier von Welt neigte sich allmählich dem Ende zu, als Casanova 1782 bei einem neuen Versuch, in seiner Heimatstadt Venedig wieder Fuß zu fassen, sich, wie er berichtet, mit dem gesamten Adel Venedigs anlegte. Dabei ging es wohl um seine angebliche Zughörigkeit zur Familie Grimani. Wieder blieb ihm nur die Flucht. Nach mehreren Zwischenstationen landete er, erschöpft und resignierend, auf Schloss Waldstein im verschlafenen Städtchen Dux, wo ihm der junge Graf Waldstein ein bequemes Asyl und die Stelle eines Bibliothekars bot. Dort beschäftigte er sich nicht nur mit der Abfassung seiner Memoiren, sondern führte auch eine reichhaltige Korrespondenz mit vielen Geistesgrößen seiner Zeit. Doch immer wieder drängten sich die Erinnerungen an seine zahlreichen Frauen in seine grau gewordene Gegenwart.

Der Alkoven, in dem sein seit Langem leer stehendes Bett untergebracht ist, wird von schweren Portieren umrahmt, auf dem Lehnstuhl, auf dem er während seiner langen Arbeitsstunden zu sitzen pflegte, liegt eine verblasste Seidenrose. Auf Schloss Waldstein geht die Geschichte um, dass ein Mann, der sich auf diesen Stuhl setzt, sein ganzes Leben lang Glück bei den Frauen haben werde.

Intermezzo VI
Von Sprungfedern und Lotterbetten

Die Wende zum 19. Jahrhundert brachte im Gefolge der Französischen Revolution und durch den Aufbruch in ein neues, industrialisiertes Zeitalter unzählige gesellschaftliche und wirtschaftliche Veränderungen mit sich. Von nun an bestimmte das arrivierte Bürgertum die gesellschaftlichen und kulturellen Leitlinien. Es übernahm aus dem weitgehenden Niedergang des Adels allerdings viel von dessen Lebensart. Nach der ersten großen Zerstörungswelle in Frankreich, der Schlösser, Klöster, unzählige Kunstwerke und kostbares Mobiliar zum Opfer fielen, raffte sich der besonnenere Teil der Bürgerschaft auf und rettete, was noch zu retten war.

Die zunehmende Verarmung der französischen Nobilität führte zu einer Schwemme an prunkvollem Inventar aller Art, soweit dieses nicht der vorangegangenen Plünderung zum Opfer gefallen war. Was davon übrig geblieben war, diente im Ausland dem Lebensunterhalt der ins Exil Geflohenen. Schmuck und Kunstwerke wechselten oft zu einem lächerlich geringen Preis den Besitzer, und so manches gute Möbelstück kam unter den Hammer, darunter auch etliche pompöse und wappengeschmückte Betten, in denen Fürsten und Grafen – von Königen und deren berühmten Mätressen gar nicht zu reden – geliebt und geschlafen hatten. Durch Antiquitätenhändler und Secondhand-Shops gelangten große Mengen an Luxusmöbeln auf den Markt und schmückten die Häuser ihrer neureichen Nachbesitzer.

Freilich änderte sich allmählich auch der Geschmack der Zeit. Viele der erlesenen Stücke wurden von Kunsttischlern daher umgearbeitet und dem antikisierenden Stil der nachrevolutionären Zeit angepasst. Seit in Frankreich unter der harten Hand Napoleon Bonapartes wieder Ruhe eingekehrt war, lebten die Handwerksbetriebe in Paris weitgehend von der Arbeit an veralteten und unmodern gewordenen Möbelstücken, um so deren Wert unbeschadet in eine neue Epoche zu retten. Die Betten der neuen großen Damen wie der Madame Récamier oder Napoleons späterer Gattin Joséphine de Beauharnais waren zwar noch immer aufwendig und zuweilen sogar protzig, doch dienten sie nur noch selten der persönlichen Repräsentation. Joséphine pflegte in einem Bett zu schlafen, zu dessen beiden Seiten riesige Schwäne aus wertvollem Murano-Glas Wache hielten, doch mit den prunkvollen Levers vergangener Zeiten war es vorbei. Eine Ausnahme war die Fürstin Borghese, eine der Schwestern Napoleons, die bei einer öffentlichen Redoute als schaumgeborene Venus in einem muschelförmigen Bett auftrat, das mit rosafarbenem Perlmutt belegt war. Auch der kleinwüchsige »Welteroberer« selbst liebte große, aufwendige Betten; er strebte auf allen Gebieten nach Größe, die eine böswillige Natur ihm versagt hatte. Über seinem Bett prangte stolz der Cäsarenadler, und vergoldete Lorbeerkränze schmückten seine Kaminaufsätze und sein Mobiliar. Im Allgemeinen aber wurde der Bettenaufwand bescheidener, seit das Schlafzimmer kein öffentlicher Empfangsraum mehr war.

Die preußische Königin Luise und ihr Gatte schliefen in einem recht bürgerlich anmutenden Schlafgemach, in dem sie ganz entschieden keine großen »Levers« abhielten, wie das im Ancien Régime der Fall gewesen war. Und als in England die junge Königin Viktoria an die

118

Macht gelangte, war es mit dem königlichen Schaugepränge um das Bett des Herrschers endgültig vorbei. Das Viktorianische Zeitalter verlangte Zurückhaltung; es galt für die Dame als unschicklich, Bein und Bett vor fremden Augen sehen zu lassen. Das ging so weit, dass die Dienstmädchen vor Dienstantritt ihrer jeweiligen Herrin förmlich schwören mussten, über die Beschaffenheit des Schlafzimmers ihrer Herrschaft nichts verlauten zu lassen.

Seit Rousseaus Aufruf zum »natürlichen Leben« traten vielfach gesundheitliche Interessen an die Stelle der repräsentativen. Man wollte nun vor allem erholsam und »körpergerecht« schlafen. Mit Überlegungen in diese Richtung beschäftigten sich schon in den ersten Jahrzehnten des 19. Jahrhunderts sowohl Ärzte als auch Möbelhersteller. Ein findiger Londoner Quacksalber erfand sogar einen »Tempel der Gesundheit«, dessen Mittelpunkt ein pompöses Bett war, von dem angeblich eine »elektrisch-magnetische« Wirkung ausging. Diese soll von den geheimnisvollen Dämpfen eines empfängnisfördernden exotischen Parfüms ausgelöst worden sein. Ein Paar, das dieses wundertätige Bett benutze, könne unzweifelhaft mit Kindersegen rechnen, wurde versichert. Als Eintrittskarte in diesen Tempel der Fruchtbarkeit sei allerdings ein Scheck von tausend Pfund zu überreichen, fügte der wohlmeinende Erfinder seinem Angebot hinzu. Mit dem öffentlichen Schlafen früherer Zeiten hatte dies indes nichts zu tun, wurde doch ausdrücklich auf Diskretion und Dezenz des Unternehmens hingewiesen.

Anders stand es mit einem Bett, in dem die einstige Emily Hart die Wohltaten einer gesundheitsfördernden Moorpackung demonstrierte. Sie bot auf einem mit schwarzem Moorschlamm bedeckten Bett einen so rosig gesunden Anblick, dass an der Wirkung dieses Experiments gar nicht zu zweifeln war. In ihren späteren Jahren machte die anmutige Moorbett-Nymphe eine beachtliche Karriere: Als Lady Hamilton wurde sie nicht nur Herrin eines berühmten Salons, in dem sich die gesamte intellektuelle Gesellschaft Londons – und nicht nur diese – die Klinke in die Hand gab, sondern auch die Geliebte Admiral Nelsons, des Siegers von Trafalgar.

In den bedeutenden europäischen Badeorten waren Moorbetten schon lange ein Teil der Therapie bei bestimmten Erkrankungen, aber auch, wenn es um sogenannte Verjüngungs- und Schönheitskuren ging. Später wurden sie durch die weniger bequemen Badewannen ersetzt.

So berühmte Kurstätten wie Bath oder Karlsbad trugen vor allem durch ihre eleganten Hotels nicht unwesentlich zur Entstehung eines neuen Bettenstils bei, indem sie einiges der einst fürstlichen Eleganz in eine schlichtere, aber nicht weniger komfortable Form übertrugen. In so gut wie allen namhaften Häusern legte man auf die Gestaltung der Gästeschlafzimmer und vor allem der darin befindlichen Betten großes Augenmerk. Oft wurden mittels teurer Tapeten und Beleuchtungskörper Elemente aus der versunkenen Welt des Rokoko wieder aufgenommen und mit modernen Formen des Wohnkomforts verbunden. Es ging in erster Linie darum, den Aufenthalt für die Gäste so angenehm wie möglich zu machen. Um deren Bequemlichkeit und Ansprüchen entgegenzukommen, begannen findige Möbelhersteller sich mit dem Innenleben des Bettes zu beschäftigen.

Bereits im 18. Jahrhundert war von einem deutschen Schmied die Sprungfeder erfunden worden, um die geplagten Rücken der Reisenden vor dem Holpern und Stoßen der Kutschen zu bewahren. Gegen 1800 kam der berühmte Möbeldesigner Sheraton auf die Idee, diese

120

hervorragende Erfindung in Sitz- und Liegemöbel einzubauen. Damit kam auch für die Tapezierer die große Stunde, denn diese Sprungfedern mussten ja in den Bettkörper integriert und nach außen kaschiert werden. Dazu spannte man ein Drahtnetz darüber, das mit Stoff bezogen war, und installierte darauf eine Matratze, die bei jeder Bewegung mitfederte.

Auch der hölzerne Korpus, das Bettgestell, wurde oft elegant tapeziert. Kopf und Fußteil wurden dadurch zum Blickfang. Anstelle des aufwendigen Betthimmels begnügte man sich mit einem leichten, anmutig drapierten Flor. Untertags schlummerte die gesamte Anlage unter einer luxuriösen Überdecke aus Brokat oder Samt, denn inzwischen war man im Jahrhundert der Prüderie angekommen, das hieß, bei einem so intimen Möbelstück wie dem Bett durfte nichts von dessen Innerem zu sehen sein. Damenbeine und Bett waren absolut tabu für fremde und neugierige Blicke. Das Ehebett – und damit auch das Schlafzimmer – war zum Privatissimum geworden. Zur Repräsentation diente nun in gehobenen Kreisen der Salon, beim Kleinbürger die »gute Stube«, wo man seine Schätze in Form von Gläsern, Keramik- und Kupfergeschirr sowie eventuelle Familienporträts und sonstige Bilder inmitten eines mehr oder weniger ansehnlichen Mobiliars präsentierte. Meist wurden solche Stuben, deren Mittelpunkt ein komfortables Sofa, auch Kanapee genannt, bildete, das den stressgeplagten Familienvater zu einem wohlverdienten Mittagsschlaf einlud, nur an Feiertagen und zu besonderen Anlässen verwendet, während sich im Alltag das Familienleben weitgehend in der Küche abspielte. Für die Frauen gab es ein ähnliches Möbelstück, das meist am Fußende des Bettes im Schlafzimmer aufgebaut war. Die Gattin und Mutter – und nur diese zählte – führte in dieser ruhigen, gesetzten

Welt des Biedermeier ein zurückgezogenes Leben. Jung verheiratet, widmete sie ihr Leben der Haushaltsführung und der Erziehung ihrer meist zahlreichen Kinder.

Neben diesem mehr oder minder wohlbestallten Bürgertum blühte in den Städten die sogenannte Bohème, in der sich Künstler und leichte Mädchen, anrüchige Salondamen und rebellische Studenten trafen. Im Vergleich zu deren »Buden« mit ihren Lotterbetten hatten es jene vermögenden Männer ungleich gemütlicher, die ihren Bettgefährtinnen geheime Liebesnester einrichteten, in denen das meist ausufernde Bett oft noch etwas vom alten Glanz des Rokoko spiegelte, und wo die Prüderie des neuen Jahrhunderts mit der Frivolität des alten in einer seltsamen Mischung zusammentraf.

Lorenzo da Ponte –
und ein Himmelbett zu versteigern

»Zum Ersten … zum Zweiten … zum Dritten«
Jenseits des Atlantiks, im fernen New York, soll ein Himmelbett versteigert werden, das, in Kisten verpackt, die Reise über den Ozean gerade so überstanden hat. Das Ereignis wird beträchtliches Aufsehen erregen, denn es handelt sich keineswegs um ein gewöhnliches Bett – angeblich gehörte es einst einer etwas anrüchigen Zelebrität des 18. Jahrhunderts: der vormals berühmten und einflussreichen Madame de Pompadour.

Initiator der geplanten Versteigerung, hieß es, sei einer jener italienischen Abenteurer, die sich allerorts sowohl in der Alten als auch der Neuen Welt herumtrieben und unerschrocken Mutes überall ihr Glück zu machen suchten: Lorenzo da Ponte, einst gefeierter Librettist und Dichter am Wiener Hof und zu Zeiten ein heimatlos Getriebener in den quirligen Städten des jungen Amerika.

Das Schicksal dieses Bettes ist ebenso sagenumwoben wie ungewiss. Als fantasiebegabter Literat könnte da Ponte die prominente Vorbesitzerin durchaus auch erfunden haben, schließlich verkauften sich Gegenstände, die einem berühmten Eigentümer zugeordnet werden konnten, bei den Möglichkeiten im freien Amerika besonders gut. Es machte durchaus etwas her, im Bett einer einstigen europäischen Berühmtheit schlafen zu dürfen. Die anonyme neureiche Puritanerfamilie, die das Bett schließlich erstand, wird das gute Stück in ihrem

Bekanntenkreis mit nicht geringem Stolz herumgezeigt haben.

Zum Ersten ...
Gehen wir also davon aus, dass es tatsächlich das Bett der einst so berühmten Favoritin Ludwigs XV. gewesen sei. Jedenfalls war es ein ebenso prächtiges wie geschmackvolles Möbelstück, das aus einer der ersten Kunsthandwerkstätten von Paris stammte. Die Herzensdame Louis' des Vielgeliebten wird es keineswegs nur als charmantes Schlaf- und Ruhemöbel verwendet haben. Vielmehr zog La Pompadour von dort aus ihre Fäden in Politik, Gesellschaft und Kultur. In gewisser Weise war sie es, die lange Zeit das königliche Zepter fest in ihren kleinen, aber willensstarken Händen hielt. Es gab keine Ernennung, kein Dekret, das nicht das Bett der königlichen Mätresse passiert hätte. Ihre kleinbürgerliche Herkunft – sie hatte pikanterweise das Licht der Welt als Tochter eines Kolonialwarenhändlers mit dem lapidaren Namen Poisson, Herr Fisch, erblickt – führte dazu, dass sich die Größen des Hofes weidlich über sie mokierten. Mit einem Steuereinnehmer namens L'Étoile, Monsieur Stern, verheiratet, war sie eisern entschlossen, selbst nach den Sternen zu greifen. Da sie eine ebenso geistreiche wie großzügige Persönlichkeit war, gelang es ihr bald, die Aufmerksamkeit führender Intellektueller, der sogenannten Enzyklopädisten und »Philosophen«, auf sich zu lenken. Männer wie Voltaire, Diderot, d'Alembert und Fontenelle gingen bei ihr ein und aus; die Namen der bedeutenden Geistesgrößen, die ihren Salon umkreisten, waren Legion. Für alle hatte sie, nachdem sie die Gunst des Monarchen gewonnen hatte, ein offenes Ohr und eine ebenso offene Hand. Dazu kam ein ausgeprägtes Sensorium für guten Geschmack. Sie wusste diesen

so energisch durchzusetzen, dass man schließlich ganz offen von einem Stil à la Pompadour sprach und diesem auch eifrig nachzustreben bemüht war. Ihre Eleganz und ihre Vorliebe für zarte Pastellfarben bestimmten das französische und bald auch das europäische Rokoko und machten François Boucher zu ihrem Lieblingsmaler. Unter ihrer Ägide entstanden jene duftigen Bilder frivoler Boudoirszenen, die als Kupferstiche ihr Jahrhundert bei Weitem überdauern sollten.

Die Pompadour gab unermesslich viel Geld für ihren exquisiten Lebensstil aus. Doch ihre Verschwendungssucht kam dem französischen Kunsthandwerk und den zahlreichen Manufakturen von Luxusgütern aller Art zugute, weil die sich infolge ihrer Anregungen und des königlichen Wohlwollens frei entfalten konnten. Da Mme. Pompadour vor allem an der Ausstattung ihrer Schlösser interessiert war, erreichte die Herstellung von Luxusmöbeln in Frankreich damals einen absoluten Höhepunkt. Im Vergleich zu den eleganten und feingegliederten Möbeln à la Pompadour erscheinen die schweren und überreich verzierten Prunkstücke aus der Zeit des Sonnenkönigs beinahe plump und überladen.

Wir wissen heute nicht mehr, wie das zur Versteigerung ins ferne Amerika verschiffte Bett ausgesehen haben mag, denn es war nach dem frühen Tod der Pompadour lange Jahre verschollen, ehe es nach den Wirren der Französischen Revolution in London wieder aufgetaucht sein soll. Möglicherweise war es auch nur eines von mehreren Betten, denn im Gegensatz zu früheren Zeiten, in denen selbst Könige nur *ein* Prunkbett besaßen, mit dem sie von Schloss zu Schloss zu reisen pflegten, verfügte die Königin des Boudoirs über einen reichen Fundus an eigenen Schlafmöbeln.

Wir dürfen uns also das Bett der Madame Pompadour

als ein elegant geschwungenes, reich mit Intarsien geschmücktes Möbelstück vorstellen, geräumig genug, um zwei einander liebende Schläfer aufzunehmen, aber auch um Schriftstücke aller Art, Berichte, Dekretentwürfe und die geistreichen Schriften der *philosophes* dort auszubreiten. Denn die Marquise war eine fleißige Frau, die infolge ihres labilen Gesundheitszustands ihr Arbeitspensum, wenn sie nicht mit dem König beschäftigt war, auch gerne einmal im Bett abzuleisten pflegte. Die Königin des Rokoko, die sich äußerlich als eine Göttin der Jugend und Schönheit präsentierte, war eine von Jugend an kränkelnde Frau, die an einer hartnäckigen Lungenindisposition litt und auch abseits der Liebe viel Zeit im Bett verbrachte. Von dort aus führte sie ihre Schattenregierung mit leichter Hand und lenkte den eher zur Trägheit neigenden Herrscher nach ihrem Gutdünken. Zwanzig Jahre lang hatte sie die Herrschaft über Kunst und Kultur fest in der Hand und führte Frankreich dadurch zu einem unübertroffenen kulturellen Höhepunkt, was nicht ohne Folgen für den allmählich aufkommenden Nationalismus der europäischen Völker blieb. So wurde das »französische à-la-mode Wesen« von der deutschen Studentenschaft im letzten Drittel des 18. Jahrhunderts besonders scharf kritisiert. Doch auch in Frankreich sah sich Madame Pompadour wegen ihres Einflusses auf die politischen Aspekte des Landes sowie wegen ihrer Vorliebe für die des Atheismus verdächtigen Enzyklopädisten von klerikalen und sonstigen traditionalistischen Kreisen hart attackiert. Schließlich war sich »tout Paris« darüber einig, es gäbe kein Übel im Ancien Régime, an dem sie nicht die Schuld trage. Doch ihr sagenhafter Reichtum, ihre Kunstschätze und die Ausstattung ihrer Schlösser – dies alles verschwand nach ihrem tränenreichen Abgang im Dunkel der Geschichte.

Auch ihr Bett verschwand – doch sollte es in einer der turbulentesten Phasen der französischen Geschichte noch einmal auftauchen …

… zum Zweiten …

England fand sich damals im Sog der großen Revolution, die von der französischen Küste herüberschwappte. Nach dem vergeblichen Versuch des »Vaters der Revolution«, des Comte de Mirabeau, zu retten, was in Frankreich vielleicht noch zu retten gewesen wäre, und aus den Trümmern des Ancien Régime eine Art konstitutioneller Monarchie nach englischem Muster zu schaffen, brach der Blutrausch der Parteien voll aus. Jakobiner gegen Sansculotten und Girondisten gegen beide, alle zusammen aber gegen Adel und Klerus, das konnte nicht gut gehen, zumal wenn sich ein so emotionslos-illusionistischer Bürokrat wie Robespierre an die Spitze der Bewegung setzte. Besessen von der Idee, dass erst alles Alte zertrümmert werden müsse, ehe man darangehen könne, eine neue, bessere Welt zu schaffen, fegte er mit seinen Anhängern – die bald genug seine Feinde wurden – durch ganz Frankreich. Da ihm ein »menschenfreundlicher« Arzt, Monsieur Guillotin, eine handliche Tötungsmaschine entworfen hatte, kannte der von Robespierre und seinesgleichen entfesselte Blutrausch bald keine Grenzen mehr. Nieder mit der Aristokratie, sie ist schuldig nach dem Geburtsrecht! Nieder mit dem Klerus, er ist schuldig an der Verdummung der Massen! Nieder mit dem Bündnis von Thron und Altar – es ist schuld an der Versklavung des Volkes! Setzt eine neue Gottheit, die der Vernunft, auf den vakanten Altar! Die ursprüngliche Devise der Revolution – Freiheit, Gleichheit, Brüderlichkeit – erwies sich angesichts der gewaltigen Verheerungen als Chimäre. Wer betroffen war, konnte sein Heil nur in der Flucht finden, einer Flucht, die – womöglich mit Hab und Gut – häufig in London endete, von wo aus man noch am ehesten in die ferne Freiheit jenseits des Ozeans aufbrechen konnte, die man sich in der Neuen Welt erwartete. Längst hatte sich ja im fernen Kanada eine durchaus lebensfähige Provinz der Wagemutigen herausgebildet, und auch Neu England erwies sich als ein vielversprechender Hafen der Zuflucht für gestrandete Franzosen.

In London traf alles zusammen, was der Revolution und ihren Folgen entrinnen konnte. Die Emigranten fanden Unterstützung und Hilfe in der gehobenen englischen Gesellschaft, nicht zuletzt unter dem Aspekt der Furcht, dass sich die »Französische Krankheit« auch auf die englische Bevölkerung übertragen könnte. Viele der Flüchtlinge hatten es fertiggebracht, einen Teil ihrer beweglichen Habe nach England zu bringen, und fristeten nun vom Verkauf ihrer verbliebenen Besitztümer ihren Lebensunterhalt.

Die optimistischen unter ihnen glaubten, man müsse nur abwarten, dass die Stürme der Revolution wieder abebbten und die Rückkehr nach Frankreich möglich sein werde. Sie scharten sich um die gleichfalls emigrierten Mitglieder des Königshauses, vor allem um den Bruder des hingerichteten Ludwig XVI. Andere – realistischere Persönlichkeiten – glaubten zu wissen, dass Frankreich nie wieder das sein würde, was es einst gewesen war, und entschlossen sich, in der Neuen Welt eine angemessene Existenz aufzubauen. Darüber hinaus war man sich in England wie in vielen anderen kontinentaleuropäischen Staaten einig: Die Revolution musste mit allen Mitteln bekämpft werden!

… und zum Dritten

Inmitten dieses Londoner Hexenkessels von gestrandeten Existenzen bewegte sich auch Lorenzo da Ponte, einstiger Librettist am kaiserlichen Hof zu Wien, der – wohl gemeinsam mit Mozart – die Libretti zu drei der berühmtesten Opern geschaffen hatte. Er war – wie viele Italiener jener Zeit – eine abenteuerliche Persönlichkeit, die – aus zweifelhafter Herkunft nach oben strebend – dank ihrer vielseitigen Begabung Karriere machte, aber immer wieder Rückschläge hinnehmen musste, die hart an den Zusammenbruch seiner Existenz führten.

Als Sohn jüdischer Eltern geboren, wurde Emanuele Conegliano einst gemeinsam mit seiner Familie vom frommen Bischof Lorenzo da Ponte in Ceneda getauft und erhielt dessen Namen. Lernbegierig wie er war, landete der mittellose Knabe im Priesterseminar und wurde schließlich zum Abbate geweiht. Den Beruf des Geistlichen übte er, ähnlich wie der berühmte Komponist Antonio Vivaldi, nie wirklich aus, und bald verlor er seine ursprüngliche Berufung völlig aus den Augen. Seine Liebe galt der Oper, die damals in ganz Europa hoch in Mode war und alle Welt entzückte. Hinzu kam noch eine Vorliebe für das schöne Geschlecht. So verliebte er sich in Angela Tiepolo, eine verarmte Adelige aus großem Haus. Sie lebte mit ihrem Bruder in Venedig. Lorenzo folgte den beiden und wohnte auch in deren Haus; der Bruder war ein leidenschaftlicher Spieler und ständig in dunkle Geldgeschäfte verwickelt. Er verleitete auch Lorenzo zum Spiel in der Ridotta und verlangte von ihm, er solle ihn die Kunst des Goldmachens lehren, mit der jener im Scherz geprahlt hatte. Als Lorenzo sein Versagen zugeben musste, warf ihn sein zorniger Gastgeber, sehr zu Angelas Verdruss, kurzerhand aus dem Haus und ließ sogar sein Bett pfänden, in dem jener mit Angela gesündigt hatte. Bar aller Habe, musste der so ausgeplünderte Abbate Zuflucht bei seinem bessergestellten Bruder suchen, ehe es ihm gelang, in Treviso einen Lehrstuhl für italienische Literatur zu ergattern.

Angela wollte nicht auf ihn verzichten und verfolgte ihn mit ungezügelter Eifersucht, sie ging mit Dolch und Tintenfass auf ihn los, während er ernsthaft daran dachte, das Eheangebot einer jungen Venezianerin anzunehmen, die von ihrer Stiefmutter gezwungen werden sollte, »ein altes Scheusal« zu ehelichen. Auch Venedigs »Bettlerkönig« wollte ihn in das Ehebett seiner Tochter locken und versprach ihm eine reiche Mitgift, wie Lorenzo in seinen stark romantisierenden Memoiren behauptet. In beiden Fällen erinnerte sich da Ponte rechtzeitig seines Priesterstandes, der ihm eine legitime Ehe versagte.

Sein Stern schien unterdessen zunächst aufzugehen. Er machte sich als Dichter und sogenannter »Improvvisatore« – Verfasser von Gelegenheitsdichtungen, die er mit großem Elan selbst vortrug – einen Namen, verkehrte bald in den angesehensten venezianischen Literaturzirkeln und war in den Häusern der örtlichen nobiltà wohlgelitten, bis er sich durch sein auftrumpfendes Wesen und seine rasch wechselnden Liebesaffären genügend Feinde gemacht hatte, um vor das Inquisitionsgericht geladen zu werden. Einmal schon war er dem mit relativ heiler Haut entronnen, ein zweites Mal wollte er das Risiko nicht mehr eingehen und flüchtete nach Görz, die nächstgelegene österreichische Stadt. Er landete im Bett einer ebenso schönen wie gutherzigen Wirtin, die den völlig abgebrannten und halb verhungerten Literaten liebevoll aufnahm und versorgte.

Wieder waren es dubiose Umstände, die ihn dazu brachten, diese willkommene Zufluchtsstätte zu verlassen, noch ehe er dort wirklich Wurzeln hatte schlagen können. Eine von seinen Gegnern lancierte fingierte Einladung seines Dichterfreundes Caterino Mazzolà lockte ihn ins ferne Dresden, wo jener als Hoflibrettist tätig war. Die Residenzstadt der Sächsischen Kurfürsten war in den Tagen so bedeutender Komponisten wie Hasse, Graun und Zelenka zu einer wahren Hochburg der italienischen Oper geworden. Mazzolà nahm seinen nach einer passenden Anstellung strebenden Berufskollegen freundlich auf, doch reichte seine Fürsprache nicht aus, um ihm eine angemessene Stellung zu verschaffen. So erging es da Ponte wie dem jungen Mozart in München: Es gab keine Vakanz für ihn! Schließlich zerkrachte er sich auch mit Mazzolà und reiste gekränkt ins kaiserliche Wien ab. Zu spät entdeckte er, dass ihm der großzügige Ex-Freund nicht nur einen Beutel mit Dukaten, sondern auch ein Empfehlungsschreiben an den kaiserlichen Hofkomponisten Antonio Salieri zugesteckt hatte.

Wien war nach dem Tod Maria Theresias in einem kulturellen Umbruch begriffen. Als ihr Sohn Joseph II. zum Alleinregenten aufstieg, setzte er viele seiner Reformideen durch. Das galt auch für das kaiserliche Burgtheater, das er für die breite Öffentlichkeit zugänglich machte. Er, der für die feierliche opera seria nicht viel übrig hatte, förderte die italienische »buffa«, aber auch das deutschsprachige Singspiel. Es gab also viel zu tun für die Oper. Mit Salieris Hilfe konnte sich da Ponte schließlich doch als Hofopern-Librettist etablieren; in der Zusammenarbeit mit Mozart gelangte er auf den Höhepunkt seines Könnens.

Soweit es seine Beziehungen zum schönen Geschlecht anging, wohnten zwei Seelen in seiner Brust. Einerseits zog es ihn zu bequemen häuslichen Verhältnissen. Oft lebte er für eine Weile mit Frauen aus dem Volk zusammen, wie in Wien mit einer öffentlich kaum in Erscheinung tretenden »Annette«, mit der er Bett und Tisch teilte und die ihm sogar einen Sohn, Felipe, gebar, der allerdings zu einer recht obskuren Existenz mutierte. Andererseits prahlte er mit seinen Verhältnissen zu gefeierten Sängerinnen, die ihn – auf der Höhe seines Ruhms als einflussreicher Librettist – umschmeichelten und oft genug intime Einladungen als Tauschobjekt gegen Charakterrollen boten. Während seines Wiener Aufenthalts landete er des Öfteren im Bett einer anspruchsvollen Primadonna, blieb daneben aber auch seiner anonymen Annette ein dauerhafter Partner. Sie mag ihm so etwas wie eine intime Haushälterin gewesen sein.

Lorenzo gehörte zu den Männern, die niemals durch Schaden klug werden, und so war eine seiner berühmtesten Liebschaften, Adriana del Bene, die man ihrer Herkunft wegen La Ferrarese nannte, ein ähnlicher Teufelsbraten wie seinerzeit seine venezianische Sturm-und-Drang-Liebe Angela. Wie diese machte sie ihm mit ihrer Eifersucht und ihren Ansprüchen das Leben schwer, und er verstrickte sich, um ihr zu dienen, immer tiefer in die Intrigenspiele um das Burgtheater.

Auf dem Höhepunkt seiner Karriere schrieb er an drei Opern gleichzeitig. Mit dem Libretto zu Martin y Solers Oper *Una cosa rara* gewann er die Herzen der Wiener Damenwelt so sehr, dass er darüber belustigt in seinen Memoiren berichtete: »Es regnete zuckersüße Billettchen, verliebte Verse und Geschenke.« Für eine Weile scheint sein Damenkonsum sogar jenen seines Freundes Casanova, der zur selben Zeit in Wien weilte, übertroffen zu haben.

Der Tod Josephs II. war für beide, Mozart und da Ponte, ein herber Schicksalsschlag. Hatte doch dessen Nachfolger, Leopold II., am Musiktheater weder Interesse noch Geschmack dafür. Mozart durfte immerhin den Erfolg seiner beiden letzten Opern *Die Zauberflöte* und *La Clemenza di Tito* noch erleben. Für da Ponte hingegen blieb in der Habsburgermetropole kein Platz mehr, zumal er sich weiter hemmungslos in das Intrigengespinst verstrickt hatte, welches das Burgtheater zu einem der unsichersten Arbeitsplätze der Monarchie machte. Er floh nach Triest, um seinem geliebten Venedig nahe zu sein, wo er sich – vergeblich – eine Aufhebung seiner Verbannung erhoffte. Weder der Kaiser noch die Serenissima gewährten Pardon, und so strebte da Ponte nach dem fernen London, der damals sicherlich umtriebigsten Metropole der bekannten Welt.

Der einstige Abbate hatte seinen geistlichen Stand völlig vergessen und in Triest eine Engländerin, die zudem Jüdin war, nach einem nie ganz geklärten dubiosen Ritus geheiratet.

Nancy Grahl entstammte einer jüdisch-englischen Kaufmannsfamilie, deren weit verzweigte Mitglieder sich teilweise auch schon im fernen Amerika etabliert hatten. Da Ponte richtete sein Augenmerk also auf London, wo er in der italienischen Operntruppe unterzukommen suchte. Doch die Engländer hatten seit Händels späten Tagen ihr Interesse an der italienischen Oper weitgehend verloren. Und die Querelen unter den Sängern sowie die hochgespannten finanziellen Ansprüche, die sie stellten, ließen das italienische Theater nicht gerade als angenehmen Arbeitsplatz erscheinen. Da Ponte musste bald einsehen, dass er dort nicht seinen Lebensunterhalt finden konnte. Er versuchte sich als Drucker und Buchhändler, während seine Frau höchst erfolgreich das renommierte Theatercafé leitete. Es wurde bald zum Treffpunkt der feinen Welt. Zweifellos war Nancy stolz auf ihre Geschäftstüchtigkeit. Sie war ein lebender Beweis, dass manche Frauen damals schon Berufs- und Privatleben geschickt miteinander zu verbinden wussten, denn nebenher gebar und erzog sie noch fünf Kinder.

Doch Lorenzos freundschaftliche Beziehungen zu einem so fragwürdigen Charakter wie dem Theaterdirektor William Taylor brachten den weiblichen Wohlstand bald zum Versickern und Lorenzo an den Rand des Schuldgefängnisses. Er hatte für einige Wechsel gebürgt, die jener nicht einlösen konnte oder wollte. Die vorausschauende Nancy ergriff die Gelegenheit, eine Reise nach Amerika zu ihrer dort lebenden Verwandtschaft zu unternehmen und vorher noch alles für die geplante, mehr oder weniger heimliche Auswanderung ihres Gatten vorzubereiten. Es muss ein außerordentlich schmerzhafter Abschied der Eheleute gewesen sein, über den da Ponte ein melancholisches Gedicht verfasste. Wenig später war seine Lage in London so aussichtslos geworden, dass er sich zu raschem Handeln entschloss. Mit einigen Paketen Geigensaiten, einer wertvollen Violine und einem Kasten voll italienischer Bücher ging er an Bord eines Überseeschiffes und überstand die Leiden der Seekrankheit ebenso wie die Entbehrungen einer Seereise, für die er kaum die Mittel hatte aufbringen können. In New York gelandet, musste er feststellen, dass seine Familie sich in Philadelphia niedergelassen hatte. Es blieb ihm keine andere Möglichkeit als sich Geld zu leihen, um seine Habseligkeiten, die im so wenig schöngeistigen Amerika kaum Nutzen bringen konnten, vom Zoll auszulösen und die Weiterreise nach Philadelphia zu bestreiten. Seine Frau nahm ihn verständnisvoll auf und überließ ihm über 7000 Dollar, um seine geplante Existenzgründung zu unterstützen.

Das Auf und Ab seines Lebens geriet in verschiedenen Etappen weiterhin zum wahren Chaos. Gemischtwarenhändler zu sein, war keine angemessene Beschäftigung

für einen feinsinnigen Dichter. Ohne seine geschäfts-
tüchtige Frau wäre er wohl endgültig unter die Räder gekommen. Das Paar versuchte sich in den verschiedensten Unternehmungen: Lorenzo gründete in New York
eine italienische Akademie, betätigte sich wiederum als
Buchhändler, wurde Internatsdirektor, unterrichtete Ita-
lienisch an der Columbia University. Nachdem er sich
in der idyllischen Kleinstadt Elizabethtown in der Nähe
von Nancys Verwandten niedergelassen und dort das
schönste Haus am Platz gebaut hatte, wurde er von be-
trügerischen Kunden ausgeplündert; der grobschlächtige
Sheriff des Bezirks pfändete seine gesamte Habe, darunter auch das Ehebett des Paares, was dazu führte, dass
die da Pontes wochenlang in einer Scheune auf Stroh
gebettet lagen. Ihrer Liebe scheint das keinen Abbruch
getan zu haben. Lorenzo war trotz seines Alters offenbar
ein Mann, der die Fähigkeit hatte, eine um vieles jüngere
Frau zu bezaubern und zu halten. Nancy scheint ihn
aufrichtig geliebt zu haben, denn sie verzieh ihm seine
finanziellen Eskapaden und sorgte dafür, dass er immer
wieder auf die Beine kam.

Das aufstrebende New York war die Stadt, in der er
sich am besten zurechtfand. Hier fand er verlässliche
Freunde, die ihn mit Hilfe ihres neuen Reichtums förderten, und hier fanden seine spektakulärsten Auftritte
in der Neuen Welt statt. Dort kam es auch zu Lorenzos
»Affäre« mit dem – angeblich echten – Bett der Madame
Pompadour. Einer seiner Freunde soll ihm aus dem fernen London von dem sensationellen Fund berichtet
haben; dort sei ein besonders prächtiges Möbelstück aus
dem Besitz der ehemaligen Mätresse Ludwigs XV. aufgetaucht, und man überlege, es in einem der zahlreichen
Londoner Auktionshäuser versteigern zu lassen. Allerdings war das Land damals überschwemmt mit franzö-

sischem Luxusmobiliar, das die Flüchtlinge der großen Revolution gerade noch aus dem Land herausgebracht hatten; also würde man wohl mit keinem ansehnlichen Gewinn rechnen können. Diese Annahme versetzte Lorenzo offenbar in beachtliche Unruhe. Schließlich gab es in New York eine ganze Reihe von reich gewordenen Auswanderern. Emigrierte Familien, denen es gelungen war, sich entsprechend zu etablieren, würden es sich zweifellos etwas kosten lassen, in ihrem jungen Hausstand mit transkontinentalem Luxus aufzutrumpfen.

New York platzte damals aus allen Nähten, in manchen bevorzugten Wohnvierteln entstanden prächtige Gebäude, die an Old Europe erinnerten, und jedermann, der es sich leisten konnte, war bestrebt, sich »herrschaftlich« einzurichten. Die Sensation, ein Bett zu erwerben, das so unmittelbar aus königlicher Nähe stammte, war für die reichen Republikaner am Hudson River durchaus verlockend.

Das Bett der Pompadour, das in London vermutlich zu einem eher mickrigen Preis gehandelt wurde, würde im jungen Amerika bestimmt Furore machen. Was Wunder, wenn ein geborener Optimist wie Lorenzo da Ponte dabei das Geschäft seines Lebens witterte. Er tat sich also mit einem Auktionator zusammen, der das Spektakel in die Wege leiten sollte, bezahlte die aufwendige Schiffspassage des edlen Stückes und rührte kräftig die Werbetrommel, noch ehe das in London zerlegte und sorgsam in Kisten verpackte Frachtgut an den Docks von New York ankam. Dort wurde es in eine eindrucksvolle Versteigerungshalle gekarrt und als Prunkstück der Veranstaltung inmitten von Ochsenwagen und allerlei Gerät für die großen westwärts fahrenden Trecks zusammengestellt und aufgebaut. Allerdings konnten die schlichten amerikanischen Handwerker nicht mit den Londoner

Spezialisten mithalten, soweit es die Feinheit und den Schliff ihrer Arbeit betraf. So kam das Himmelbett der einstigen Mätresse des Vielgeliebten zwar bombastisch, aber doch nicht ganz unbeschadet unter den Hammer. Die New Yorker Gazetten rätselten wochenlang darüber, wer denn nun den Zuschlag für das Prachtstück bekommen habe, denn der zweifellos vermögende Bieter war nicht selbst erschienen, sondern hatte einen Agenten geschickt, der das Geschäft abwickeln sollte. Vermutlich fürchtete er einen Ansturm von Neugierigen, die das viel gerühmte Bett in seiner neuen Umgebung besichtigen wollten. Soweit es aber da Ponte betrifft, war der wieder einmal der Betrogene. Der Auktionator verweigerte ihm seinen Anteil an dem Geschäft. Damit war Lorenzo, der das Unternehmen weitgehend finanziert hatte, einmal mehr am Rand der Pleite, zumal er zu arm war, einen tüchtigen Anwalt mit dem Fall zu betrauen. Wie so oft in seinem Leben, war ihm eine Hoffnung genommen worden. Doch immerhin gab es neue Lichtblicke. Eine italienische Operntruppe unter der Leitung des spanischen Tenors Manuele Garcia war nach New York gekommen, um dort eine Opernsaison zu eröffnen – die erste, seit Lorenzo amerikanischen Boden betreten hatte. Der alte Mann lebte auf bei der Vorstellung, dass damit endlich seine große Chance gekommen sei, sein Lieblingskind, die italienische Oper, auch in New York heimisch zu machen. Eine der Töchter Manuel Garcias wurde unter ihrem ehelichen Namen, Maria Malibran, eine der berühmtesten Sängerinnen ihrer Zeit – aber in Europa. Heute wird sie durch die nicht minder berühmte römische Mezzosopranistin Cecilia Bartoli verkörpert, die gerne in ihre Rolle schlüpft.

In New York wurde die italienische Oper mit gemischten Gefühlen aufgenommen, wie Garcia und Lorenzo bald erfahren mussten. Anfangs strömte allerdings alle Welt in das neu errichtete Park Theatre, wo die Veranstaltungen stattfanden. Lorenzo hatte das große Glück, Mozarts – und seinen – *Don Giovanni* einem entzückten amerikanischen Publikum zu präsentieren und sich als Librettist des gefeierten Werkes vorzustellen. Doch der ersehnte Erfolg hielt nicht lange. Gewiss, die Oper gefiel – doch alles in allem hatten die Amerikaner leichte englische Theaterstücke mit Gesang- und Tanzeinlagen lieber.

Um Lorenzo da Ponte wurde es nach der Abreise der »Italiener« merklich stiller. Seine Frau war unterdessen gestorben, der bitterste Schicksalsschlag, der ihn treffen konnte. Auch der Verlust zweier Kinder, die an der Krankheit jener Zeit, der Lungenschwindsucht, starben, war für den einsam gewordenen alten Mann schwer zu überwinden. Sein großartiges und ehrgeiziges Projekt der Verpflanzung der italienischen Oper in die Neue Welt war gescheitert, seine Geldgeber und treuen Freunde auf ein kleines Häufchen zusammengeschmolzen. Der letzte Band seiner Memoiren, der über die spätesten seiner Jahre in Amerika Aufschluss geben könnte, blieb verschollen. Bitter fasste er in einem Resümee seines Lebens zusammen: »Ich habe von Rosen und Lorbeer geträumt – aber von den Rosen empfing ich nur die Dornen und vom Lorbeer die Bitterkeit.«

Lorenzo da Ponte starb am 17. August 1838 im Kreis der wenigen Freunde, die ihm noch verblieben waren. Sein Sterbebett wie sein Grab wurden vom Staub der Geschichte verschüttet; New York wurde über sein Grab hinweg weiter gebaut. Seine Gebeine teilen das Schicksal jener Mozarts: Niemand weiß, wo sie geblieben sind.

Intermezzo VII
Bettpatent und Schrankbetten –
Früchte der Industrialisierung

Die Veränderungen, die durch die zahlreichen Erfindungen des 19. Jahrhunderts bewirkt wurden, machten auch vor dem Bett nicht halt. Zunächst einmal begegnen wir ihm nicht mehr als Einzelexemplar, das von geschickten Handwerkerhänden hergestellt worden war, wobei individuelle Einfälle und Formgebung eine wichtige Rolle gespielt hatten. Vielmehr wurde es nun, im Zeitalter der Industrialisierung, als Fabrikware erzeugt. Wohl gab es unterschiedliche Pläne mit Modellen ganzer Schlafzimmer, doch die wurden nun von Schichtarbeitern maschinell und in Serie erzeugt. In den rasch entstandenen Werkhallen wurde gehobelt und geschliffen, genagelt und geleimt, was das Zeug hielt. Einzelne Arbeitsgruppen wurden für die verschiedenen Handgriffe eingeteilt, wobei jede Gruppe nur mehr einen Arbeitsvorgang zu bewältigen hatte. Vorbei war es mit dem Handwerksstolz, der sich des Wertes seiner Arbeit bewusst war. In der neuen Arbeitswelt Fabrik galt der Mensch bestenfalls als Schraube im Gefüge des Ganzen, und da es unendlich vieler dieser »Arbeitsschrauben« gab, konnten sie jederzeit durch andere ersetzt werden, wenn sie den Ansprüchen, die an sie gestellt wurden, nicht entsprachen oder noch billiger zu haben waren. Wir kennen das heute wieder infolge der häufigen Verlegung von Arbeitsplätzen in die sogenannten Billiglohnländer. Mit einem Wort, im Verlauf des 19. Jahrhunderts war das sogenannte Industrieproletariat entstanden, und Hunderttausende von Großstadtbewohnern versanken im Elend ihrer hoffnungslosen Existenz. Die oft im Akkordlohn hergestellten Möbel landeten wenig später in den Auslagen mehr oder weniger exklusiver Möbelhändler. Herstellung und Verkauf, die sich jahrhundertelang in einer Hand befunden hatten, gingen von nun an getrennte Wege.

Betuchte Väter mit heiratsfähigen Töchtern kauften in diesen neuen Möbelhäusern ein komplettes Schlafzimmer mit dem Ehebett, das aber meist aus zwei nebeneinandergestellten oder – durch die Nachtkästchen – auch getrennten Betten bestand. Gelegentlich trat anstelle dieser Bettendualität auch das sogenannte Französische Bett, das eine gemeinsame Liegefläche hatte. Es wurde im Übrigen – trotz seines Namens – in Frankreich nicht häufiger als anderswo benützt und war dem ehelichen Zusammenhalt nicht nützlicher als die separierte Variante der ehelichen Schlafstätte. Bett und Bettzubehör wurden meist von den Bräuten mit in die Ehe gebracht. Oft gab es in dieser Hinsicht unter den Familien ein großes Feilschen. Die sogenannten Höheren Töchter verbrachten zumeist den größten Teil ihrer Zeit mit dem Nähen und Besticken ihrer Aussteuer, und nicht selten zogen sie sich dadurch – weil sie zu wenig Bewegung und frische Luft bekamen – die Krankheit des Jahrhunderts, die Lungenschwindsucht, zu. Die traf unterschiedslos Arm und Reich. Nur dass bei den Frauen, die als Arbeiterinnen in den staubigen Fabrikhallen werkten, das Schicksal noch härter zuschlug und oft ganze Familien dahinraffte. Die meisten Arbeiterfamilien kannten den Luxus des eigenen, bequemen Bettes kaum. Da weitgehend in Schicht gearbeitet wurde, besserten viele Frauen

– auch solche mit Kindern – ihren kargen Lohn damit auf, dass sie tagsüber, wenn sie in den Fabriken standen, ihre Betten an Nachtarbeiter vermieteten, damit sie nicht unnötig leer standen, sondern mithalfen, ihr karges Auskommen zu verbessern, was weder der Hygiene noch den moralischen Verhältnissen gut bekam.

Das Bett als solches verlor mit der zunehmenden Industrialisierung mehr und mehr sein individuelles Aussehen; dafür wurde es bequemer. In vielen Fabriken, vor allem in Amerika, machten sich findige Erzeuger Gedanken über Verbesserungen, die sie patentieren ließen, um geschäftlich zu reüssieren. Es ist ein besonderes Kennzeichen dieser Ära, dass sich auf allen Gebieten ein Erfinderpioniergeist ausbreitete, der darauf abzielte, das menschliche Leben zu vereinfachen. Die neuen Arbeitsmethoden boten in dieser Hinsicht Möglichkeiten, an die man früher gar nicht zu denken gewagt hätte. Die Produktion aller möglichen Gebrauchsgegenstände wurde angesichts der in den Städten stark steigenden Bevölkerungszahlen immer mehr ausgeweitet und gleichzeitig rationalisiert. Um 1930 wurden schlichte Metallbetten patentiert, die zunächst nur in Kasernen, Gefängnissen und Krankenhäusern benutzt wurden. Heinrich Heines anrüchige *Matratzengruft*, das Irrenhaus, in dem er eine Zeit lang verbracht hatte, war wohl schon Jahrzehnte früher mit diesen wenig attraktiven Liegen bestückt gewesen.

Auf Thomas Manns Zauberberg der Schwindsüchtigen in Davos ging es wohl etwas vornehmer zu. Die alltägliche Bettenparade auf den Balkons und Terrassen der großen Luxushotels bot ihren Patienten zweifellos an Bequemlichkeit, was sie sich nur wünschen konnten, heilen konnten sie sie längst nicht immer. Im Übrigen wurde auch das Metallbett relativ rasch vornehm. Es mauserte

sich zu einem modisch schlichten oder auch verschnör-
kelten Messingbett und fand sogar, als neuester Mode-
gag, in das Schlafzimmer des preußischen Königspaares
Eingang. Eine Ausnahme machte das einfache Militär-
bett des österreichischen Kaisers Franz Joseph. Das Bett,
in dem die englische Königin Viktoria mit ihrem geliebten Gatten Albert schlief, zeigte hingegen noch eine Art
von romantisierendem Pomp. Die kleine Frau mit dem
großen Einfluss auf das gesamte kulturelle Leben ihrer
Zeit hatte ihre Jungmädchenträume auch als Königin nie
ganz vergessen. Doch in Städten wie Berlin und Wien
setzte sich das nüchterne Messingbett, nicht zuletzt aus
Gründen der Hygiene, immer mehr durch.

Aus dem fernen Amerika, das seit der Einführung
der Dampfschifffahrt deutlich näher gerückt war, kamen
viele Neuerungen, durch welche die Gegenstände des
täglichen Gebrauchs den sich radikal verändernden
Lebensumständen angepasst wurden. In den Städten
wuchs durch den ständigen Zuzug von Industriearbei-
tern die Wohnungsnot. Immer mehr Menschen lebten
in winzigen Räumlichkeiten, in denen für ein eigenes
Schlafzimmer oder auch nur ein ständiges Bett kein
Platz war. Ausweg aus dieser Misere bot die Erfindung
eines Mehrzweckmöbels, das mit ein paar Handgriffen
in einen Sessel oder gar einen Spiegelschrank verwandelt
werden konnte – Errungenschaften, die auch wir heute
in modernen »Garçonnièren« sehr wohl zu schätzen
wissen. Erfinder aller Art spielten und spielen – damals
wie heute – mit den Verwandlungskünsten des Bettes,
wodurch sich vielfältige Möglichkeiten der Innenansicht
eines Raumes eröffnen.

Eine ganz besondere Erfindung, die wieder einmal
in den USA patentiert wurde, war das Reisebett in der
Eisenbahn. Die Idee kam ursprünglich aus Frankreich,

wo die staatliche Bahngesellschaft Napoleon III. zu dessen Regierungsjubiläum einen Salonzug geschenkt hatte, der unter anderem auch einen Schlafwagen mit zwei großen Betten enthielt. Dieses Beispiel machte in den jungen USA Schule, wo George Mortimer Pullman zum eigentlichen Erfinder des Schlafwagens wurde. Ursprünglich waren die Pullmanbetten in einem Großraumwaggon einfach wie normale Sitzbänke aufgestellt, wobei es auch einen eigenen Schlafwagen für Damen gab, in dem nicht geraucht und getrunken werden durfte. In Europa wurde das System verfeinert, von nun an reiste man in Abteilen, die, je nach Klasse, mit zwei bis vier Betten – einander gegenüber und übereinander – ausgestattet waren. Sehr viel später, nämlich erst um die Mitte des letzten Jahrhunderts, wurde der sogenannte Liegewagen – La Couchette – in Dienst gestellt, eine eher spartanische Abwandlung des klassischen Schlafwagens, um auch Reisenden mit kleiner Geldbörse die Illusion von Nachtruhe in einem – wenn auch sehr einfachen – »Bett« zu verschaffen, was dann, auf wenig Raum, allerdings oft mehr in geräuschvolle Äußerungen von Spaß am gemeinsamen Abenteuer mündet als in Ruhe und Schlaf.

Der Schlafwagen hingegen galt lange Zeit als das Nonplusultra des eleganten Reisens. Die Coupés waren komfortabel und luxuriös ausgestaltet, Züge wie der berühmte Orient-Simplon-Express boten alles, was sich verwöhnte Reisende nur wünschen konnten. Seit Agatha Christies berühmtem Roman sogar Mord inklusive!

Sisi – und Titanias Bett

Es begann mit einer Liebesheirat und endete mit getrennten Betten. Kaiserin Elisabeth, die zu ihrer Zeit am meisten bewunderte Frau Europas, war auch eine der kapriziösesten. Als sie, knapp sechzehnjährig, in den Schlössern Habsburgs Einzug hielt, fand sie sich weder mit den riesigen Zimmerfluchten noch mit den darin herrschenden Lebensbedingungen zurecht. Zu unterschiedlich waren die Charaktere wie die Verhältnisse. Der Kaiser: ein militärbesessener und pflichtbewusster junger Mann, der unverbrüchlich fest am Gängelband seiner Mutter hing und in seinen Pflichten aufzugehen schien. Seine Braut: ein junges Mädchen, das in der häuslichen Idylle des Possenhofener Landlebens aufgewachsen war und nun in die sterile Atmosphäre des Hoflebens verpflanzt werden sollte – wie konnte das gut gehen? Der Gegensatz hätte nicht größer sein können. In Possenhofen hatte Sisi – inmitten einer stattlichen Geschwisterschar lebend – ein freundliches Jungmädchenzimmer bewohnt, mit einem kuscheligen Himmelbett, dessen Vorhänge aus geblümtem Musselin fast immer offen standen, um der jungen Schläferin beim Erwachen den Blick in die freie Natur und vor allem auf das Seegelände zu gewähren. Es ging einfach zu auf Schloss Possenhofen. Sisi war es gewöhnt, für ihre Morgentoilette selbst zu sorgen und ein Leben in größtmöglicher Freizügigkeit zu führen. Das bedeutete, es gab keinen fest umrissenen Tagesablauf; sie konnte ihre Zeit mehr oder weniger nach Belieben einteilen, wenn man von ihren Lernstunden absah. Ihr Bett war zweifellos ein angenehmes Rückzugsgebiet, in dem sie ihren Träumen nachhängen konnte, so viel sie wollte. Und es gab viel zu träumen im Hause Wittelsbach. Der Vater, Herzog Max von Bayern, war ein begeisterter Jäger, der die naturverbundene Tochter gerne mit auf die Pirsch nahm, wenn er nicht auf einer seiner zahllosen Reisen der Damenwelt nachstellte. Das bedeutete, Mutter Ludovika und ihre Kinderschar blieben immer wieder für lange Zeit sich selbst überlassen. Alles in allem ging es in der kleinen Hofhaltung recht menschlich und ganz und gar nicht höfisch aufwendig zu, was die snobistische Hofequipe der späteren Kaiserin hinter deren Rücken eine »Bettelwirtschaft« nannte.

Sisis Einzug in die kaiserlichen Schlösser veränderte ihr Leben radikal. Mit der Unbefangenheit ihrer Jung-mädchenjahre war es ein für alle Mal vorbei. Ihre Zeit war durch das enge Korsett der Etikette völlig verplant, und ihr Umgang auf die ewig gleichen Personen des so-genannten Hochadels beschränkt. Sie hätte vermutlich als junge Ehefrau gerne mehr Zeit mit ihrem Gatten verbracht, doch der saß – pflichtbewusst, wie er war – meist schon um sechs Uhr früh an seinem Schreibtisch, auf dem sich die Akten stapelten, was Sisi einmal zu dem ganz und gar nicht majestätischen Seufzer veran-lasst haben soll: »Ach, wenn er doch bloß ein Schneider wäre!«

Zwar hatte das ungleiche Paar natürlich zumindest in der ersten Zeit seiner Ehe ein gemeinsames Schlafzim-mer, in dem nach gutbürgerlicher Art zwei Betten dicht nebeneinanderstanden, die übrigens mit dem aufwendi-gen Stil der Königsbetten vergangener Epochen wenig gemeinsam hatten. Die Zeiten, da man im Bett reprä-sentierte, waren längst vorüber, und zudem erwies sich

Franz Josephs Geschmack als wenig anspruchsvoll. Sisis Vorgängerinnen hatten weitaus aufwendiger geschlafen, und ganz sicher hatte Maria Theresia mit ihrem geliebten »Franzl«, dem Deutschen Kaiser Franz Stephan von Lothringen, im Bett entschieden mehr Vergnügen gehabt als ihre noch recht kindhafte Nachfolgerin im 19. Jahrhundert. Die flüchtete in den endlosen Stunden, die sie, getrennt von ihrem Gatten, mit langweiligen Cercles einer mehr oder weniger geistlosen Hofgesellschaft verbringen musste, oft genug unter einem Vorwand in ihr Bett, um dort mit Tränenfluten ihr Heimweh nach dem unkomplizierten Leben in ihrer bayerischen Heimat hinunterzuspülen.

Die gemeinsamen Nächte der Flitterwochen, die das Paar auf dem idyllischen Schloss Laxenburg vor den Toren Wiens verbrachte, boten der jungen Frau keine Entschädigung für die Tage, die sich Sisi relativ hilflos einer ungeliebten Umgebung ausgeliefert sah, die – allen voran ihre Schwiegermutter – keinen anderen Zweck zu haben schien, als sie, koste es, was es wolle, zur idealen Kaiserin zu trimmen. Das aber bedeutete nichts anderes, als Sisis eigenwilligen und freiheitsdurstigen Charakter brechen zu wollen. Sisi scheint, im Vergleich zu Maria Theresia, die das Eheleben offenbar in vollen Zügen genossen hatte, ein eher kühles und zurückhaltendes Temperament gehabt zu haben und dürfte das intime Zusammensein mit ihrem Gatten als eine Art von »Bringschuld« empfunden haben. Sie äußerte sich in ihren Briefen und Tagebüchern kaum je über die intime Seite ihrer Ehe; doch für das typische Kind der Romantik, als das sie sich vor allem in ihren Gedichten erweist, bedeutete Liebe ohnehin etwas anderes als sexuelle Erfüllung. Ihr ging es dabei mehr um Sehnsucht und gelebte Träume, und da konnte ihr der zwar heftig in sie verliebte, aber doch recht nüchterne Gatte nicht folgen. Sie wird sich vermutlich gekränkt gefühlt haben, wenn er sie wegen ihrer »Wolkenkraxeleien« gutmütig verspottete.

Hinzu kam: Jeder der beiden hatte einen eigenen Haushalt und neben dem ehelichen Schlafzimmer auch ein eigenes Schlafgemach. Der Kaiser verbrachte schon bald die meisten seiner Nächte in seinem eigenen, militärisch schlichten Eisenbett, während Elisabeth sich von ihrer ersten Schwangerschaft an Nacht um Nacht in ihr eigenes Traumland zurückzog. Eines ihrer Betten, jenes in der Hermesvilla auf dem Gelände des Lainzer Tiergartens, versetzt wegen seiner prachtvollen Ausstattung die staunenden Besucher heute noch in Bewunderung.

Sisi brauchte lange, bis sie sich imstande fühlte, die permanente Bevormundung durch den Hofstaat, vor allem aber durch ihre Schwiegermutter, abzustreifen und zu einer selbstbewussten jungen Frau zu werden. Die Streitigkeiten um die Betreuung ihrer Kinder, die ihr von Sophie weitgehend entzogen wurden, führten zu einer ersten Entfremdung des Paares, als Elisabeth begriff, dass der Kaiser sich bei Streitfragen zwischen den beiden höchsten Damen fast immer auf die Seite seiner Mutter stellen würde. Die hatte es während seiner Jugend hervorragend verstanden, ihn auf strikten Gehorsam ihr gegenüber einzuschwören, zumal er im Grunde niemals einen wirklichen Vater gekannt hatte. Sophies schwächlicher Gatte, Erzherzog Franz Karl, hatte zugunsten seines Sohnes auf die Regentschaft verzichtet und hatte so verhindert, dass Sophie selbst zur Kaiserin aufstieg, ein Platz, den sie leidenschaftlich ersehnt hatte. Wenn sie diesen selbst schon nicht hatte erreichen können, so wollte sie wenigstens durch ihren Sohn herrschen. Ihre Erziehung lief darauf hinaus, ihn möglichst von allen anderen Einflüssen fernzuhalten. Solange Sophie lebte, konnte er ihre Vorrangstellung in seinem Leben, sehr zum Kummer Elisabeths, nie wirklich abstreifen.

Eine Kaisergattin hatte vor allem zwei Pflichten: Sie musste für den Fortbestand der Dynastie sorgen und sie musste immer für Repräsentationszwecke zur Verfügung stehen. Im März 1855 erfüllte sie die in sie gesetzten Erwartungen weitgehend, indem sie einer Tochter, Sophie, das Leben schenkte. Die Kleine wurde von Großmama Sophie sogleich mit Beschlag belegt. Dadurch wurde das »freudige Ereignis« für Sisi zum Anlass weiterer Querelen mit der Schwiegermutter, der sie sich durch die Flucht in ihr Elternhaus entzog. Es kostete den Gatten viel Überredungskunst, sie in ihren »goldenen Käfig« zurückzulocken. Erwachsen geworden, erkannte Elisabeth, dass sie ein perfektes Druckmittel in der Hand hatte, das fast immer wirkte, wenn es darum ging, bei ihrem Gatten ihren Willen durchzusetzen: Sie entzog sich ihm, wenn er sich ihren Vorstellungen widersetzte: erst nach Possenhofen in den Schoß ihrer Familie, später durch lange Perioden von oft rätselhaften Krankheiten, in denen sie nicht nur dem kaiserlichen Bett fernblieb, sondern zugleich auch ihren Gatten und dessen gesamtes Reich in die größten Sorgen stürzte. Die Monarchie befand sich um diese Zeit schon weitgehend in Auflösung. In den gesamten Kronländern gärte es von nationalistischen Bestrebungen; die militärischen Besatzungen in den italienischen Provinzen waren verhasst, revolutionäre Umtriebe in Ungarn und Böhmen wurden mit äußerster Härte unterdrückt, knappe Kassen und ein aufgeblähter Militärapparat sorgten für Unmut in der Bevölkerung – kurz, das Reich hätte in diesen schwierigen Zeiten einen begabten Diplomaten an der Spitze des Reiches gebraucht, stattdessen aber hatte es einen biederen Beamten, der Tag um Tag pflichtbewusst vor seinen Akten saß, während seine Gedanken um sein häusliches Elend kreisten.

Zwar hatte Elisabeth wieder eine Tochter, Gisela, zur Welt gebracht und durch die Geburt des Thronfolgers, Rudolf, den Bestand der Monarchie gesichert. Doch der unerwartete Tod ihrer älteren Tochter in Ungarn stürzte sie in tiefste Verzweiflung. Alles in ihr kreiste nun um eine Art von Selbstzerstörung. Sie aß kaum noch, zwängte ihren Körper in das engste Korsett, das ihr das Atmen schwer machte, war unaufhörlich in Bewegung, kurz, sie zeigte alle Anzeichen einer Magersucht, die schließlich zu einer mysteriösen Lungenerkrankung führte. Der Rat der Ärzte: fort aus dem rauen Wiener Winter, um ihre Krankheit auf einer sonnigen Insel auszukurieren. Sie wählte Madeira, die Blumeninsel, in dem Bewusstsein, dass sie diesmal monatelang von Tisch und Bett ihres Gatten getrennt sein würde. Grund genug für ihn, sich mit ein paar unverbindlichen Affären zu trösten. Elisabeth hörte davon und fühlte sich einerseits gekränkt, andererseits wusste sie, es gab keinen Grund, an seiner dauerhaften Liebe zu zweifeln. Vielmehr empfand sie Mitleid mit ihm – vielleicht begriff sie auch, wie bitter nötig der Mann seine Gattin, das Reich seine Herrscherin gehabt hätte. Doch es war ihr unmöglich, sich eine baldige Rückkehr in ihren goldenen Käfig auch nur in Gedanken vorzustellen. Der Kaiser sandte Briefe und Geschenke, er schickte auserlesene Boten, die zwischen Madeira und Wien hin und her reisten, doch eine erlösende Botschaft brachte keiner mit.

Über Elisabeths Krankheiten ist viel gerätselt worden. Heute ist man sich sicher, dass sie durch ihre psychische Verstörtheit ausgelöst wurden. Wir kennen ein ähnliches Beispiel in unserer Zeit: die gescheiterte Ehe der britischen Kronprinzessin Lady Diana. Auch in ihrem Fall ging es um die Unfähigkeit einer empfindsamen jungen Frau, sich den strikten Anforderungen des Hoflebens anzupassen. Allerdings kam noch erschwerend dazu, dass sie sich von ihrem Gatten nicht wirklich begehrt wusste. Solche Probleme hatte Elisabeth mit ihrem in sie dauerverliebten Kaiser nicht. Auch wenn er ihr möglicherweise nicht immer in des Wortes wahrstem Sinn treu gewesen sein mag – in seinen Gefühlen war er es immer.

Durch diese Beständigkeit seiner Liebe gewann sie im weiteren Verlauf ihrer Ehe eine Macht über ihn, die sie beinahe skrupellos zu nutzen verstand. Ihre langen krankheitsbedingten Abwesenheiten, erst auf Madeira, später auf Korfu, das ihr für eine Weile zur zweiten Heimat werden sollte, und danach wiederholt bei Kuren in Bad Kissingen versetzten den Kaiser in die Rolle eines demütigen Bittstellers. Er wusste, wenn er sie schon einmal dazu gebracht hatte, an den Hof zurückzukehren und gar das Bett mit ihm zu teilen, genügte doch jeder geringste Anlass zur Unzufriedenheit, um eine neuerliche Abreise Elisabeths zu provozieren. Die Möglichkeit einer Trennung hing immer wie ein Damoklesschwert über dieser Ehe, deren Unglück es war, dass die Liebe, die darin ursprünglich bestanden haben mag, nicht ausreichte, um das Band der Gemeinsamkeit durch gegenseitiges Verständnis zu sichern.

Elisabeth, die ihren Kaiser anfangs mit einer echten kindlichen Zuneigung und Unterwürfigkeit geliebt haben mag, identifizierte später ihr eheliches Verhältnis mit all den widrigen Umständen, die ihr das Hofleben verhasst gemacht hatten. Mit ihrem Gatten zu leben, hieß für sie zugleich, all die Unsinnigkeiten ertragen zu müssen, die ihr von einer ebenso verständnis- wie rücksichtslosen Hofkamarilla auferlegt wurden. Sie nahm es ihrem Mann entschieden übel, dass er keine Anstrengungen unternahm, sie aus dem verhassten »Geschirr« zu befreien. Hinzu kam: Sie fühlte sich wohl eher als dekoratives Schmuckstück anstatt als denkender Mensch behandelt. So begann sie als erwachsene Frau, sich mehr und mehr auf ihr eigenes Selbst zu konzentrieren. Man pries sie als die schönste Frau Europas, und um den Kult ihrer Schönheit kreisten in den mittleren Jahren ihres Lebens nahezu all ihre Bemühungen.

Man könnte sie als moderne Frau im heutigen Sinn des Wortes bezeichnen. Versuchte sie doch mit allen Mitteln, die sich ihr boten, ihre Jugendlichkeit zu erhalten. Sie verbrachte Stunden damit, ihren Körper zu trimmen; um ihn schlank und beweglich zu erhalten, ließ sie sich bis zur Bewusstlosigkeit schnüren, um zu einer Taille von unglaublichen fünfzig Zentimetern zu gelangen. Aber geradezu unfassbar war der Kult, den sie mit ihrem außergewöhnlich schönen und langen Haar getrieben haben soll. Es musste stundenlang gebürstet und mit Nussöl behandelt werden. Wenn sie sich zum Schlafen begab, lag sie gerade auf dem Rücken und hatte ihr Haar wie einen Schleier rechts und links neben sich ausgebreitet. Sie versuchte, völlig regungslos zu liegen, um ihre Haarfülle nicht zu verwirren. Vor öffentlichen Auftritten soll sie stundenlange Séancen mit ihrer Friseurin gehabt haben, bis die den gewünschten Frisurenstil perfektioniert hatte. Oft verursachte ihr das Gewicht dieser Haarpracht heftige Kopfschmerzen. Dann zog sie sich in ihr Bett zurück, und ihre zu Zöpfen geflochtenen Haare wurden an Haken gehängt, um ihr Gewicht zu vermindern.

Im Lauf der Zeit begann ihr Kampf um die Erhaltung ihres Aussehens immer groteskere Züge anzunehmen. Weibliche Schönheit in all ihren Erscheinungsformen wurde für sie zu einer Art von Besessenheit. So legte sie für sich eine Sammlung von Porträts schöner junger

Frauen an – vermutlich, um Vergleiche mit sich selber zu ziehen. Ihr Schönheitskult mutet uns heute, da Scharen schöner junger Frauen sich den Gefahren der Magersucht ausliefern, um den Anforderungen eines verirrten Schönheitsideals der extremen Schlankheit zu genügen, durchaus modern an. Elisabeth nahm oft nur ein wenig Fleischsaft, Obst und einige Eier zu sich und forderte ihrem Körper darüber hinaus durch ihre exzessiven sportlichen Leistungen das Äußerste ab. In ihren privaten Räumen hatte sie ein wahres Arsenal von Trimmgeräten, die einem heutigen Fitnessstudio durchaus zur Ehre gereicht hätten. Ihre persönlichen Betten waren durchwegs so schmal, dass sie nur einer einzigen Person spärlich Platz boten.

Das eheliche Schlafzimmer mit den brav nebeneinandergestellten Einzelbetten wurde im Verlauf dieser seltsamen Ehe immer seltener das Ziel gemeinsamer Stunden. Es scheint, dass Elisabeth schon ziemlich bald damit begonnen hatte, ihre Abneigung gegen den Hof auch auf ihre Ehe zu übertragen, soweit es deren physische Seite betraf. Viel später soll sie ihrer in Ungarn geborenen Lieblingstochter Valerie gesagt haben, sie könne nicht begreifen, wie man sich die Ehe wünschen und von ihr etwas Gutes erwarten könne, und kurz vor deren eigener Vermählung dies mit der Bemerkung verschärft haben, sie finde die Ehe widernatürlich.

In ihrer eigenen Vorstellung wurde sie mehr und mehr zur »Feenkönigin« Titania, die ihr Nachtlager aus Versehen mit einem Esel teilt, wobei allerdings nicht explizit der kaiserliche Gatte gemeint war, sondern ganz allgemein die sexuelle Seite der Beziehung zwischen Mann und Frau. Soweit es Franz Joseph betraf, litt er wohl zumeist an der Unterkühlung, mit der seine eifrigen Annäherungsversuche an ihr Bett beantwortet wurden. Es ist merkwürdig zu beobachten, mit welch demütiger Attitüde er sich seiner wegen ihrer Schönheit in der gesamten Männerwelt vergötterten Ehefrau näherte, wo er – der Sitte der Zeit entsprechend – doch ganz einfach auf der Einhaltung ihrer ehelichen Pflichten hätte bestehen können. Demutsgesten finden sich in vielen Floskeln seiner Briefe ausgedrückt, in denen es zuweilen resignierend heißt: »Dein einsames Männeke« oder »Dein dich zutiefst vermissendes Männchen«, wenn sie sich wieder einmal auf einer ihrer unzähligen Reisen befand, die mehr oder weniger nicht nur einer Flucht vor ihren höfischen Pflichten, sondern auch vor ihrer Ehe gleichkamen. Oft benützte sie die offensichtliche Dauerverliebtheit ihres Gatten dazu, ihre Wünsche durchzusetzen, um Ziele, die ihr wichtig waren, zu erreichen, wie etwa, als es um die Erziehung des Thronfolgers und seine Befreiung vom militärischen Drill ging, oder später, als es ihr gelang, ihre Ungarn-Politik umzusetzen. Franz Joseph wagte in solchen Situationen nicht zu opponieren, weil stets die Drohung einer bevorstehenden Abreise im Hintergrund stand. Allerdings nützte sie auch, wenn sie mit ihrem Gatten unter einem Dach lebte, jede Gelegenheit, sich ihrem Ehebett zu entziehen. Heftige Kopf- oder Magenschmerzen stellten sich wie eine Art von Zwang ein und verhinderten oft genug die vom Kaiser ersehnte Zweisamkeit im Ehebett.

Andererseits – die »schönste Frau Europas« genoss es durchaus, von der Männerwelt angebetet zu werden, und die Gazetten der Zeit waren voll mit vorsichtigen Andeutungen über die – freilich ausschließlich platonischen – Amouren der Kaiserin. Natürlich hatte schon umständehalber keiner ihrer verliebten Bewunderer das Privileg einer realen Affäre mit der Kaiserin, zum einen, weil sie in ihrer Position ständig von einem argwöhnisch beobachtenden Gefolge umgeben war, zum anderen aber auch wegen ihrer im Verlauf der Jahre immer heftiger werdenden Sexualphobie. Elisabeth liebte es wohl, sich als Feenkönigin Titania verehren zu lassen, eine Liebesnacht im Bett mit einem der zahlreichen »männlichen Esel«, die ihr ihre Liebe zu Füßen legten, kam in ihren Vorstellungen nicht vor.

Mit einer Ausnahme vielleicht: Der ungarische Graf Gyula Andrássy hatte alle Eigenschaften, eine sensible Frau wie Elisabeth zu bezaubern. Zweifellos verliebte sie sich in gewisser Weise in ihn und durch ihn – gleichsam auf einem emotionellen Umweg – auch in seine ungarische Heimat, für die sie eine schwärmerische Begeisterung empfand. Unter seinem Einfluss fühlte sie sich viel mehr als Königin der Ungarn denn als Kaiserin im verhassten Wien. Andrássy, der lange Zeit in London und Paris im Exil gelebt hatte, besaß eine flirrende erotische Ausstrahlung, die jeder Frau das Gefühl geben konnte, sinnlich begehrt zu werden. Elisabeth war da keine Ausnahme. Sie fühlte sich als Frau durchaus geschmeichelt, und da er niemals die Torheit beging, allzu brüsk »zur Sache« zu kommen, konnte sie seine Avancen gnädig hinnehmen, ohne sich um eventuelle Konsequenzen Sorgen machen zu müssen. Vielmehr übertrug sie die Verliebtheit, die sie für ihn empfinden mochte, auf sein Land, für das sie ihrem Gatten mehr Privilegien abtrotzte, als für ihn und die gesamte Monarchie gut war.

Die Königskrönung in Budapest und die glanzvollen Feste auf Schloss Gödöllő, das dem Kaiserpaar auf Wunsch des zum Außenminister ernannten Grafen Andrássy von der ungarischen Regierung geschenkt worden war, gehörten zu den absoluten Höhepunkten in Elisabeths Leben. Wahrscheinlich war es die heißblütig erotische Atmosphäre, von der sie sich dort umgeben fühlte, die sie ihrem Gatten wieder näherbrachte, sodass sie sich schließlich zur Wiederaufnahme ihrer ehelichen Beziehungen bequemte. Dabei war es wohl ihr Wunsch, dem ungarischen Volk – und damit ihrem »heimlich Geliebten« – ein Königskind zu schenken, das auch in Ungarn geboren werden sollte. Vielleicht sah sie in Valerie ein geistiges Kind ihrer Liebe und zog die kleine Spätgeborene deshalb ihren anderen Kindern vor. Jedenfalls rankten sich um dieses Kind lange Zeit Gerüchte, dass nicht der Kaiser, sondern vielmehr Andrássy der Vater sein könnte. Möglich, dass Elisabeth davon geträumt hatte, dem feurigen Ungarn einen Platz in ihrem Bett anzubieten; in ihren romantischen Vorstellungen mag er durchaus die Stelle ihres nüchternen Gatten eingenommen haben, in der Realität wäre dies aber völlig undenkbar gewesen. »Titania« mag – allein in ihrem Bett – wohl von einer Nacht mit einem neuen Oberon geträumt haben, doch als es ganz real um ein Königskind für Ungarn ging, war ihr neuerlicher Weg ins Ehebett durchaus vorgezeichnet.

Dass sie dieses Kind als ein Kind ihrer Liebe bezeichnete, dessen Erziehung sie sich nicht wie die ihrer anderen Kinder aus der Hand nehmen ließ, spricht dafür, wie sehr in ihrem Bewusstsein romantische Vorstellung und reale Existenz miteinander verschmolzen.

Elisabeth fand sich in den schwierigen Jahren, die mit dem Verlust der italienischen Provinzen und mehreren verheerenden Kriegen einhergingen, nur selten an der Seite ihres Gatten. Kuren, Besuche bei der bayerischen Verwandtschaft und lange Reitaufenthalte, zuerst in Gödöllő, später in England und Irland, füllten ihre Zeit völlig aus. Auf Schloss Gödöllő hatte sie ihre Reitkunst zur wahren Zirkusreife perfektioniert und brillierte damit in einem Kreis von sportlichen, meist jüngeren

Männern, die die schöne Titania umschwirrten wie Motten das Licht. Die meisten träumten wohl davon, sich einen geheimen Platz in ihrem Bett zu erobern, und auch sie selbst scheint für den einen oder anderen wärmere Gefühle empfunden zu haben. Grund genug für eine allzeit misstrauische Journalistenmeute, von »Verhältnissen« zu munkeln, die ausschließlich in ihrer Fantasie bestanden. Der Kaiser hatte zwar allen Grund, eifersüchtig zu sein, wegen der vielen Zeit, die sie fern von ihm in Gesellschaft ihrer zahlreichen Verehrer verbrachte, doch soweit es ihr Bett betraf, konnte kein Zweifel an ihrer ehelichen Treue bestehen. Dennoch: Die verschlüsselten Andeutungen, die über sie und ihre in England im Exil lebende Schwester Marie, die ehemalige Königin von Neapel, im Umlauf waren, brachten die Kaiserin, die als strahlender Mittelpunkt einer exzentrischen Reitergesellschaft gefeiert wurde, immer wieder in Schwierigkeiten. Vor allem dichtete man ihr eine Liaison mit ihrem Reitcoach Bay Middleton an. Der war zwar ein bevorzugtes Flirtobjekt der Kaiserin, doch keineswegs ein zeitweiliger Bettgefährte, obwohl sogar der Thronfolger Rudolf mit diesem Gerücht konfrontiert wurde und darob in tiefe Bestürzung geriet.

Elisabeth, die allzeit flüchtige »Titania«, wie sie sich in ihren Gedichten gerne nannte, benützte die Schar ihrer Anbeter vor allem dazu, ihre körperliche Anziehungskraft zu erproben. War sie noch reizvoll genug, um die Männer nach ihrer Liebe schmachten zu lassen? Diese Frage beschäftigte sie so sehr, dass sie es sogar wagte, sich, als Gelber Domino maskiert, in das bunte Treiben einer Faschingsredoute zu mischen und dort einen Flirt mit einem jungen Mann zu beginnen, ohne indes ihr Inkognito aufzugeben. In ihrer Fantasie wurde dieses Abenteuer, das wohlweislich am Einstieg ihres Fiakers endete, zu einer melancholischen Fernbeziehung, wie mehrere erhalten gebliebene Briefe des »Gelben Domino« bezeugen.

Elisabeth träumte wohl von vielen Bettgeschichten, die man ihr andichtete, in der Realität hingegen blieb sie in ihrem Bett allein. Sie wollte von allen geliebt werden – aber eben ohne die intimen Konsequenzen, die sie in ihren späteren Jahren als roh und abstoßend empfand. »Die sogenannte Liebe vergiftet alles«, soll sie ihre Tochter Valerie einmal gewarnt haben.

Andererseits mag sie ihrem Mann gegenüber so etwas wie ein schlechtes Gewissen wegen ihrer ständigen Zurückweisungen empfunden haben. Das trieb sie dazu, ihm persönlich einen Ersatz zu verschaffen. Als sie sein Interesse an der Burgschauspielerin Katharina Schratt bemerkte, verwendete sie viel Energie darauf, eine sich anbahnende Beziehung durch zahlreiche Freundschaftsbeweise ihrerseits zu fördern und die Auserwählte in Franz Josephs Arme zu führen. Mag sein, dass das spätere Verhältnis dieser beiden einander so ähnlichen Charaktere für Elisabeth eine Art von Befreiung darstellte. Nun, da der Gatte mit einer treuen und verständnisvollen Freundin versorgt war, konnte sie sich beruhigt und ohne schlechtes Gewissen – wenn auch vielleicht mit einem Rest des Bedauerns – als »Titania« in ihr einsames Bett zurückziehen und von Verliebtheiten träumen, in denen es ganz und gar unirdisch und feenhaft zuging.

Bis – ja bis die größte Tragödie ihres Lebens sie schockartig in die Realität zurückstieß: der Selbstmord ihres ihr so ähnlichen und doch so wenig verstandenen Sohnes in Mayerling. Von da an wurde sie zu einem schwarzen Schatten ihrer selbst. Als hektisch Getriebene versuchte sie, in spiritistischen Sitzungen eine Verständigung mit dem Verstorbenen zu erreichen, um nachzuholen, was sie im Leben versäumt hatte: Verständnis und Ermutigung, die Rudolf in seiner Lebenszeit so dringend gebraucht hätte, konnte sie dem Toten nicht mehr bieten, ihre Bemühungen, eine Brücke zu ihm zu errichten, endeten im Leeren. Denn, wie sie resignierend feststellte: »Die Geister sprechen nur dann zu uns, wenn der große Jehova es ihnen erlaubt.«

Von da an zog sie ruhelos von Ort zu Ort, von Land zu Land, bis sie in der Schweiz, am Ufer des Genfer Sees, ihr Schicksal durch die Feile eines politischen Wirrkopfs ereilte, der sich davon Berühmtheit versprach. Dass er der an ihrem Weltschmerz zerbrochenen, mit ihrem Älterwerden hadernden Frau damit eher eine Wohltat erwiesen hatte, konnte er nicht ahnen. Ihr letztes Prunkbett war der Katafalk ihrer grandiosen Aufbahrung im Wiener Stephansdom. Und ganz Wien bedauerte den Verlust einer poetischen Schönheit, die in der Kaiserstadt zu Lebzeiten so wenig Verständnis gefunden hatte.

Intermezzo VIII
Emanzipation im Bett?

Europa veränderte sich im Gefolge der politischen und gesellschaftlichen Entwicklungen, die der Erste Weltkrieg mit sich gebracht hatte. Alte Machtstrukturen wurden durch neue ersetzt, der Einfluss des Adels wie der Kirche war weitgehend gebrochen. Neue Bedrohungen setzten das arrivierte Bürgertum in Angst und Schrecken. Die erstarkte sozialdemokratische Bewegung forderte für die Arbeiterschaft einen gerechten Anteil an den wirtschaftlichen Ressourcen. Kommunismus und Anarchie brachten die meist mühsam installierten Regierungssysteme an den Rand der Auflösung. Neue kulturelle Einflüsse machten sich vor allem in Großstädten wie Paris, London und Berlin bemerkbar. Aus den USA schwappten bisher unbekannte ethnische Musikformen wie Jazz und Blues nach Europa herüber – »Negermusik«, wie sie in nationalistischen Kreisen pejorativ genannt wurden. Bald war es auch in Wien vorbei mit der ungetrübten Walzerseligkeit, man tanzte Charleston und Tango und die Damen zeigten Bein. Ein neues weibliches Schönheitsideal hatte Korsett und bodenlange Röcke hinweggefegt. Anstelle komplizierter Langhaarfrisuren war der Bubikopf getreten, und wer auf die sich anbahnende Emanzipation des Weiblichen setzte, griff mit eleganter Geste nach dem Zigarettenspitz, um der rauchenden Männerwelt nachzueifern. Bald machten sich Frauen – wenn auch vereinzelt – in der alten Männerdomäne der Universitäten bemerkbar. Kurz, die Lebensgewohnheiten veränderten sich radikal, soweit es die weibliche Seite der Gesellschaft betraf. Ehescheidungen, die früher unweigerlich zum gesellschaftlichen Ruin geführt hätten, waren bald ebenso an der Tagesordnung wie voreheliche Beziehungen, die früher unweigerlich zum gesellschaftlichen Ruin geführt hätten.

Eine neue Form der Unterhaltungsindustrie lockte die jungen Paare scharenweise in die allerorts entstehenden Kinos, und die sich allmählich etablierende Autoindustrie sorgte für neue Formen der Mobilität. Die Welt war, vor allem soweit es das alte Europa betraf, auf allen Gebieten im Umbruch und bereit, sich auf eine bisher noch nie dagewesene Weise zu erneuern. Unter diesen Umständen kann es uns nicht wundern, dass auch das Bett nicht mehr das war, was es im »Jahrhundert der Prüderie« dargestellt hatte, nämlich ein sorgsam gehütetes intimes Geheimnis, das man vor fremden Augen verbarg. Jetzt wurde es in den Mittelpunkt der Möbelschaufenster gestellt, nicht selten mit einer attraktiven Modepuppe als Blickfang. Das Schlafzimmer als solches hatte viel von seinem Nimbus eingebüßt, woran nicht zuletzt auch die Wohnungsnot der Nachkriegszeit mitschuldig war. Junge Paare konnten von Glück sagen, wenn sie eine einigermaßen erschwingliche Zweizimmerwohnung ergattern konnten. Die großen Zimmerfluchten der Vorkriegszeit existierten zwar noch, doch finanzielle Nöte brachten so manche Hofrats- oder Offizierswitwe dazu, den größten Teil ihrer überkommenen Sechs-Zimmer-Suite an Studenten oder allein lebende Frauen wie die immer zahlreicher werdenden Lehrerinnen und Sekretärinnen zu vermieten. Auch männliche Mieter waren von Witwen in den noch besten Jahren gerne gesehen, wobei sich eine mehr oder weniger strenge Hausordnung zuweilen als Chimäre erwies.

Mancherorts galten die bieder nebeneinander platzierten ehelichen Doppelbetten als überholt. In den zwanziger und dreißiger Jahren schworen fortschrittliche Paare – sofern die Wohnungsgröße es zuließ – auf das Einzelbett, scherzhaft »Liegewiese« genannt, in getrennten Schlafzimmern, weil man die Illusion eines dauernden Liebespaares aufrechterhalten wollte. Doch viele Paare machten die Erfahrung, dass sich damit auch eine allmähliche Entfremdung einstellte. Man kann nicht ein Jahrzehnt lang Liebespaar spielen, das sich, von Leidenschaft getrieben, nächtlicherweise besucht. Getrennte Schlafzimmer mögen für eine Weile der Erotik förderlich sein, gemeinsame Betten hingegen stärken entschieden die eheliche Vertrautheit. In Amerika, das schon früh ein Dorado für Ehescheidungen war, wurde sogar behauptet, dass getrennt zu schlafen die Zahl der anstehenden Ehescheidungen anschwellen ließe. Manche Frauenvereine machten infolgedessen gezielte Propaganda für das gemeinsame Ehebett.

Mit neuen Schlafgewohnheiten kamen auch neue Formen der Bettbekleidung in Mode. Damen begaben sich jetzt gerne in kurzen kecken Schlafhemdchen zu Bett oder machten ihren Partnern den Pyjama streitig – übrigens ein englisches Mitbringsel aus indischen Kolonialzeiten. Dort wurde er vor allem von den Sikhs getragen. Tucholsky meinte, schliefen Mann und Frau getrennt, bevorzugten beide den Pyjama. Beim Paarschlaf trüge die Dame allerdings lieber reizvolle Nachthemden, die viel Bein zeigten. Überhaupt, die Beine! Diese waren nach Jahrzehnten der Zurückhaltung nun zum beliebtesten weiblichen Blickfang geworden. Auf dem »Lotterbett« hingeräkelt die in Seiden- oder Netzstrümpfe reizvoll verpackten Beine zu präsentieren, war in den Roaring Twenties das Nonplusultra weiblicher Erotik. Es war zu dieser Zeit auch schick geworden, elegant verpackte Strümpfe als passendes Herrengeschenk für die Dame zu betrachten.

Während in Studenten- und Künstlerbuden gerne die Nacht zum Tag gemacht wurde, lebte man in fleißigen Bürgerkreisen eher nach der Devise: Nur der frühe Vogel fängt den Wurm. »Early to bed and early to rise makes a man healthy, wealthy and wise«, lautet eine moralisierende Sentenz bei den Engländern. Nun, einer ihrer Großen, Winston Churchill, strafte sie Lügen. Er arbeitete bis spät in die Nacht, stand unangemessen spät auf und gönnte sich nach dem Mittagessen noch einmal eine Stunde Schlaf. Auch Albert Einstein gehörte zu der oft als »Faulpelze« verurteilten Gruppe der Langschläfer. Er liebte den Aufenthalt in seinem Bett und behauptete, er brauche im Normalfall zehn Stunden Schlaf, aber wenn er mit etwas besonders Wichtigem beschäftigt sei, müssten es unbedingt elf Stunden sein. Ähnliches galt auch für viele Künstler, von denen so manche gar nicht aufstehen wollten, wenn sie ihre Kompositionen oder Texte verfassten. Für sie war das Bett Inspirationsquelle und Rückzugsgebiet in einem.

Für die meisten unglücklichen Arbeitstiere des industriellen Zeitalters aber war das Bett der notwendige Erholungsort nach einem anstrengenden Arbeitstag. Bei täglich bis zu vierzehn Arbeitsstunden blieb für private Interessen wenig Raum. Der Schlaf diente lediglich dazu, die Individuen halbwegs arbeitsfähig zu erhalten. Man hatte zu funktionieren wie eine Maschine, und dementsprechend wurde den Menschen vermittelt, dass sie lebten, um zu arbeiten, und nicht, dass Arbeit eigentlich dazu dienen sollte, um ein mit sich und der Welt zufriedenes Leben führen zu können.

Colette – ein Bett für jede Lebenszeit

Sie war eine Göre, und das Bett erwies sich in mancherlei Hinsicht als ihr Schicksal. Ihre Kindheit verbrachte sie in einem burgundischen Dorf, Saint-Sauveur-en-Puisaye. Ihre Mutter hatte nach dem Desaster einer Ehe mit einem notorischen Trunkenbold zwar dessen Besitz, aber auch seine Schulden geerbt. Mit ihm hatte sie schon zwei Kinder, als sie den Steuereinnehmer und pensionierten Hauptmann der »glorreichen« französischen Armee, Jules Colette, ehelichte, der als Vater der kleinen Sidonie-Gabrielle in den Büchern der großen Colette eine nicht unbedeutende Rolle spielte. Er trug sich sein Leben lang mit der Idee, ein Buch über seine militärische Laufbahn zu schreiben, doch daraus wurde nie etwas. Gabrielles Kindheit war geprägt von ihrer Liebe zu den Tieren und einem weitläufigen Garten sowie den Büchern, die sie angeblich schon in sehr frühem Alter verschlang. Mit sieben Jahren vertiefte sie sich in die Größen der französischen Literatur, und während sie träumerisch in ihrem Kinderbett lag, spann sie die Geschichten weiter, die ihre Fantasie beschäftigten. Während ihre älteren Geschwister in einem Internat lebten, um sich eine höhere Bildung anzueignen, besuchte sie als Nesthäkchen die Grundschule, um so bei ihren Eltern bleiben zu können.

Sie war, wenn wir die Darstellung in ihrem Erstlingswerk *Claudine à l'école* betrachten, ein keckes, wagemutiges Kind, das sich mit regem Interesse am Unterricht beteiligte und mit einer wachen Neugierde begabt war für alles, was Leben hieß. Sie musste zusehen, wie die Familie immer mehr verarmte. Es muss für sie ein schmerzlicher Schlag gewesen sein, ihren angestammten Wohnsitz aufzugeben und in das benachbarte Châtillon-sur-Loing zu übersiedeln, wo Achille, der ältere Halbbruder Colettes, eine gut gehende Arztpraxis hatte. Gabrielles Leben nahm eine unerwartete Wendung, als sie sich, knapp sechzehnjährig, in eine echte Pariser Boulevardgröße verliebte, die im Haus ihrer Eltern verkehrte. Henry Gauthier-Villars war ein erfolgreicher Buchhändler und Kolumnist, Theaterkritiker und Frauenheld. Seine Texte signierte er mit dem Pseudonym Willy. Er schrieb nicht nur selbst, sondern ließ auch schreiben. Eine ganze Weile beschäftigte er ein Heer von mehr oder weniger begabten Ghostwritern. Gabrielle träumte in ihrem Jungmädchenbett von dem schwergewichtigen Mann mit dem hohen Zylinderhut, der, um vieles älter als sie, ihre erotische Fantasie wachgeküsst hatte. Später sagte sie über ihn: »Er war nicht unförmig, er war gewölbt.« Als Sechzehnjährige schrieb sie ihm ungebärdige kleine Liebesbriefe, in denen es unter anderem hieß: »Ich würde Ihnen alles sein, Tochter, Geliebte, Frau!« Das ungleiche Paar verlobte sich, nachdem in Paris wie in Châtillon von dem skandalösen Verhältnis gemunkelt wurde. Jahre später war aus einer angeblichen Liebesheirat eine Hassehe geworden. Willy war eine stadtbekannte Persönlichkeit und hielt nicht das Geringste von ehelicher Treue. Seine junge Frau spürte ihn bei seinen Seitensprüngen auf und revanchierte sich, indem sie ihrerseits mit seinen diversen Eroberungen ins Bett schlüpfte. Es stellte sich heraus, dass sie mindestens so bereit war, Frauen zu lieben wie Männer, was zu jener Zeit nicht nur für ihren Gatten ein Skandal war. Immerhin war Paris der rechte Ort für Gabri, wie sie sich damals noch nannte, um erwachsen zu werden. Willy verstand sich darauf, das begabte Kind, das er zur Frau gemacht hatte, in seine »Literaturfabrik« einzufügen, nahm sie in Theater und Konzerte mit und ließ sie davon Kritiken und Kurztexte schreiben, die er unter seinem Namen herausbrachte. Schließlich animierte er sie, ihre Schulerinnerungen aufzuschreiben. So kam es zu ihrem denkwürdigen Erstlingswerk, *Claudine à l'école*, das sich bei einem ersten Probelauf laut Willy als zu wenig erotisch erwies. Willy verstand, dem abzuhelfen, indem er den Text mit einiger zusätzlicher Würze versah. Danach ging es mit der Karriere des Ehepaars Gauthier-Villars steil bergauf. Sie verkehrten in so gut wie allen namhaften Salons, und nicht nur in diesen, sondern oft genug auch in den Schlafzimmern ihrer Gastgeberinnen. Das Signet Willy geisterte durch alle führenden Blätter von Paris, und bald trat auch Colette Willy als selbstständige Autorin ins Licht der Öffentlichkeit.

Claudine erwies sich als geeignet für einen Fortsetzungsroman in mehreren Bänden, denn Madame Colette verstand sich hervorragend darauf, die Leser durch meist verschlüsselte Charakterdarstellungen lebender Personen zu verblüffen.

Die häusliche Harmonie des Paares bestand eher in der gemeinsamen Arbeit als im gemeinsamen Ehebett. Willy kommentierte ein Foto, das sie beide gemeinsam an einem überdimensionalen Schreibtisch zeigt, mit den Worten: »Vollkommene Eintracht, geteilte Arbeit! Hausfrieden – Mist!« Unterdessen arbeitete Colette an immer neuen Claudine-Geschichten, während Scharen von angeblichen oder echten Schulmädchen an ihre Tür klopften, um ein Autogramm vom »großen Monsieur Willy« zu ergattern. Schließlich brachte Colette, des Treibens müde, ihr erstes Buch unter eigenem Namen heraus: *Dialogues de bêtes*. »Eichhörnchen im Käfig«, schrieb sie über ihr Verhältnis zu Willy und: »Er ist ein sehr guter Dompteur für Eichhörnchen. Der Käfig ist reizend, und die Tür immer offen. Er hat mir sehr schönes Eichhörnchenspielzeug gegeben […].« Doch das »Eichhörnchen« wurde allmählich erwachsen, und es wurde immer deutlicher, dass das Paar sich auseinandergelebt hatte. Man vereinbarte Gütertrennung und erhob gegenseitig Anspruch auf alle möglichen erotischen Freiheiten, vor allem auch die im Ehebett. Willy, der nach wie vor von jungen Mädchen entzückt war, machte kein Hehl daraus, dass er diese bei sich bietenden Gelegenheiten in sein Bett einlud, wenn Mme. Willy ihrerseits in die Betten ihrer lesbischen oder bisexuellen Freundinnen schlüpfte. Unter ihren Bettgefährtinnen befanden sich unter anderem exzentrische Damen aus der Verwandtschaft Napoleons III. Oft spielten sich ihre Bettbeziehungen in Künstlerkreisen ab, und nicht selten mutierten sie zu einer Menage à trois, bei der jeder der Beteiligten auf seine Rechnung zu kommen schien. Kurz, die Willys und ihr Freundeskreis tummelten sich inmitten einer durchaus bürgerlichen Umgebung so freizügig, dass man zwar allerorts Skandal! tuschelte, sie aber nichtsdestoweniger doch akzeptierte.

Lesbische Frauenfreundschaften wurden für Colette immer wichtiger, und sie verbrachte viel Zeit in den Villen ihrer weiblichen Geliebten. »Ich eigne mich nicht zum Strohwitwer«, protestierte der vernachlässigte Gatte. Dass er sich in dieser Rolle ausgiebig trösten ließ, verstand sich von selbst. Colette versuchte sich währenddessen in einer neuen Rolle. Als Schauspielerin und Tänzerin stand sie mit ihrer damaligen Geliebten, Missy, der ehemaligen Herzogin von Belbeuf, für eine Pantomime zunächst auf der Bühne eines renommierten Privatklubs und später, nachdem sich der erfolgreiche Choreograf und Schauspieler Georges Wague ihrer angenommen hatte, auch in öffentlichen Etablissements wie dem anrüchigen Moulin Rouge. Noch zögerte Colette, sich auf eine ausgedehnte Gastspieltournee einzulassen: »Ich war noch nicht soweit, das eheliche Heim zu verlassen, und die Arbeit, die ehelicher war als das Heim«, bekannte sie ihre Zweifel. Lesbische Liebe, überlegt Colette in einem ihrer Texte, sei eine Frage von Verwandtschaftlichkeit: »Die Freundin gefällt sich in der Gewissheit, einen Körper zu liebkosen, dessen Geheimnisse sie kennt und dessen Vorlieben ihr eigener Körper ihr anzeigt.« Je mehr sie sich von Willy löste, desto mehr fand sie Gefallen an ihrem Bühnenleben. Für eine Weile ging sie völlig in ihrer Rolle als Schauspielerin und Tänzerin sowie in ihrer lesbischen Beziehung zu Missy auf, die ihr Kind und Mätresse in einem war. »Der ägyptische Traum«, wie die schlüpfrige Pantomime hieß, die das Moulin Rouge zum Kochen und dessen Direktor vor den Polizeipräfekten brachte, wurde zum Skandal, und der arme Monsieur Willy, der sich unter den Zuschauern befand, musste regelrechte Prügel hinnehmen. Später unternahmen die beiden anrüchigen Damen unter der Schirmherrschaft von Wague eine Tournee an die Côte d'Azur, die vom Publikum begeistert aufgenommen wurde.

In *La Vagabonde* verarbeitete die immer noch literarisch tätige Colette ihre Bühnen- und Betterfahrungen. Das Buch wurde zugleich eine Abrechnung mit Willy. Die Feindseligkeit, die sie ihm gegenüber empfand, trat darin deutlich zutage. Das ungleiche Paar schenkte sich nichts.

Die Vagabundin wurde zahm, als sie, schließlich geschieden, Monsieur Henry de Jouvenel kennenlernte, seines Zeichens prominenter Zeitungsherausgeber und Chefredakteur von Le Matin, aber auch politisch engagiert, ein Umstand, der sich nicht nur auf Colettes literarische Karriere, sondern auch auf ihr Intimleben auswirkte. De Jouvenels damalige Ehefrau, mit der er zwei Söhne hatte, wurde allgemein die Pantherin genannt und drohte, sie würde Colette umbringen, als Henry sie um die Scheidung bat. Glücklicherweise ging die ersehnte Trennung dann doch ohne Mord und Totschlag über die Bühne. Dem »schönen Sidi«, wie er im Freundeskreis genannt wurde, gelang es, die Vagabundin zu zähmen. Sie verzichtete nicht nur für eine Weile auf ihre Theaterengagements, sondern wurde sogar häuslich. Geduldig übernahm sie die Rolle der Hausfrau in seinem Anwesen und war auch zu einer engen Zusammenarbeit im *Matin* bereit, wo sie ein kleines Redaktionszimmer über dem seinen innehatte. Ihren neuen Geliebten beschrieb sie in der kleinen Geschichte *Le Matou* so: »Ich bin der Kater. Ich führe das unruhige Leben aller Tiere, die die Liebe erschuf, um ihr zu dienen. Ich bin einsam und dazu bestimmt, unaufhörlich zu erobern. Daher mein notgedrungen blutdürstiges Verhalten.«

Mit Sidi begann die Reihe der um einiges jüngeren Männer in Colettes Leben. Sie machte es dem verflossenen Willy zum Vorwurf, dass er sie gehindert habe, eine Jugendliebe mit einem Altersgenossen zu erleben. Colette, deren sinnliche Prägung durch einen um vieles älteren Mann erfolgt war, fühlte sich gegenüber ihrem neuen Geliebten immer als ältere Frau. Die Affäre zwischen den beiden war eine leidenschaftsdurchtränkte Angelegenheit. Eifersuchtsattacken wechselten mit Seitensprüngen, und das auf beiden Seiten. Schließlich doch der Entschluss zu heiraten: Colette sah Mutterfreuden entgegen, und trotz aller Zweifel, ob sie überhaupt zur Mutter tauge, war das Haus voll freudiger Erwartung. Als die kleine Colette schließlich da war, wurde die Mutter für eine ganze Weile sesshaft, was auf Sidi allerdings nicht zutraf. Er beanspruchte auf eine eher rüde Weise seine Unabhängigkeit just zu einem Zeitpunkt, als Colette bereit war, die ihre aufzugeben.

Der Ausbruch des Ersten Weltkriegs brachte für das Ehepaar gravierende Veränderungen, band sie aber auch für eine Weile intensiver aneinander. Sidi befand sich im Verlauf des Kriegs mehrmals an vorderster Front, unter anderem im Hexenkessel von Verdun, Grund genug für Colette, wie so viele andere Soldatenfrauen um ihn zu zittern. Es gelang ihr, ihn heimlich an der Front zu besuchen. Colette wohnte zu diesem Zeitpunkt mit ihrer Tochter auf einem Jouvenel'schen Landsitz, einem ziemlich unwirtlichen »Schloss aus rosa Stein«. Renaud, der jüngere Sohn aus Sidis erster Ehe, berichtete von einem Besuch: »Colette hat das größte Bett der Welt. Es muss extra für sie gemacht worden sein. Das ganze Zimmer ist mit rosa Seide tapeziert, auch die Decke. Es sieht aus wie eine große rosafarbene Bonbonschachtel.« Offenbar benützte das Ehepaar kein gemeinsames Schlafzimmer. Sidi bewohnte einen Raum darüber und stieg in Colettes Zimmer hinunter, wenn er die Nacht mit ihr verbringen wollte. Er war inzwischen als Kabinettchef nominiert worden, und Colette arbeitete an verschiedenen Buchprojekten. Im ersten Friedensjahr entstand einer ihrer bedeutendsten Texte, *Mitsou*, und danach *Chéri*, die »Geschichte einer alternden Frau am Ende ihrer Leidenschaften und eines jungen Mannes am Beginn der seinen«. Ja, und dann trat Chéri auch leibhaftig in Colettes Leben, in Gestalt von de Jouvenels ältestem Sohn Bertrand. Sidi goutierte weder das Buch noch die Vorstellung einer Affäre seines Sohnes mit seiner Noch-Ehefrau. »Kannst du denn nicht einmal ein Buch schreiben, das nicht von Liebe, Ehebruch, halb inzestuösen Begegnungen, Ehe und Trennung handelt?«, soll er Colette in einem Brief genervt gefragt haben. Für Colette begann sich die bevorstehende Scheidung mehr oder weniger deutlich abzuzeichnen. »Ich weiß, dass das Haus, in das ich zurückkehren werde, leer stehen wird«, stellt sie nach einem Urlaub in der Provence traurig fest.

Schließlich ging auch Bertrand-Chéri seiner Wege, und die vor sich hin alternde Colette fand sich resignierend zeitweise in einem einsamen Bett wieder. In dieser Epoche trat sie in der Rolle der Léa in der Bühnenfassung von *Chéri* auf und schrieb für Maurice Ravel das Libretto zu *L'enfant et les sortilèges*.

Ihre Tournee in der Rolle der Léa wurde ein großer Erfolg. »Wer Colette nicht in Chéri auf der Bühne gesehen hat, versäumt nicht nur ein großes Vergnügen, sondern wird auch darum gebracht, dieses berühmte Werk wirklich zu verstehen«, schrieb eine Kritikerin begeistert. In dieser Zeit lernte Colette auch den damals 35-jährigen Maurice Goudeket kennen, den Sohn eines Diamantenhändlers aus Amsterdam, der ihr dritter und letzter Ehemann und der treue Gefährte ihrer Leidenszeit werden sollte. Colette war begeistert. »Der Knabe ist ein Gedicht«, schrieb sie enthusiastisch, und sie werde alles tun, um ihn zu halten. Offenbar war sie über sich selbst erstaunt, wie heftig sie sich in ihn verliebt hatte. Jetzt, als geschiedene Baronin de Jouvenel, verkehrte sie mit der gesamten intellektuellen Crème de la Crème von Paris, teilte mit männlichen und weiblichen Geistesgrößen ihr Bett und hatte in Maurice schließlich den Mann ihres späten Lebens gefunden. An seiner Seite lernte sie den Süden Frankreichs näher kennen. In Paris vertauschte das Paar zeitweilig aus Gesundheitsgründen die feuchte und zugige Wohnung im »Tunnel« des Palais Royal mit zwei winzigen Zimmern im Dachgeschoß des Hotel

Claridge. Colette berichtet, in ihrem Zimmer habe ihr großes Bett kaum genügend Platz gehabt. Wegen ihrer immer bedrohlicher werdenden Arthritis musste sie mehr und mehr Zeit darin verbringen. Der Hoteltischler hatte ihr ihren ersten schwenkbaren Bettschreibtisch gezimmert, mit dessen Hilfe sie in den vielen Stunden, die sie das Bett hüten musste, arbeiten konnte. Ein neuer Roman entstand: *La Chatte*. Diesmal wurde eine für Colette typische Dreiecksgeschichte mit Hilfe der Katze Saha entwickelt. Diese wird von ihrem Besitzer mehr geliebt als dessen junge Frau. Die versucht, das Tier aus Eifersucht zu töten, und wird von ihrem Mann deshalb verstoßen.

1935, als Europa schon vom monströsen Schatten Hitlers bedroht war, starb de Jouvenel, mit dem Colette vor allem wegen ihrer Tochter immer noch in Verbindung stand. Einige Jahre zuvor war schon ihr erster Mann, Willy, verarmt und einsam diesen Weg gegangen. Colette hatte nicht versäumt, ihm einige bissige Kommentare hinterherzuschicken.

Auf einem Höhepunkt ihres Ruhms bewohnte sie nunmehr einige Räume in der Bel Étage des Palais Royal. Von dort aus konnte man schon die düsteren Wolken erkennen, die über dem Himmel von Paris hingen. Die Person Hitlers erschien Colette zwar einigermaßen verdächtig, ihre Begründung hört sich aber doch recht verharmlosend an: »Ein vegetarischer Mann, der mittags nur Haferflocken und abends manchmal ein Ei isst und der mit niemandem schläft, nicht einmal mit Männern …«, gab sie zu bedenken. –

Sie hatte immer mit Tieren gelebt; ihre letzten starben kurz vor Ausbruch des Krieges. Als Paris und ein großer Teil Frankreichs von der deutschen Armee besetzt worden war, brachen für das Ehepaar Goudeket harte Zeiten an. Maurice, der Jude war, musste dauernd auf der Hut sein, um nicht seinen Häschern in die Hände zu fallen, was schließlich doch geschah. Er landete in einem Internierungslager. Freunden, die über gute Kontakte zu den deutschen Besatzern verfügten, gelang es, ihn freizubekommen. Colette versuchte trotz ihres prekären Zustands, der sie jetzt immer häufiger ans Bett fesselte, ihre Beziehungen zu nutzen, um an die notwendigen Lebensmittel zu kommen und vor allem Kohlen für den Winter aufzutreiben. Irgendwann wurde die Spannung zwischen den beiden und die Furcht, eines Tages doch noch in die Hände der Gestapo zu fallen, so groß, dass Maurice die Trennung von Colette in Kauf nahm, um im noch nicht besetzten Süden unterzutauchen. Doch es dauerte nicht lange, so war auch dieses Gebiet in die Hände der Besatzer gefallen.

Maurice kehrte also unter allen erdenkbaren Vorsichtsmaßnahmen nach Paris zurück. Angstvoll wartete das Ehepaar auf die bevorstehende Befreiung der Stadt. Colette schrieb verzweifelt: Sie sei zu müde und verbraucht, um das Ende des Krieges noch zu erleben. Maurice verbrachte seine Nächte am Dachboden des Palais Royal, um eventuellen Durchsuchungen der Wohnung zu entgehen. Da er im Untergrund lebte, fehlte ihm die Zuteilung der Lebensmittelkarten; die Beschaffung von Essen wurde dadurch noch schwieriger.

Das Besatzungsregime brachte für die Angehörigen der schreibenden Zunft weitere Unannehmlichkeiten wie die ungenügenden und willkürlichen Papierzuteilungen sowie die überaus strenge Zensur. Literaten unterstanden auch in Frankreich der Propagandamaschinerie von Goebbels, und wer nicht mit den Wölfen heulte, hatte keine guten Karten, wenn es um die Veröffentlichung seiner Werke ging. Colette, die man wegen ihres Rufes gerne für Propagandazwecke missbraucht hätte, hatte in dieser Hinsicht wenig zu fürchten; ein Umstand, der ihr später von der Résistance zum Vorwurf gemacht wurde. Aber da war ihre Position in der Literaturszene Frankreichs schon so gefestigt, dass ihr selbst derartige Vorwürfe nicht mehr schaden konnten.

Im Januar 1948 war ihr Diwan-Bett umrahmt von einer Barriere roter Azaleen, und jeder Winkel ihres Zimmers mit Geschenken zu ihrem 75. Geburtstag bestückt. Jedermann nannte sie »unsere Colette«, und alle Magazine quollen über von Berichten über sie und Glückwünschen für sie. Sie betrachtete die sich verändernde Welt aus dem Fenster ihres Zimmers im Palais Royal, das in den letzten Jahren ihres Lebens ihr Zuhause war. Vor diesem Fenster verbrachte sie ihre Tage, die Welt kam zu ihr herein, und sie bereicherte sie mit ihrer überbordenden Fantasie.

Große Sorgfalt verwendete sie darauf, sich für diese Welt, die sich als ein nie ganz abreißender Besucherstrom erwies, präsentabel zu machen. »Sorgsam frisiert, das ausdrucksvolle Gesicht von einer Wolke irisierenden Puders umweht, lag sie, von einem Gebirge weißer gestickter Kopfkissen gestützt, auf ihrem Diwan-Bett inmitten eines von Blumenduft durchtränkten Raumes, mit all den Dingen um sich herum, durch die sie ihre kleine Welt der großen draußen entgegenzusetzen vermochte«, schrieb eine Freundin nach einem Besuch bei ihr.

Dieser ihr »Salon«, wie sie es nannte, war zugleich ihr Arbeitszimmer. Ungeachtet der täglichen Leiden, mit denen sie sich auseinanderzusetzen hatte, war sie eine fleißige Arbeiterin. Oft schrieb sie für das Feuilleton von Hochglanzmagazinen, die ihr zwar wenig zusagten, doch dafür recht beachtliche Honorare boten. Sie unterschied sehr genau zwischen den Stunden, die der emsigen Arbeit vorbehalten waren, und den Zeiten des gesellschaft-

lichen Umgangs. Ein besonderes Unterscheidungsmerk-
mal war ihre Kleidung. Nie empfing sie Besucher in
ihrem Morgenmantel, dem Kleidungsstück, in dem sie
sich am wohlsten fühlte, wenn sie arbeitete. »Ich mag
beim Schreiben nicht wie eine Dame gekleidet sein«, erklärte sie. Schließlich war es kurz nach dem Krieg auch
für jemanden wie sie nicht einfach, an eine veritable
Damengarderobe zu kommen. Ihre Liegestätte, die des
Tags als Diwan, des Nachts als Bett diente, nannte sie
ihr Floß. Darauf thronte sie untertags, den Blick auf das
Fenster gerichtet, durch das das Leben in hellen Wogen
zu ihr hereinströmte. Ihre Besucher, auf einen nicht eben
bequemen Gobelinstuhl gebannt, konnten ihr Gesicht
meist nur im Gegenlicht wahrnehmen, in dem ihr ge-
kraustes Haar wie eine säkularisierte Gloriole wirkte.

Noch während des Krieges begann sie, über ihr be-
grenztes Leben im Carré du Palais Royal zu berichten.
Zu einer Zeit, in der ihr nur noch spärliche Bewegungen
möglich waren, sah sie die Jahreszeiten vorbeiziehen und
erinnerte sich dabei an andere, längst vergangene.

Infolge der deutschen Besatzung und der damit ver-
bundenen Gefahren war der Zusammenhalt der Bewohner des Carrés intensiver geworden. Colette, die darüber
lange geschwiegen hatte, sprach nun offen darüber, wie
viele von den Besatzern und der Polizei des Vichy-Sys-
tems Verfolgte dort Zuflucht gefunden hatten: Juden,
denen die tödliche Deportation drohte, gestrandete englische Fallschirmjäger, Franzosen, die sich der Résistance
verschrieben hatten, Katzen und Hunde, die unter den
Arkaden und Gärten des Palais Royal streunten – und
nicht zuletzt auch ihr dritter Ehemann, Maurice Goudeket, der sie bis zu ihrem letzten Atemzug begleitete. Trotz
ihrer zu Zeiten heftigen Schmerzen, die sie immer wieder
zu neuen Kuren trieben, von denen sie sich Linderung

174

erhoffte, arbeitete sie unermüdlich weiter an Büchern und Projekten. Als Mitglied der Jury für den renommierten Prix Goncourt versäumte sie trotz aller Beschwerden dessen Zusammenkünfte doch nie. »Ich kann mich noch so sehr als betagter Junggeselle geben, ich genieße noch immer das sehr weibliche Vergnügen, dort die einzige Frau zu sein inmitten eines Aeropags von Männern.« In ihrem letzten Jahr fanden diese Treffen in ihrem Zimmer statt, wo sich der »Areopag« um ihren Diwan versammelte.

In *Le Fanal bleu* beschreibt sie den Bett-Schreibtisch, den ein findiger Tischler für sie angefertigt hatte. Es war ein schwenkbares breites Brett, auf dem sich Papiervorräte und Schreibutensilien stapelten. In einer Schrankwand, die vom Bett aus erreichbar war, hortete sie ihre Lieblingsdinge, vor allem Bücher. Sie benützte ihre Krücken als Angelhaken, wenn sie eines dieser Dinge an sich heranziehen wollte. Sie habe alles, was sie zum Leben brauche, versicherte sie ihren Besuchern. Alles – das war ihr Blick auf die im Wechsel der Jahreszeiten sich verändernden Gärten, ihre Welt der kleinen Dinge, ihre Bücher und natürlich der immer verständnisvoll getreue Maurice, den sie voll Dankbarkeit einen Heiligen nannte.

»Ich gehe nur noch selten aus«, schrieb sie an eine besorgte Freundin, »aber ich langweile mich keinesfalls. Selbst die heftigsten Schmerzen können meinen Geist nicht davon abhalten, mich zu zerstreuen.« Vermutlich halfen ihr ihre Arbeit und diese Kunst, sich zu zerstreuen, im Verein mit ihrer lebhaften Fantasie immer wieder, das Tal der Schmerzen zu überwinden, in das sie sich verbannt fühlte.

Bis zuletzt suchte sie sich einen Rest von Selbstständigkeit zu bewahren. Mithilfe ihrer Krücken konnte sie sich, wenn es unbedingt notwendig war, immerhin noch etliche Schritte bewegen. Vor Beginn ihrer immer noch langen Arbeitsstunden sorgten Maurice und ihre treue Haushälterin Pauline, die sich Besuchern gegenüber oft als wahrer Zerberus erwies, dafür, dass sich alles, was sie brauchen mochte, in der Reichweite ihrer Krücken befand, sodass sie viele Stunden allein und unabhängig von aller Hilfe arbeiten konnte. Als sie nicht mehr imstande war, die Treppen zu bewältigen, erfand Maurice eine Art von Sänfte, mit deren Hilfe zwei starke Männer sie über die Stufen tragen konnten. Ungeachtet aller Schwierigkeiten unternahm sie doch immer wieder Reisen, um mithilfe von anstrengenden Kuren eine Besserung ihres Leidens zu erzwingen. Monte Carlo, das Atlantik-Seebad Deauville, aber auch Genf waren die Schauplätze dieser vergeblichen Versuche, deren Misserfolge sie schließlich resignieren ließen. Dabei war es schon schwierig genug, derartige Reisen überhaupt zu organisieren. Allein ein Auto zu besteigen, bot schon Probleme, von den Strapazen der Flugreise gar nicht zu reden. Immerhin hatte sie einen elektrischen Rollstuhl, mit dem sie geringe Entfernungen bewältigen konnte.

Es lag an ihr, während ihrer Kuraufenthalte mit Freunden wie Jean Cocteau im Restaurant zu dinieren oder sich auch im Hotel zur Arbeit zurückzuziehen. Sie unterzog sich allen möglichen Experimenten, um ihre Arthritis in den Griff zu bekommen, war mit kleinsten Fortschritten schon zufriedengestellt, und musste doch immer wieder feststellen, dass alle Mühe vergeblich war. »Es ist ganz eigenartig, so zu leiden«, gesteht sie einem ihrer Freunde vor ihrer neuerlichen Abreise nach Monte Carlo; »unter uns gesagt, ich glaube nicht, dass es ganz und gar sinnlos ist. Aber verstanden habe ich es noch nicht.« Und Jean Cocteau schrieb in sein Tagebuch: »Maurice hat mit mir über Colette gesprochen, die Tag und Nacht leidet und dieses Leiden annimmt, weil es eine Lebensweise mit sich bringt, in der Maurice sie niemals allein lässt.«

Mit achtzig Jahren schrieb sie, es gebe kein Alter, in dem sie nicht das Bedürfnis gehabt habe, zu schreiben. Ihre Fähigkeit dazu blieb ihr auch in der letzten Phase ihres Lebens noch erhalten. Sie beschrieb ihre klein gewordene Welt und resümierte über die verschiedenen Stadien der Liebe: Liebe zu Männern, Liebe zu Frauen. Sie sei, sagte einer ihrer Bewunderer, die erste Frau gewesen, die in der Rolle des Subjekts den zum Objekt, und zwar zum Sexualobjekt gewordenen Mann geschildert habe. Sie, in deren Leben sich einst die Skandale reihten, wurde in ihrem entsagungsvollen, aber arbeitsreichen Alter zum Idol. Der Präsident der Republik ernannte sie zum Großoffizier der Ehrenlegion; doch sie war jetzt so weit, sich über die späten Ehrungen, die ihr zuteil wurden, mit milder Ironie lustig zu machen. Sie begann nicht nur von ihren Leiden, sondern auch von ihrem Tod zu sprechen. Ihre Gedanken kehrten immer öfter zu ihrer Kindheit zurück. Auf eine Fotografie ihres Geburtshauses kritzelte sie: »Dort würde ich auch gerne sterben«, ein Wunsch, der ihr nicht erfüllt wurde, denn das Haus war längst verkauft. In dem Jahr, das ihr letztes werden sollte, hatte sie für all die Bewunderung und die Ehrungen, die sie empfing, nur noch ein wehmütiges Lächeln übrig. »Momentan«, schrieb sie, »bin ich allzu empfindsam wegen der Männerhorde, die sich aufgemacht hat, um mit mir zu sprechen, mich zu umarmen, mir einzuschenken, mir einen Stern an den Busen zu heften … und dann – diese schönen Männeraugen, die mich durchbohrten, während ich ihnen dafür meinen allerzärtlichsten Großoffiziersblick schenkte.« Noch einmal lässt sie die Rolle ihres Lebens in ihrem Werk Revue passieren: »Wenn ich nun bei all dem, was Le Fleuron mein ›Gesamtwerk‹ nennt, eine Liebesgeschichte ausgelassen hätte, was würde ich jetzt mit diesem doch schließlich unerhört brauchbaren Stoff anstellen? Wo künftig lügen? Wo die Wahrheit eingestehen? Diese Frage würde ich mir stellen, hätte ich nicht schon seit langem in einer Weise, die der Wahrheit äußerst nahekam, zurückgehalten, was mein Leben in puncto Liebesbeziehungen aufzuweisen hatte. Ich war nur von dem Verlangen erfüllt, einen Mann zu erschaffen, der keinerlei Rivalen duldete, eine Frau, die in etwa mir ähnlich war, und was noch wichtiger ist, dem frönte, was ich stets meine monogame brandneue Erfindung dessen nannte, was nie zuvor existiert hat.«

Sie befand sich in den letzten Wochen ihres Lebens in einem Zustand, in dem sie nichts mehr wichtig nahm, mit Ausnahme der Liebe, die sie bis zu ihrem letzten Atemzug begleitete.

Intermezzo IX
Von Hollywood- und Hippiebetten

In der zweiten Hälfte des 20. Jahrhunderts war es vor allem die Filmindustrie à la Hollywood, die den Stil von Millionen Schlafzimmern in der westlichen Welt bestimmte. Ein Bett wie das einer Filmdiva ihr eigen zu nennen, war der Wunschtraum unzähliger Frauen. Elizabeth Taylor, Marilyn Monroe oder Doris Day galten als die großen Vorbilder. Verführerisch und elegant wollte man sein Bett haben, und die Möbelerzeuger waren nur zu bereit, die Wünsche ihrer Kundinnen nach großzügigen und extravaganten Schlafmöbeln auf vielfältige Weise zu erfüllen.

Mit dem Aufkommen der Hippiekultur in den sechziger Jahren wurden allmählich exotischere Formen des Schlafens zum Hit. Unter den Hippies von San Francisco und anderen Treffpunkten langmähniger und etwas verwahrlost wirkender junger Leute beiderlei Geschlechts war es *in*, auf riesigen vinylbezogenen, mit warmem Wasser gefüllten sackartigen Gebilden in den Schlaf zu driften oder sich darauf, wie man meinte: friedensstiftenden Vergnügungen zu widmen, am besten gleich zu mehreren.

»Make love, not war«, predigten die vor allem vom Vietnamkrieg aufgewühlten und zermürbten Angehörigen einer sich nach Eintracht sehnenden Generation, die schließlich nur eines wollten: leben, wie es ihnen gefiel und vor allem ohne die Aussicht, irgendwann in einem fernöstlichen Gefangenenlager zu landen. Vom Blutvergießen hatte man in einem Jahrhundert, das zwei große Weltkriege und darüber hinaus noch mehrere regionale Konfrontationen hatte ertragen müssen, mehr als genug.

Als das Schlafen »im Rudel« in den frisch gegründeten Kommunen zur Mode geworden war, erwies sich das Wasserbett mit seinen wellenartigen Bewegungsabläufen als besonders geeignetes Schlaf- und Lustbarkeitsmöbel, in und auf dem man gemeinsam seinen Cannabis-umnebelten Tag- und Nachtträumen nachhängen konnte. Der eigentliche Erfinder dieser attraktiven Schlafunterlage war ein Science-Fiction-Autor aus den vierziger Jahren. Später ließ ein gewisser Charles Hall die literarische Kopfgeburt Realität werden, ein Weg, den im 20. Jahrhundert auch vieles aus Jules Vernes Romanen genommen hat.

Das wässrige Urmöbel war viel älter, denn schon im Herrschaftsbereich der Perserkönige kannte man Säcke aus Ziegenleder, die mit Wasser gefüllt waren. Sie sollen, da besonders elastisch, in heißen Nächten wohltuende Kühle verströmt und einen hervorragenden Schlafkomfort geboten haben. Auch im 19. Jahrhundert beschäftigte man sich mit Wasserbetten, diesmal aus medizinischer Sicht. Sie sollten bei Langzeitpatienten das gefürchtete Wundliegen verhindern. Ab den siebziger Jahren des vorigen Jahrhunderts hingegen diente es nahezu ausschließlich dem Vergnügen seiner Schläfer. Man wusste es zu schätzen, weil es in besonderer Weise eine Illusion des Schwebens bot.

Auf dem großen Hippiefestival in Woodstock freilich ging es einfacher zu. Man kampierte im Freien und nahm sich in Schlafsäcken und auf Luftmatratzen jede nur erdenkliche Freizügigkeit heraus. Die Begründer der neuen freien Liebe führten ein abwechslungsreiches

Leben, soweit es das »Miteinander-unter-einer-Decke-Stecken« betraf.

Woodstock war eine Art Kulminationspunkt dessen, was die Hippie-Bewegung ausmachte. In Europa gingen die Uhren teilweise anders, vor allem der Ton war von Anfang an militanter. Hier wurden die Kommunen, gemischte Wohngemeinschaften mit freiem Zugang zu allen Betten, bald auch zu politischen Agitationszentren, in denen sich der Widerstand gegen das sogenannte Establishment formierte. Die jungen Wilden zählten dazu alles, was sie als überkommene Wertvorstellungen einer veralteten Gesellschaftsform verstanden. »Wer dreimal mit derselben pennt, gehört schon zum Establishment«, skandierten sie unter anderem in ihren Sit-ins, in denen sie ihrer aus dem Zweiten Weltkrieg heimgekehrten Vätergeneration deren angebliche Verlogenheit um die Ohren schlugen. In diesen Kreisen leugnete man die Existenz des Privaten und versteifte sich darauf, dass auch das Privatleben eine politische Relevanz habe. Im Anspruch auf freie erotische Beziehungen manifestiere sich auch jener auf Befreiung von gesellschaftlichen Zwängen. Das Bett oder vielmehr die vielen Formen des Miteinander-Schlafens wurde damit gewissermaßen zum Symbol auch der politischen und gesellschaftlichen Unabhängigkeit.

Für die Anti-Kriegs-Generation war das Bett durchaus ein Mittel, die Welt zu befrieden. Das wurde kaum je deutlicher ausgedrückt als in der sogenannten *Bed-In*-Veranstaltung, die John Lennon im März 1969 mit seiner Gattin Yoko Ono während ihrer Flitterwochen in einem Hotelzimmer in Amsterdam als Friedensdemonstration veranstaltete und später in Kanada wiederholte. Die beiden präsentierten sich miteinander im Bett, »um über den Frieden zu sprechen«. Ihr Verhalten schien den Journalisten, die scharenweise einschwärmten, um das ungewöhnliche Spektakel zu begutachten, reichlich widersprüchlich. Protest gegen Krieg durch den Daueraufenthalt im Bett? Doch der Popstar beantwortete die ihn bedrängenden Fragen einigermaßen lakonisch: »All we say is: give peace a chance.« Daraus wurde später ein berühmter Friedenssong, dessen Manuskript auf einer Versteigerung die stolze Summe von rund 800 000 Dollar einbrachte. War die Aktion der beiden eine Bild gewordene Modifikation des alten Sprichworts: »Wer schläft, sündigt nicht?« Ein Journalist soll die pikante Frage gestellt haben: »Was, glauben Sie, wäre passiert, wenn Hitler und Churchill sich miteinander in ein Bett gelegt hätten?« Lennon antwortete prompt: »Vermutlich wäre dann eine Menge von Leuten noch am Leben.« Doch da wird der Ex-Beatle wohl zu optimistisch gewesen sein. Monstren wie Hitler lassen sich nicht durch Nächte in einem »Friedensbett« von ihrem zerstörerischen Weg abbringen. Wie anders lautet da doch eine Überlieferung aus dem Mittelalter, der zufolge siegreiche Ritter ihre besiegten Gegner mit sich ins Bett genommen hätten, um so mit ihnen Frieden zu schließen.

Im Übrigen hat das Bett als solches in den letzten hundert Jahren zahlreiche Veränderungen mitgemacht. Einige davon gehen auf die Vorstellungen bekannter Architekten und Designer zurück. So hat etwa der Wiener Adolf Loos für seine erste Frau ein Schlafzimmer ganz in Weiß entworfen, in dem das niedrige Bett eigentlich nur aus einem gleichfalls weißen Matratzenblock bestand, der auf einem ebenso weißen Teppichboden errichtet war. Allerdings wurde dieses so unschuldig wirkende Bett Schauplatz eines verhängnisvollen Ehebruchs. Der von der schönen Frau Loos faszinierte Student, der daran beteiligt gewesen war, nahm sich wenig später das Leben, und Loos ließ sich von der ungetreuen Gattin scheiden.

Als in den Jahrzehnten nach dem großen Krieg eine gigantische Reisewelle in alle Welt einsetzte, übernahm das »Designer-Bett« vielfach Einflüsse aus dem Fernen Osten. Bald galten auch in Europa extrem niedrige Betten als schick. Es begann das Zeitalter der Flachbetten, in die man förmlich hineinkriechen musste und bei denen man sich glücklich schätzen konnte, wenn man ohne größere Kraftanstrengungen wieder herauskam. Am bedenklichsten für europäische Körperverhältnisse scheint das japanische Futon, ein etwa knöchelhohes Bettgestell mit einer dünnen, dafür aber umso härteren Matratze, von der einige Orthopäden behaupten, sie stärke die Rückenmuskulatur. Nachdem dieses Foltergerät der Extraklasse für minimalistisch-schick befunden worden war, hielt es sogar in die Suiten mancher Fünf-Sterne-Hotels Einzug und galt dort als besondere Attraktion für sportive Gäste.

Verändert hat sich in den letzten Jahrzehnten auch das Innenleben der Matratzen. Verwendete man früher Seegras, Wolle oder das begehrte Rosshaar, so begann man, als Produkte aus Kunststoff in immer mehr Lebensbereiche vordrangen, auf Schaumgummiblöcke zu schwören. Diese sind zwar angenehm elastisch, haben aber den Nachteil, dass sie die Wärme des menschlichen Körpers aufnehmen und so keinen angenehm kühlen Schlaf zulassen.

Um das Drumherum im Schlafzimmer machte man sich ebenfalls Gedanken: Manche »Psychologen« unter den Designern lehnten in der Umgebung des Bettes jeden Wandschmuck oder sonstiges Dekor als störend ab. Bilder, behaupteten sie, sonderten bestimmte, den gesunden Schlaf störende Strömungen ab. Auch sollte man nur wenig und gedämpftes elektrisches Licht verwenden, um Elektrosmog zu vermeiden.

Wie auch immer: Das Stadtleben mit seinen vielfältigen Geräuschen und seiner durch Straßenbeleuchtung und Lichtreklamen entfachten nächtlichen Helle macht es dem Menschen schwer, in seinem Bett das rechte Maß an Schlaf zu finden. So versucht er mit allen möglichen Hilfsmitteln, sein ihm zustehendes Quantum an Nachtruhe zu finden. Er setzt eine Schlafmaske auf, um in angenehmer Dunkelheit zu versinken, versucht, unliebsame Geräusche mit Ohrstöpseln auszuschalten, richtet sein Bett nach fernöstlichen Gesundheitsregeln wie dem Feng Shui aus und nimmt, wenn das alles nicht hilft, seine Zuflucht zu Schlaftabletten, die ihm eine heile Welt des Schlafes vortäuschen. Doch nicht selten wird ihm über all diesen Bemühungen, sein Bett zum Schlafparadies zu machen, allmählich bewusst, dass er eigentlich in einer wahren Schlafhölle gestrandet ist.

Marilyn und ein Bett voll Angst

Marilyn Monroes Bett! Generationen von Männern mögen – fasziniert von der Aura sexueller Begehrlichkeit, die von der halb anrüchigen, halb naiven Blondine ausging – von diesem Bett geträumt haben, und wohl ebenso viele Frauen hätten sich, wollüstig erschauernd, gerne an ihrer Stelle gesehen. Denn Marilyns Bett schien ihnen ein verheißungsvoll schimmernder Garten der Lüste, in dem sich durch die Magie, die von seiner Besitzerin ausging, tausend verborgene erotische Wünsche verwirklichen würden. Die »GIs«, die ihr Leben in den exotischen Kriegen der fünfziger Jahre im Fernen Osten aufs Spiel setzten, trugen oft neben einem Foto ihrer Frauen und Kinder das Bild der verführerischen Hollywoodschönheit mit sich herum und träumten in ihren kargen Zelten und Barackenunterkünften von einer besseren Welt, in deren Mittelpunkt die »blonde Fee mit der Silberstimme«, wie Norman Mailer sie einmal genannt hatte, hingeweht auf die seidigen Wolken eines riesigen Luxusbettes thronte wie das Versprechen auf eine hoffnungsvolle Zukunft. Eine Welt, in der Frauen wie Marilyn existierten, konnte nicht in Blut und Tränen untergehen! Marilyns Bett – allein der Gedanke daran mochte das harte Leben in den Dschungelcamps erträglicher machen.

Doch die Realität sah anders aus. Denn in Marilyns Bett wohnte nicht die Lust, sondern die Angst. »Ich gehöre der Angst«, gestand sie im letzten Interview vor ihrem mysteriösen Tod. Angst – das war wahrscheinlich von Beginn an ihre ständige Begleiterin.

Das kleine Mädchen, Norma Jeane, liegt in seinem Kinderbett und kann nicht einschlafen. Die Nacht ist dunkel und das Haus ihrer Pflegeeltern voll von Geräuschen. Aus dem Zimmer nebenan hört sie »Tante Ida« leise mit ihrem Ehemann zanken. Tante Ida ist Mitglied einer streng religiösen Sekte, das kleinste Vergnügen wird für sie zur Sünde. Das passiert besonders oft, wenn die fremde rothaarige Frau, die die kleine Norma »Mum« nennen soll, nach etlichen Wochen der Abwesenheit wieder einmal hereingewirbelt kommt und die strikte Ordnung des Haushalts durcheinanderbringt. Norma liebt diese Gelegenheiten, denn Mum Gladis nimmt sie dann heimlich mit ins Kino. Und dort verwandelt sich ihr graues eintöniges Kinderleben für kurze Zeit in einen faszinierenden Ausblick in die große, flimmernd glamouröse Welt des Films. Mum Gladys, die selbst in dieser fernen zauberhaften Sphäre lebt und arbeitet und deshalb nur wenig Zeit für ihr kleines Mädchen hat, zeigt Norma bei ihren spärlichen Besuchen ein Dasein, in das sich das Kind auf der Stelle verliebt. Neben Mum in einen Winkel gedrückt und mit einer Tüte Popcorn in den klebrigen Kinderhänden, starrt Norma mit großen glänzenden Augen auf all die prächtigen Menschen, die ihr von der riesigen Leinwand herunter zuzulächeln scheinen, und träumt sich – freilich mit schlechtem Gewissen, denn Tante Ida würde sie dafür tadeln – an ihre Stelle. Auch Mum Gladys fürchtet Idas Vorwürfe. »Sag nicht, dass wir im Kino waren«, flüstert sie dem braven Kind zu, und das verspricht natürlich zu schweigen.

Doch ein Zufall verrät ihr Geheimnis. Sie hat bei einem dieser Ausflüge heimlich ein Programm eingesteckt, mit dem Foto eines Leinwandhelden, der sie in besonderer Weise beeindruckt: Es ist Clark Gable, damals schon ein Star – und so, genau so wünscht sie sich ihren unbekannten Dad, denn die kleine, vaterlose Norma Jeane sehnt sich verzweifelt danach, wie andere Kinder auch einen Vater zu haben. Nachts, wenn sie in ihrem Bett liegt und schlafen soll, holt sie das Foto unter dem Kopfkissen hervor und betrachtet es beim Schein der Straßenlaterne. Dabei gehen ihr unzählige Gedanken durch den Kopf. Wie das Leben mit einem Star als Vater wohl sein mochte? Doch Stars wie Clark Gable verirrten sich nicht in das Leben einer unscheinbaren Cutterin, wie Mum Gladys es war. Norma hatte sie mehrmals mit ganz unbedeutenden Burschen gesehen, und so einer konnte doch unmöglich Normas Vater sein! Nein, der musste etwas Besonderes sein, weil sie sich selbst im Geheimen auch für etwas Besonderes hielt.

Natürlich gab es einen Riesenkrach, als Tante Ida das Foto entdeckte. Sie war eine strenge Frau, ihr Leben war ausgefüllt von Beten und Arbeiten und »Rechenschaft ablegen«. Im Mittelpunkt all ihrer Bemühungen stand die Furcht, in Sünde zu fallen. Zu spielen und Zeit zu vertrödeln, war Sünde, Tanzen war Sünde, und natürlich war es auch Sünde, ins Kino zu gehen. »Wir gehen Sonntags in die Kirche und nicht ins Kino«, schärfte sie ihrer kleinen Schutzbefohlenen ein. »Stell dir vor, du sitzt im Kino, und die Welt geht unter; dann verbrennst du mit all den anderen schlechten Leuten.« Das Bild des bevorstehenden Weltuntergangs setzt sich in Normas Kopf fest und lässt ihre Nächte zu einer kleinen Hölle werden, in der die Angst, Tante Idas Vorstellungen könnten sich bewahrheiten, ein grausames Spiel mit ihr treibt.

So lag sie oft stundenlang wach und betete zu einer imaginären Gottheit, sie möge doch bitte, bitte die Welt nicht untergehen und sie nicht wegen ihrer kleinen Verfehlungen in der Hölle verbrennen lassen. Doch Tante Ida redete viel von diesem bevorstehenden Weltuntergang und wollte sich und ihre Familie ordentlich darauf vorbereitet sehen. Das war allerdings schwierig mit einer Person, die so leichtfertig war wie Mum Gladys und die auch das unschuldige Wesen, das Norma noch war, dazu anhielt, sich sündhaft zu benehmen. Die von Tante Ida suggerierten Bilder lasteten schwer auf dem Kind, und die dadurch geschürten Ängste geisterten durch ihre Träume. Norma begann sich mehr und mehr vor den langen schwarzen Nächten in ihrem Kinderbett zu fürchten.

Ein freundlicher Zufall bietet Linderung ihrer geheimen Qualen. Eines Tages trottet ein struppiger herrenloser Hund hinter ihr her und sucht offenbar in Tante Idas strikt geführtem Haushalt Zuflucht vor den Widrigkeiten seines Hundelebens. Die beiden, das kleine Mädchen und der Streunerhund, haben Glück: Tippy, so wird er genannt, darf bleiben. Er setzt es sogar durch, im Bett seiner kleinen Freundin zu schlafen. Die Wange dicht an sein nunmehr wohlshamponiertes Fell gedrückt, kann Norma ihre Ängste leichter aus ihrem Bett verdrängen.

Träume anderer Art tauchten nun in ihren Nächten auf. Einer davon ist besonders obsessiv. Später, in ihren endlosen Therapiesitzungen, wird sie wieder darauf zurückkommen: »Ich stand völlig nackt mitten in der Kirche, und um mich lagen alle Leute auf dem Boden, und ich stieg nackt über sie hinweg, aber ohne auf sie zu treten. Dabei empfand ich ein Gefühl von Freiheit, das mich wie ein Rausch erfüllte.«

Eine kleine Tragödie beendete Normas Aufenthalt im Schoß ihrer bigotten Pflegefamilie, wo sich alles um Pflicht und Sünde gedreht hatte: Ein missgünstiger Nachbar erschoss Tippy, und Norma versank in den Abgrund einer endlosen Depression. Mum Gladys und deren Freundin Grace kamen angereist und nahmen sie kurzerhand von Los Angeles nach Hollywood mit, nachdem sie Tippy gemeinsam begraben hatten.

Der Umzug bedeutete, dass ihr Leben plötzlich einen anderen Verlauf nahm. Die beiden Frauen arbeiteten hart, in einer Zeit, die noch an den Folgen der großen Wirtschaftskrise litt, konnte man sich keine Nachlässigkeiten leisten; doch sie verstanden es auch, ihr Leben zu genießen. Sie tranken, tanzten, lachten, gingen ins Kino, kurz, taten alles, wovor Tante Ida sie gewarnt hatte, ohne dass ein Schwefelregen auf sie niederging. Soweit es Norma betraf, hatte sie auf einmal jede Menge Freiheiten. Wenn die beiden Frauen keine Zeit für sie hatten, verbrachte sie viele Stunden in einem der zahlreichen Kinos. »Dort saß ich oft tagelang und beobachtete die prächtigen Stars, vor allem eine hinreißende Blondine, die Jean Harlow hieß und ein großer Stummfilmstar gewesen war. So wie sie wollte ich einmal werden: selbstbewusst und unwiderstehlich!«, verkündete die graue Maus, die Norma immer noch war. Doch daheim, in dem kleinen Haus, das die beiden Frauen mit ihr bewohnten, überfiel sie der Katzenjammer wegen all der »Verfehlungen«, deren sie sich während des Tages schuldig gemacht hatte. Dann flüsterte sie endlose Gebete in die Dunkelheit und flehte um Vergebung für ihr »sündiges Leben«, bis sie endlich in einen unruhigen und von Albträumen geplagten Schlaf fiel.

Norma Jeane ist gerade einmal neun, da steht ihr Bett im Schlafsaal eines Waisenhauses in Los Angeles. Die Depressionen, an denen ihre Mutter immer wieder gelitten hatte, brachten diese schließlich in eine psychiatrische Verwahranstalt, und Grace, die Freundin, die versprochen hatte, aus Norma eine zweite Jean Harlow zu machen, hatte geheiratet, einen gut aussehenden Burschen, der aber die höchst beunruhigende Eigenschaft hatte, ein begehrliches Auge auf die noch knospenhafte

Norma geworfen zu haben. Und weil Grace keine Lust hatte, diese gefährliche Bedrohung ihrer Ehe zuzulassen, lieferte sie Norma kurzerhand in einem Heim ab, das eigentlich für elternlose Kinder gedacht war, in dem aber auch Sprösslinge aus schwierigen häuslichen Verhältnissen ein Unterkommen fanden.

Für Norma muss der Schock, aus einem Leben in maximaler Freiheit in die Enge eines staatlich geführten Heims gestoßen zu werden, beträchtlich gewesen sein. Sie hatte kaum Freundinnen, und auch wenn sie in der Enge ihres Jungmädchenbettes mehr Ängste als Trost vorfand, begann sie sich doch immer öfter dahin zurückzuziehen, um sich ihren Träumen von einem anderen, aufregenden Leben zu widmen, in dem sie ein Star sein würde. Mochte sie auch Clark Gables Porträt, an ihren Spind geheftet, in diesen Vorstellungen bestärken, am Ende folgte doch immer wieder ein Absturz in tiefe Verzweiflung.

»Tante« Grace, die sie, von schlechtem Gewissen bedrückt, gelegentlich besuchte, um ihr Mut zu machen, brachte sie schließlich bei einer älteren Verwandten unter, Ana Lower, die sich als gütige Fee erwies und sich um das junge Mädchen, das eigentlich keiner wirklich haben wollte, mit aufrichtigem Interesse kümmerte. In deren kleinem Haus fühlte sich Norma für eine weitere Episode ihres Lebens fortan »zuhause«. Dort findet auch ihre verblüffende Metamorphose statt: aus der unansehnlichen kindlichen »Raupe« wird ein faszinierender Schmetterling. Mit üppigen, meist in viel zu enge Pullover gezwängten Brüsten, einer schmalen Taille und einem katzenhaften »Passgang«, der wie eine einzige Herausforderung wirkt, zieht sie bald die Aufmerksamkeit aller Jungen in ihrer Straße und das Misstrauen all ihrer weniger gut ausgestatteten Altersgenossinnen auf sich. Norma genießt die Beachtung, die sie nun allerorts findet. Endlich bekommt sie die Aufmerksamkeit, die sie ihrer Meinung nach verdient – und sie verdankt diese Aufmerksamkeit ihrem Körper! »Ich musste immer zu Fuß in die Schule gehen, und das war das reinste Vergnügen. Alle Burschen hupten wie wild hinter mir drein«, gesteht sie in der Erinnerung an jene Zeit.

Eine langwierige Erkrankung ihrer mütterlichen Freundin Ana Lower und der geplante Umzug von »Tante Grace« und deren Gatten in einen anderen Bundesstaat werfen einen neuerlichen Schatten auf ihr Leben. Die Gefahr, wieder in das verhasste Heim abgeschoben zu werden, versetzt sie in Panik. Sie verlässt Hals über Kopf die Schule und lässt sich – knapp sechzehnjährig – auf eine Ehe mit einem offenbar ziemlich unbedarften Nachbarjungen, Jim Dougherty, ein. Im moralistischen Amerika der puritanischen Frauenvereine war es für früh verheiratete Ehefrauen nicht nur unschicklich, sondern schlicht unmöglich, neben unerfahrenen Schülerinnen die Schulbank zu drücken. Für den späteren Filmstar Marilyn sollte ihre mangelnde Schulbildung allerdings eine der gravierendsten Ursachen ihres brüchigen Selbstwertgefühls werden.

Im Übrigen hält sich die Begeisterung der Sechzehnjährigen für ihre Rolle als Hausfrau und Gattin in Grenzen. Es ist ein seltsames Spiel des Zufalls, dass das Mädchen, bei dem alle Männer – ob jung oder alt – immer nur an das Eine denken, sich in ihrer ersten Ehe beinahe zu Tode langweilt. Sie macht sich nicht viel aus Sex, und der Junge, mit dem sie nun ihr Bett teilt, ist wohl zu ungeschickt, um sie in dieser Hinsicht zu wecken. Sie kommt sich in dem geräumigen Ehebett, das ihnen beiden gehört und in dem er gewisse Besitzansprüche stellt, einigermaßen fremd und unbehaglich vor. So gewinnt sie bald die Erkenntnis, dass ihre Lebensplanung eigentlich in eine ganz andere Richtung zielen sollte.

Das Schicksal meint es gut mit ihr, denn schon kurz nach ihrer Eheschließung treten die Vereinigten Staaten in den Krieg gegen das Monstrum Hitler ein, der junge Dougherty wird in die Armee berufen und nach Übersee abkommandiert. Für Norma Zeit, sich ihrerseits als Patriotin zu erweisen. Sie wird Armeehelferin in einem Rüstungsbetrieb. Dort entdeckt sie David Conovan, ein Militärfotograf, der auf der Suche nach reizvollen Pin-up-Models ist, mit deren Hilfe man die Stimmung der GIs verbessern konnte. Mit Norma Jeane hat er den Griff seines Lebens getan. Fotositzungen mit ihr sind der reinste Genuss: Sie weiß genau, wie sie ihre erotische Anziehungskraft voll auf die Kamera übertragen kann, inszeniert gleichsam einen heißen Flirt damit, der die Männer dahinter ausnahmslos glauben lässt, sie selbst seien gemeint. Doch trotz dieser faszinierenden Wirkung, die sie fast schlagartig zum beliebtesten Covergirl der Welt macht, gehört es nicht zu den leichtesten Übungen des jungen Starlet, die Bosse der großen Produktionsfirmen davon zu überzeugen, dass sie die Qualitäten eines echten Stars zu bieten hat. Ihr Bett stand damals an vielen Orten, und die Männer, die ihre Karriere förderten, taten es vor allem in der Hoffnung, in dieses eingeladen zu werden. Zwar schwärmte Leon Shamroy, der berühmte Kameramann der 20th Century Fox, von ihr: »Ihre natürliche Schönheit zusammen mit ihrem Minderwertigkeitskomplex gab ihr etwas Geheimnisvolles. Dieses Mädchen hatte etwas, das ich seit den Stummfilmzeiten nicht mehr gesehen hatte. Sie besaß eine Art phantastischer Schönheit wie Gloria Swanson, und auf dem Filmstreifen brachte sie Sex 'rüber wie Jean Harlow. Jedes einzelne Bild der Probeaufnahmen strahlte Sex aus … Sie brauchte keine Tonspur, sie wirkte rein optisch. Und sie überzeugte uns, dass sie in Filmen Gefühle verkaufen konnte.«

Doch Männer wie Darryll F. Zanuck, der Produktionschef der 20th Century Fox, waren nicht leicht zu beeindrucken: Mehr als ein simpler Halbjahresvertrag, der noch nicht einmal die Mitwirkung an einem Film sicherte, wurde der ambitionierten Nachwuchsschauspielerin nicht geboten. Das mochte auch daran liegen, dass Marilyn – diesen Künstlernamen hatte sie für sich gewählt, nachdem sie begonnen hatte, zu posieren – immer ganz genau wusste, wie sie sich für die Kamera eines Fotografen wirkungsvoll in Szene setzte, aber dieser Naturinstinkt versagte oft genug, wenn es darum ging, in einem Film eine Szene zu spielen.

Von ihrem ersten Ehemann hatte sich Norma Jeane bald nach seiner Rückkehr aus dem Krieg scheiden lassen. Sein Ultimatum: Familie oder Karriere hatte ihr die Entscheidung leicht gemacht. In den harten Zeiten zwischen marginalen Studioverträgen und ihrer ersten Hauptrolle wird sie oft genug nur durch ihre unwiderstehliche sexuelle Ausstrahlung und den Run prominenter Männer auf ihr Bett vor dem wirtschaftlichen Ruin bewahrt. Ihre Schauspiellehrerin, Natasha Lytess, erkannte haarscharf: »Sie wusste, dass ihr Sex Appeal unfehlbar wirkte, dass er das einzige war, worauf sie sich verlassen konnte.«

Dank dieses unfehlbaren Sex-Appeals wurde sie bald zum erfolgreichsten Partygirl Hollywoods, doch sie war sich durchaus des Umstands bewusst, dass sie »nur zur Zierde« eingeladen wurde und weil ihre männlichen Gastgeber einen heißbegehrten Platz in ihrem Bett zu ergattern hofften, indem sie sie unterstützten – allerdings nie genug, um ihr ein selbstbestimmtes Leben zu ermöglichen. Wenn sie wieder einmal nicht wusste, woher sie Geld für die notwendigsten Dinge in ihrem Leben beschaffen sollte, mutierte sie zum Callgirl, ein Umstand, den sie zum Entsetzen ihrer Produzenten nicht einmal besonders geheim hielt: Inmitten all der Probleme in ihrem Leben gestand sie ganz offenherzig: »Ich weiß nicht mehr weiter. Ich muss irgendwo schlafen. Und ich muss essen und ein Auto haben und den Schauspielunterricht bezahlen. Wahrscheinlich muss ich weiter am Boulevard anschaffen gehen.« Eine niederschmetternde Erkenntnis – und, so offen ausgesprochen, durchaus imstande, ihre Karriere noch vor deren Beginn zu zerstören, zumal das nicht das einzige »Ärgernis« war, mit welchem sie in der Öffentlichkeit für Aufsehen sorgte. Für Hugh Hefners *Playboy*-Magazin posierte sie als Playmate der Gründungsnummer wie hingeweht auf purpurfarbenem Samt in herausfordernd naiver Nacktheit, und ein Kalender mit Aktaufnahmen brachte die Sittenwächterinnen in den amerikanischen Frauenvereinen zum Aufheulen.

Die Männer, die ihr Bett umkreisten und für Sex Karriere boten, trugen bedeutende Namen, etwa Josef M. Schenck von der 20th Century Fox oder Harry Cohn, der Leiter der Columbia Studios, und einige von ihnen waren zweifellos nicht nur von ihrer Ausstrahlung beeindruckt oder genossen es, sich mit ihr zu schmücken, sondern waren aufrichtig in sie verliebt. Und die Frau mit nunmehr erblondeter Lockenmähne und dem neuen, bühnenwirksamen Namen – Marilyn Monroe eben, mit dem sie binnen Kurzem zu MM wurde – liebte es, geliebt zu werden, und war ihrerseits immer bereit, Liebe zu schenken. Sie war kein männerfressender Vamp wie manche ihrer berühmten Kolleginnen, sondern ein warmherziges weibliches Wesen, das um die Schwächen der Männer wusste und sich ihrer wohl zu bedienen verstand, aber neben dieser Schwäche auch Mitleid mit ihnen empfand. Denn: Fühlten sie sich ihrem unwiderstehlichen Sex-

Appeal nicht ebenso hilflos ausgeliefert wie sie sich den Ängsten ihres Lebens?

Endlich – nach etlichen unbedeutenden Nebenrollen, für die sie im Vorspann an 13. oder 14. Stelle genannt wird, öffnen sich ihr Hollywoods Pforten für eine echte, wenn auch recht eingleisige Karriere: *All about Eve, How to Marry a Millionaire, Gentlemen Prefer Blondes, Niagara* und die sentimentale Western-Story *River of No Return*, später auch die Musikkomödie *Some Like it Hot* – das Publikum ist entzückt von ihrer komödiantischen Leichtigkeit und jubelt ihr zu, ohne zu wissen, mit wie viel Ängsten und Qualen diese erkauft wurde. Kein Zweifel, Marilyn ist ein Star – sogar der Lieblingsstar eines Millionenpublikums, allerdings ganz und gar nicht der der Studiobosse. Die haben sie auf den Typus der verführerischen und komisch unbedarft wirkenden Blondine festgelegt, haben ihr die Rolle der Lorelei Lee aus der spritzigen Novelle von Anita Leos auf den Leib geschrieben. Das – so behaupten sie – sei ihr Erfolgsrezept, das sie deshalb auch beibehalten soll. Dabei möchte sie doch so gerne eine ernsthafte Schauspielerin sein und mit großen Charakterrollen brillieren.

Je berühmter sie wird, desto ängstlicher ist sie bestrebt, ihr Bestes zu geben. Sie hat so heftig um Anerkennung gekämpft, jetzt befürchtet sie vor jeder neuen Aufgabe, sie nicht bewältigen zu können. »Ich habe Angst, genommen zu werden, und Angst, nicht genommen zu werden«, bekennt sie. Und es ist wie in ihren Kindheitstagen. Die Ängste, die sie verfolgen, rauben ihr Nacht für Nacht den Schlaf. Gerade der aber ist in ihrem Beruf unverzichtbar. Sie muss, wenn sie ans Set kommt, ausgeruht und strahlend aussehen, eben die Marilyn Monroe mit schwingendem Röckchen und dieser gewissen Leichtigkeit der Bewegung sein, die sie so unwiderstehlich macht. Aber wie kann sie das, mit all ihren ängstlichen Gedanken, ihrer nächtlichen Unruhe im Kopf? Sie sucht – und das ist ein absolut verheerender Schritt – Hilfe bei zahlreichen Größen der psychiatrischen Zunft, die an dieser verängstigten Seele herumpfuschen, wie sie es eben gelernt haben und wie es für ihre eigene Bedeutung am besten ist. Marilyn wird von ihnen abhängig und bemerkt nicht, wie sehr ihr dies zum Verhängnis wird. Die Zeit ihrer großen Krisen ist jene Epoche, in der Sigmund Freuds Methode der Psychoanalyse in Amerika einen Höhepunkt der Verbreitung gefunden hat. Die Ärzte, die sie behandeln, sind mit Freuds Tochter Anna in Kontakt, und für sie scheint es ganz offensichtlich, dass ihre Patientin der klassische Fall für Freuds Analyse ist. Der von Ängsten aller Art gepeinigte Star sieht das anders: »Es geht mir nicht darum, wo ich hergekommen bin. Das weiß ich. Aber ich muss wissen, wie es mit mir weitergehen soll!« Nicht die Aufarbeitung ihrer eigenen Vergangenheit ist ihr Problem, sondern vielmehr, diese zu vergessen: »Ich möchte nichts anderes als das ganze Unglück und Leid meiner Jugend zu vergessen. – Ich kann es nicht vergessen, aber ich möchte es gerne. Wenn ich Marilyn Monroe bin und nicht an Norma Jeane denke, funktioniert es manchmal …«, gesteht sie.

Um zu vergessen, greift sie immer öfter zu den in Hollywoods anstrengender Glitzerwelt weit verbreiteten Psychopharmaka. Damals wie heute gab es für jedes Psycho-Übel eine Pille: Pillen gegen Stress, Pillen gegen die Angst, Pillen als Gemütsaufheller, und vor allem Pillen für einen ungestörten Schlaf. Marilyn hatte schon als Kind an Schlafstörungen gelitten, und diese wurden gerade in der Zeit ihrer großen Erfolge für sie wieder mehr und mehr zum Albtraum, gegen den sie mit allen Mitteln anzukämpfen suchte.

Inmitten all der Versuche, zu sich selbst zu finden, traf sie auf einen Mann, der sie sofort faszinierte: den Baseballstar Joe DiMaggio. Er war ein attraktiver, leidenschaftlicher und bedauerlicherweise auch sehr eifersüchtiger Mann, dessen Karriere gerade zu Ende ging. Ein Leben an Marilyns Seite bedeutete für ihn, erneut die Aufmerksamkeit der großen Welt auf sich zu ziehen. Er hatte den brennenden Ehrgeiz, das begehrteste Sexidol seiner Zeit als liebende Frau an seiner Seite zu gewinnen. Zwei Jahre lang umwarb er sie mit beachtlicher Ausdauer und dem Vorsatz, sie mit nimmermüder Liebe zu verwöhnen. Dass die am 14. Januar 1954 geschlossene Ehe trotz aller guten Vorsätze zum Scheitern verurteilt war, änderte nichts an der Tatsache, dass das so ungleiche Paar trotz einer baldigen Scheidung sich einander ein Leben lang verbunden fühlte. Immer wenn sich vor Marilyn ein neuer Abgrund von Ängsten auftat, rief sie ihren Freund DiMaggio zu Hilfe. Und der versagte nie – bis auf das eine, letzte Mal, das ihr Schicksal besiegeln sollte.

Der Zusammenstoß zwischen Marilyns beruflichem Ehrgeiz und DiMaggios entfesselter Eifersucht, der schon in den ersten Wochen ihrer Ehe allabendlich rund um Marilyns Bett stattfand, ließ für den Verlauf der Ehe nichts Gutes erwarten. Hinzu kam: Bei einer Art Hochzeitsreise des Paares nach Fernost stahl Marilyn ihrem Gatten gründlich die Show. Höhepunkt war ihr Auftritt in Korea vor rund hunderttausend amerikanischen Soldaten, die dabei in einen wahren Begeisterungstaumel gerieten. Sie machte kein Hehl daraus, wie sehr sie die Bewunderung und Leidenschaft genoss, die ihr von all diesen rauen Männern entgegengebracht wurde, und sie bedankte sich dafür, indem sie eben ganz und gar Marilyn war. Später schwärmte sie von der Intensität dieses Erlebnisses: »Tausende Soldaten saßen da und jubelten mir aus Leibeskräften zu. Ich stand nur da und lächelte ihnen zu. Es hatte zu schneien begonnen, aber mir war so warm, als schiene die Sonne. Ich habe eigentlich immer Angst vor dem Publikum, aber als ich vor all diesen Soldaten stand und die Schneeflocken mich umtanzten, hatte ich zum ersten Mal in meinem Leben vor nichts Angst. Ich stand nur da und war glücklich.«

Marilyns Bett wurde schon bald nach ihrer Rückkehr zu einer wahren Arena. Obwohl sie einen tapferen Versuch machte, sich in die Familie ihres Gatten einzufügen, begriff sie mit dem ihr eigenen Instinkt bald, dass diese Ehe – bei aller Leidenschaft – doch keine Zukunft haben würde. Nein, Joe DiMaggio würde nicht auf Dauer der Mann in ihrem Bett und an ihrer Seite sein. Vielmehr vertraute sie schon wenige Wochen nach der Eheschließung einem Freund an: »Ich werde Arthur Miller heiraten.«

Miller, dem sie ein paar Jahre zuvor erstmals begegnet war – das war der Mann, der ihr die Tür in das von ihr heiß ersehnte Reich der Intellektuellen öffnen würde. Mit seiner Hilfe würde sie die ernsthafte Schauspielerin werden, die zu sein sie so ersehnte, und sie würde endlich das Image der naiven Blonden abstreifen, das ihr Hollywood auf den kurvenreichen, von Erotik vibrierenden Leib geschrieben hatte. Er würde für sie neue Drehbücher mit faszinierenden weiblichen Charakteren schreiben, die sie in neuen Filmen zu flimmerndem Leben erwecken würde.

Die Ehe mit DiMaggio endete mit einem mehr als handfesten Krach wegen der Neuauflage des Konflikts: Mann oder Karriere. Für eine Frau wie Marilyn, die in der allgemeinen Bewunderung aufblühte wie eine Rose an der Sonne, bestand an der Entscheidung kein Zweifel, zumal der Gatte auch noch recht handgreifliche Argumente ins Treffen führte.

Kurz, Marilyns Bett stand für ein weiteres Experiment in Sachen Liebe zur Verfügung. Ihr Vorsatz, Arthur Miller als Ehemann Nr. 3 in dieses Bett zu bekommen, brachte eine ganze Reihe von Veränderungen in ihr Leben. In New York nahm sie ernsthaft Schauspielunterricht, nachdem sie zuvor eine eigene Produktionsgesellschaft gegründet hatte, um endlich ihre Rollen selbst aussuchen zu können und sich von dem kargen Gagenschema zu befreien, in das sie bei der 20th Century Fox noch immer gezwängt war. Es machte zugegebenermaßen wenig Spaß, als der am schlechtesten bezahlte Star der Filmmetropole gehandelt zu werden.

Kurz vor der Gründung ihrer neuen Firma hatte sie die Arbeiten für *Das verflixte Siebente Jahr* abgeschlossen und war bei einem ihr zu Ehren veranstalteten Galadiner dem Idol ihrer Jugend, Clark Gable, vorgestellt worden. Der war durch seine Rolle als Rhett Butler in Margaret Mitchells großem Nationalepos selbst zu einer Art Institution geworden. Er muss auf Marilyn großen Eindruck gemacht haben, denn seither wünschte sie sich inständig, mit ihm gemeinsam an einem Film zu arbeiten. Vermutlich war er für sie immer noch so etwas wie eine große Vaterfigur, nach der sie sich ihr ganzes Leben lang sehnte.

Die Sorgen im Zusammenhang mit ihrer jungen Firma und ihr verzweifelter Versuch, an Bildung nachzuholen, was sie infolge ihres vorzeitigen Schulabbruchs versäumt hatte, raubten ihr nachts nun wieder öfter den Schlaf. Sie wollte sich einerseits weiterbilden, aber andererseits auch das Leben eines Stars führen. Beides gemeinsam war unmöglich und führte zu einem schweren Konflikt, wie der Starfotograf Milton Greene feststellte, der nicht nur ihre filmischen Ambitionen unterstützte, indem er Teilhaber ihrer Firma wurde, sondern ihr auch einen Platz in seiner Familie anbot.

Sie studierte nun bei dem berühmten Schauspielleh-
rer Lee Strasberg, doch die Anforderungen, die er an sie
stellte, erhöhten den Druck ihrer Angstzustände, die sie
mit Hilfe von Psychoanalyse und Medikamenten unter
Kontrolle zu bringen suchte. »Ich versuche, als Künstle-
rin echt und ehrlich zu sein, aber manchmal habe ich das
Gefühl, am Rand des Wahnsinns zu stehen«, beklagt sie
sich bei einem ihrer Freunde. Sie gerät mehr und mehr
in Abhängigkeit von Strasberg, der – Machtmensch, der
er ist – sie als eine Art zweite Tochter in seine Familie integriert, sodass er sie besser unter Kontrolle halten kann.
Damals kam sie auch Arthur Miller entscheidend näher,
der sie, wiewohl selbst noch verheiratet, seinen Eltern als
die Frau vorstellte, die er demnächst heiraten wolle. Ob
Miller insgeheim auch hoffte, durch diese Beziehung den
Häschern des Kommunistenhassers McCarthy eher zu
entkommen? Einem Mann, der Marilyns Liebe erobert
hatte, musste man schon einiges nachsehen!

Nachdem Marilyn endlich auch zu einer Einigung mit
der 20th Century Fox gekommen war, schien ihrem Aufbruch zu neuen Ufern nichts mehr im Wege zu stehen.
In Hollywood bekam sie mit *Bus Stop* nun endlich eine
jener anspruchsvollen Rollen, nach der sie immer ver-
langt hatte. Aber es fiel ihr schwer, den Anforderungen
standzuhalten, die an sie gestellt wurden. Verzweifelt be-
klagte sie sich bei Miller, der sie über die Wochenenden
insgeheim besuchte: »Ich kann's nicht mehr. Ich kann so
nicht arbeiten. Ich kann's nicht mehr.«

Trotz aller Qualen, die Marilyn bei den Dreharbeiten
durchstand, wurde *Bus Stop* ein voller Erfolg. Und in
der Komödie *Some Like it Hot* brillierte sie als Ukulele
spielende Sugar Kane. Es war einer ihrer erfolgreichsten Filme, mit dem sie allerdings ins Genre ihrer früheren Komödien zurückzukehren schien. »Mein ganzes

Leben lang habe ich Marilyn Monroe gespielt, immer wieder Marilyn Monroe. Ich spiele doch nur die Imitation meiner selbst. Als ich Arthur heiratete, hatte ich die Vorstellung, dass er es schaffen würde, mich von Marilyn Monroe wegzubringen. Und nun bin ich wieder da und mache dasselbe«, klagt sie.

Aber nicht nur deshalb wurde ihre Ehe Nummer drei immer schwieriger. Als Marilyn in einem Tagebucheintrag ihres Mannes las, wie er schon nach wenigen Wochen ihres gemeinsamen Ehelebens über sie dachte, war das der Anfang vom Ende ihrer Beziehung mit Miller: »Es stand darin, wie enttäuscht er von mir war. Er habe geglaubt, ich sei ein Engel, und nun fühle er sich getäuscht …«

Auch eine leidenschaftliche, wenn auch kurze außereheliche Affäre mit dem Grandseigneur des französischen Films, Yves Montand, half ihr nicht, aus ihrem Tief herauszufinden. Montand war ihr Partner in *Let's Make Love* und bewohnte gemeinsam mit seiner Frau Simone Signoret ein Appartement unmittelbar neben dem Marilyns. Immerhin, die beiden nahmen den Titel ihres gemeinsamen Films wörtlich, und Marilyns »Bettgeschichte« war um einen illustren Namen reicher.

In diese Zeit fällt auch die wohl verhängnisvollste Bekanntschaft ihres Lebens – die mit dem Psychiater Ralph Greenson. Der war in der Filmwelt äußerst beliebt, weil er seine oft neurotische Klientel hemmungslos mit Aufputsch- und Beruhigungsmitteln versorgte und sie so in eine Art von Abhängigkeit von sich brachte, ohne dass sie es merkten. Im Fall Marilyn hatte er leichtes Spiel und wurde so bald zu einer Art Schwarzer Schatten, der jeden ihrer Schritte kontrollierte.

Ihre Ehe mit Arthur Miller erwies sich mittlerweile mehr und mehr als Fiasko, seine Arbeit am Drehbuch zu *Misfits*, dem Film, von dem sie sich so viel erhoffte, zog sich in die Länge, und Marilyn fühlte sich elender als je. Endlich begannen die Dreharbeiten in der Wüste von Nevada doch, und Marilyn konnte sich einen lange gehegten Herzenswunsch erfüllen und zusammen mit dem gefeierten, aber wegen eines Herzleidens schwer angeschlagenen Clark Gable eine Hauptrolle spielen. Der innige Kuss, den sie mit ihm tauscht, ist einer der Höhepunkte des Films und Beweis für die rührende Anhänglichkeit, die sie für ihr einstiges Kindheitsidol noch als reife 35-jährige Frau empfindet. Marilyn, auf der Suche nach einer Vaterfigur, ist für einen einzigen kostbaren Moment an ihr Ziel gekommen.

Aber *Misfits* ist bald abgedreht und wird kein wirklicher Publikumserfolg. Drehbuchautor Miller hat zu viel von Marilyns eigenen Gefühlsausbrüchen in den Text gepackt, und Marilyn ein Zuviel von ihren unterschwelligen Ängsten darin geoffenbart.

Ernsthafte Gesundheitsprobleme umschatten ihr Leben, drei gescheiterte Schwangerschaften stürzen sie in gravierende Schuldvorwürfe wegen ihres Tablettenkonsums; kein Zweifel, sie ist süchtig, und niemand kann sie davon heilen, schon gar nicht ihr Psychiater, der – ohne sich dessen bewusst zu werden – bald ebenso von ihr abhängig ist wie sie von ihm.

Nach der endgültigen Trennung von Miller senkt sich ein Schleier von Einsamkeit über ihr Leben, was nicht heißt, dass sie jemals allein wäre, denn Dr. Greenson hat eine Art von »Wachhund« in ihrem neuen Haus am Helena Drive installiert: Eunice Murray, eine ehemalige Krankenschwester, die in der Rolle einer Haushälterin als seine geheime Zuträgerin fungiert.

Doch Marilyns abwechslungsreiche »Bettgeschichte« ist noch nicht am Ende. Im Gegenteil, im Frühjahr 1962 erreicht sie einen unerwarteten Höhepunkt, als der damals mächtigste Mann der Welt auf den Plan tritt. Über ihre kurze, aber leidenschaftliche Affäre mit John F. Kennedy wurde im Nachhinein viel gemunkelt. Ihm galt immerhin in der Nacht ihres Todes, als u. a. Kennedys Schwager Peter Lawford sie anrief, ein letzter Gruß: »Say good bye to the President ...«, habe sie ins Telefon gehaucht.

Zunächst lässt sich dieses Jahr 1962 ganz gut an. Ihr Ex-Ehemann und verlässlicher Allzeitfreund DiMaggio ist wieder in ihr Leben getreten. Marilyn beginnt erneut Mut zu schöpfen, neue Film- und Lebenspläne hellen ihre Stimmung auf, und so tritt sie uns auf den Fotos ihrer letzten, berühmt gewordenen Fotosession kurz vor ihrem Tode auch als fröhliche und offenbar sogar lebenslustige Frau entgegen. Neue Heiratspläne mit DiMaggio flackern auf, sogar ein Datum wird festgesetzt, der 8. August soll es sein.

Aber zuvor muss noch ein Tag überstanden werden, der 4., und der wird der letzte in ihrem Leben sein. Sie versucht davor noch, sich dem Einfluss ihres Psychiaters zu entwinden und kündigt auch ihrer Spitzel-Haushälterin. Doch die beiden sind nicht bereit, sich abschütteln zu lassen. Und so nimmt die Tragödie ihren Lauf.

Als die Haushälterin nach mehreren erfolglosen Anrufen von Freunden, darunter auch Kennedys Schwager, sich endlich bequemte, nach Marilyn zu sehen, war es drei Uhr morgens, und jeder Versuch einer Rettung kam zu spät: Marilyn lag regungslos auf ihrem Bett, völlig nackt, wie sie gerne schlief, nunmehr im grellen Licht der Lampen, den Kopf mit der blonden Lockenmähne in die Armbeuge gelehnt. Das schwarze Tuch, das allabendlich ihre Fenster verhüllte, damit kein Lichtstrahl von draußen ihren schwer erkämpften Schlaf stören sollte, war endlich abgenommen, die Vorhänge zurückgezogen. Und das große Rätselraten um den Tod der Diva konnte beginnen ...

Es stand ein Bett in Neverland ...

Seine Freunde nannten ihn wegen seines skurrilen Wesens in halb liebevoller Ironie Wacko Jacko (Spinner). Seine Fangemeinde ging weltweit in die Millionen, die Front seiner Gegner und Neider war zumindest in den Jahren seines Erwachsenenlebens breit gefächert. Und er persönlich? Selten begegnen wir – selbst in der Glitzerwelt einer gigantischen Unterhaltungsindustrie – einer bizarreren Persönlichkeit als der des Michael Jackson, der jahrzehntelang als neuer King of Pop gefeiert wurde.

Gerne wäre er wohl ein Kind gewesen, und der Rückblick auf das, was seine Kinderjahre hätten sein können, machte ihn traurig. Von der Elternseite her gegensätzlichsten Wurzeln entwachsen, war es ihm wohl unmöglich, seinen Standort im Leben adäquat zu bestimmen. Die Mutter: eine strenggläubige Anhängerin der Zeugen Jehovas, für die so ziemlich alles, was Michael in späteren Jahren repräsentierte, Sünde war, die aber dennoch treu zu ihrem Sohn stand. Dazu: ein hemmungslos promiskuitiver und gewalttätiger Vater, der sich etwas darauf zugute hielt, seine Kinder, und vor allem den kleinen Michael, nachdem er dessen Talent einmal erkannt hatte, den steilen Weg nach oben zu prügeln. Gewinner, nicht Verlierer sollten seine Kinder in dem grausamen Spiel werden, das in Amerika – aber nicht nur dort – Karriere um jeden Preis heißt.

Joseph Jackson stahl seinen Kindern die Kindheit, um sie zu Berühmtheiten zu machen. Da er der farbigen – also unterprivilegierten – Bevölkerungsschicht entstammte, wurde sein Streben nach sozialem Aufstieg zu einer Besessenheit, der er alles andere unterordnete.

Die Realität in Michaels Kindheit hieß, an den Wochenenden gemeinsam mit den Geschwistern von einem Talentwettbewerb zum nächsten zu tingeln, mit seinen Brüdern in unzählige fremde Betten gequetscht zu werden, endlose Proben und Auftritte in zweitklassigen Theateretablissements zu absolvieren und dazu ungewollt Zeuge der sexuellen Eskapaden des Vaters zu werden. Zwischen diesen turbulenten Wochenendtrips lag dann jeweils eine harte Schulwoche mit peniblen Proben in der kargen und beengten Häuslichkeit der Jacksons, in der Geld und Raum ständige Mangelware waren.

Michael, der jüngste unter den fünf Söhnen, war zweifellos so etwas wie ein Wunderkind, was seine tänzerische und rhythmisch-musikalische Begabung betraf. Und er liebte die Bühne und seine Auftritte dort wohl ebenso, wie er die drakonischen Erziehungsmaßnahmen des überstrengen Vaters und dessen hemmungsloses sexuelles Verhalten hasste. Die Mischung aus optischer Niedlichkeit, professionellem Können und einer gewissen frühen erotischen Ausstrahlung machten den damals Elfjährigen schon bald zum Idol ganzer Horden frenetisch kreischender Teenager. Wo er auftrat, eskalierte die Reaktion eines Massenpublikums zur Massenhysterie. Eine Woge gemeinschaftlich empfundener Begeisterung überspülte die Hallen und löste in ihm schon früh erhebliche Berührungsängste aus. Bereits während seiner Adoleszenz machte sich die Zwiespältigkeit seines Wesens bemerkbar. Privat scheute er vor erotischen Kontakten eher zurück; als seine älteren Brüder anfingen, ihrerseits dem Beispiel des Vaters zu folgen und Groupies »abzuschleppen«, bereitete ihm dies entschieden Unbehagen. Gutgemeinte Einladungen der Brüder, es ihnen gleichzutun, lehnte er brüsk und mit einer gewissen Abscheu ab. Doch ganz anders, wenn er auf der Bühne stand: Dort verströmte er erotisches Flair pur, mit dem er sein jugendliches Publikum buchstäblich elektrisierte. Seine Soloauftritte bewirkten eine allgemeine Ekstase. Seine rotierenden Hüften, seine stoßenden und zuckenden Tanzschritte suggerierten gleichsam eine Art von Massenorgasmus.

Der Entertainer Michael Jackson verstand sich – so jung er auch sein mochte – hervorragend darauf, den Gefühlspegel seines Publikums am Kochen zu halten und dabei, vermutlich unbewusst, die verborgene sexuelle Seite seines Wesens auf der Bühne auszuleben. Michaels Aufstieg vom tingelnden Kinderstar zu einem Giganten der Unterhaltungsindustrie ist zu bekannt, um darüber viele Worte zu verlieren. Aber die Woge des Erfolgs, die ihn steil nach oben trug, wurde gleichzeitig zum Verhängnis seiner persönlichen Entwicklung. Denn wie sollte ein junger Mensch, der mit sich selbst uneins war und sich ganz offensichtlich in seiner eigenen Haut unbehaust fühlte, damit fertig werden, dank seiner scheinbar unbegrenzten materiellen Möglichkeiten sich jeden Wunsch erfüllen, jedes Hindernis beiseiteräumen zu können und doch immer wieder an den Grenzen seines eigenen Selbst zu scheitern.

Michael, das Kind, dem die Kindheit genommen worden war, wäre gerne für immer in die Welt des Kindseins eingetaucht. Er träumte, wie Peter Pan, die Fantasiefigur eines Jungen, der nie erwachsen wird, davon, sich eine dauerhafte Märchenwelt zu schaffen, in der er mit anderen, jüngeren Kindern ein glückliches Leben führen würde. Wie auf Peter Pans Insel Neverland sollte die harte und oft abstoßende Welt der Erwachsenen dort ausgeschlossen sein.

Seine lange Suche nach einem neuen Kindheitsparadies zeitigte endlich den gewünschten Erfolg. Im Santa Ynez Valley von Los Olivos stieß er auf sein ganz persönliches Neverland. Die idyllische Tallandschaft mit ihrem uralten Baumbestand von Eichen und Sykomoren, einem künstlichen See mit Wasserfall und in die Landschaft verstreuten Windmühlen bietet heute noch einen Anblick, als sei die Zeit hier stehen geblieben. Ganz wie es sich für einen gehört, der Peter Pan sein will, ließ Michael zum Entzücken seiner kleinen Besucher auch einen Vergnügungspark in dem weitläufigen Areal einrichten: Riesenrad, Autoscooter, Karussells und eine dampflokbetriebene Schmalspurbahn lockten zu Vergnügungen aller Art, Pferde und ponygezogene Wagen luden zu Erkundungsfahrten über Land. In einem eigenen Zoo waren allerlei Tiere, darunter mehrere Krokodile und eine riesige weiße Pythonschlange, zu bestaunen. Und im Haus selbst tummelte sich Bubbles, Michaels geliebter Schimpanse. Gerüchten zufolge versuchte der Star sogar, die Affensprache zu lernen, um mit Bubbles auf dessen Weise kommunizieren zu können. Nun, die Presse hatte vermutlich wenig Mühe, etwas zu erfinden, wenn es um den »Spinner« Jackson ging.

Hier auf Neverland vollzog sich Michaels Emanzipation von seinem Familienclan, und hier hätte er in den Pausen zwischen Aufnahmeterminen und Konzerttourneen ein ruhig-beschauliches Leben führen können, doch zu seinem Verhängnis sollte es dazu nie wirklich kommen.

Hier treffen wir auch auf seine ganz persönliche Bettgeschichte. Betten und Schlafzimmer hatten in Michaels Leben schon immer eine bedeutende Rolle gespielt. Von frühester Kindheit an war er es gewöhnt, seine Schlafstätte mit anderen zu teilen. In seinem ersten Zuhause in

Gary, Indiana, hatte es nur zwei Schlafzimmer gegeben. Das eine beanspruchten die Eltern für sich, das andere teilten sich die Brüder in Stockbetten. (Die Schwestern waren im Wohnzimmer auf einem gemeinsamen Schlafsofa untergebracht.) Diese Schlafverhältnisse bedeuteten zwar eine enorme räumliche Beengtheit, andererseits aber waren sie auch Kitt für den Zusammenhalt der Familie. Später, nach der Übersiedlung in ein geräumiges Anwesen in Encino, gab es Platz in Fülle. Die Geschwister brauchten nun nicht mehr gleichsam aufeinander zu kleben. Der empfindsame Michael scheint diese Vereinzelung aber eher als eine Art von Entfremdung empfunden zu haben und nützte die Gelegenheit, in Gesellschaft des einen oder anderen seiner Brüder zu schlafen, wann immer sie sich bot. Oft genug wurde er auch Zeuge von sexuellen Eskapaden der Älteren, was ihn offenbar eher abstieß als zur Nachahmung animierte. Möglicherweise war sein sexueller Appetit auch deshalb so unentwickelt, weil er als Kind eine zu große Dosis davon als stummer Zeuge mitbekommen hatte. Wie sollte man einen Jungen einschätzen, der mit den Mädchen, die ihn umschwärmten, lieber reden als schlafen wollte? Da schlug wohl die streng religiöse Auffassung seiner Mutter durch: Sex und Nacktheit waren nur unter bestimmten Umständen zu tolerieren, ansonsten aber mit »Schmutz« gleichzusetzen.

In den Jahren, in denen andere zu Erwachsenen werden, schien Michael sich gleichsam zurückzuentwickeln, wieder ein großes Kind zu werden. Er hatte eine hohe Meinung von den geistigen Fähigkeiten der Kinder und fühlte sich von ihnen in besonderer Weise inspiriert. »Mein liebster Zeitvertreib ist es, mich mit Kindern zu beschäftigen. Mit ihnen zu reden und zu spielen, bedeutet mir alles. Sie wissen alles, was die Erwachsenen nur mühsam herausfinden können, sie haben viele Geheim-

208

nisse, aber es ist schwierig für sie, das herauszulassen. Ich kann das erkennen und so viel von ihnen lernen.« Damit versuchte er seine Vorliebe für kindliche Spielgefährten zu erklären. Vermutlich aber war es wohl so, dass er in jedem Kind, das seinen Lebensweg kreuzte, etwas von sich selbst zu finden meinte. Jedenfalls bedeutete es für ihn das größte Vergnügen, mit Kindern zusammen zu sein, sie zu sich einzuladen und ihnen jeden Wunsch von den Augen abzulesen. Er liebte es, ihnen beim Spielen zuzusehen oder sich selbst daran zu beteiligen, und er mochte es womöglich noch mehr, mit ihnen zu kuscheln, in seinem riesigen Bett zu liegen und ihnen beim Schlafen zuzuschauen. »Meine kreativsten Momente hatte ich fast immer, während ich mit Kindern zusammen war; dann kommt die Musik ganz von allein, wie das Atmen. Wenn ich müde bin oder mich langweile, lassen mich die Kinder wieder aufleben. Zwei braune Augen schauen mich so tief empfindend, so unschuldig an, und ich denke: Dieses Kind ist selbst wie ein Song«, beschreibt Michael die Wirkung, die Kinder auf ihn hatten.

Im Umgang mit ihnen wird er selbst mehr und mehr zum Kind: »Wir machen Kissenschlachten und spielen miteinander. Es ist alles ganz unschuldig …« Jahre später sollte Michaels Umgang mit den Kindern in seinem Schlafzimmer Gegenstand massiver Zweifel werden. Doch zunächst folgten ihm die durch seine Großzügigkeit wie seinen Starruhm faszinierten »Kids« wie einst die Kinder von Hameln ihrem Rattenfänger.

Weil Michael überzeugt war, dass er ohne die Gesellschaft von Kindern nicht existieren könne, ließ er sich selbst auf seinen Tourneen von dem einen oder anderen seiner kleinen Favoriten begleiten. Der war dann für ihn eine Art von Maskottchen, das sich im Partnerlook mit dem Star selbst auf der Bühne als sein Miniatur-Double präsentierte. Die Kinder, die Michael auf sein Anwesen Neverland einlud, wurden nicht nur mit Spielzeug und sonstigen Geschenken überhäuft, sondern auch ermutigt, sein Bett mit ihm zu teilen – in aller Unschuld, wie er bei unzähligen Gelegenheiten versicherte. Er schien die längste Zeit nicht begriffen zu haben, auf welch schmalem Grat er sich damit bewegte. Sein Schlafzimmer in dem schlossartigen Gebäude glich eher einem großen Spielzimmer als einem Raum, in den man sich zum Schlafen zurückzog. In dem Heim, das er in Encino gemeinsam mit den übrigen Mitgliedern seiner Familie bewohnt hatte, hatte es in seinem Schlafzimmer kein richtiges Bett gegeben, vielmehr schlief er auf einer mit dicken Teppichen bedeckten Estrade beim Kamin. Auf Neverland hingegen gab es ein riesiges Bett, das zu Kissenschlachten und allen möglichen Spielen genügend Raum bot. Ein goldener Thronstuhl am Kamin sollte wohl auf nicht gerade dezente Weise andeuten, dass Michael sich in diesem seinem ganz persönlichen Reich als unumschränkter »König« sah. Im Übrigen war dieser Raum mit allem möglichen Spielzeug vollgepackt. Die Märchenfigur des Peter Pan war in unzähligen Varianten an den Wänden zu bestaunen – zwischen großflächigen Porträts von Michaels wohlmeinenden »Patroninnen«, wie seinem weiblichen Mentor, dem Showstar Diana Ross oder der illustren Diva Elizabeth Taylor, die bei Michael die Rolle einer verlässlichen mütterlichen Freundin übernommen hatte; beides Frauen, von denen er stark beeindruckt war und denen er nur zu gerne sowohl in seiner äußeren Erscheinung als auch in seiner Bühnenpräsenz nachzueifern suchte. Es ist offensichtlich, dass Michaels Persönlichkeit von einem deutlich weiblichen Wesenszug geprägt war, noch stärker freilich machte sich ein kindhaftes Element darin bemerkbar, der

210

Wunsch, wie sein Märchenidol Peter Pan nie erwachsen zu werden. Was tut einer, der gerne seinem Fantasiebild gleichen möchte, aber durch sein Äußeres daran gehindert wird? Peter Pan hatte ganz bestimmt keine breite Sattelnase und braunes Kraushaar, und er war auch kein Farbiger mit dunklem Teint. Vielmehr hatte er ein Grübchen am Kinn, und eine Nase ähnlich der von Diana Ross oder der göttlichen Liz Taylor. Und vor allem, er war kein verachteter Farbiger, Peter Pan – oder vielmehr die Idee von ihm, die Michael in sich trug – war weiß!

Michaels ganz persönliches Verhängnis war es, dass er reich und vor allem gutgläubig genug war, zu meinen, er könne sich all diese »wünschenswerten« Veränderungen seines Äußeren erkaufen. Schönheitsoperationen gehörten damals in Hollywood und Umgebung schon längst zu den Alltäglichkeiten des Showgeschäfts. Also begab sich auch Michael Jackson kurzerhand unter das Messer, und weil ihm die angestrebten Korrekturen beim ersten Mal nicht weit genug gingen, wiederholte er die fatale Prozedur wieder und wieder, bis er sein eigenes Gesicht nicht mehr sehen konnte und sich – außer auf der Bühne, wo der Abstand zu seinem Publikum groß genug war – öffentlich nur noch mit einem die Nase verhüllenden Mundschutz, riesigen Sonnenbrillen und Schlapphut sehen lassen wollte. Von dem lebhaften farbigen Jungen mit dem gewinnenden Lächeln und den strahlenden Augen war so gut wie nichts geblieben: Sein Gesicht und die Hände erschienen – dank der zahlreichen Bleichmittel, die er benutzte – von einem unbestimmbaren Weißgrau, lange dunkle Haarsträhnen umrahmten anstelle der einst üppigen Afrofrisur beinahe weibliche Züge mit einer scharf geschnittenen, zerbrechlich dünnen Nase und hohen Wangenknochen, die mit seinem einst so vital wirkenden Äußeren kaum mehr eine Ähnlichkeit hatten.

Michael Jackson musste mit Schrecken feststellen, dass er gleichsam sein eigener Homunculus geworden war. Seine Anziehungskraft auf sein zumeist jugendliches Publikum blieb indessen, vielleicht vor allem wegen dieses bizarren »Anders-Seins«, ungebrochen. Von Michael bemerkt und womöglich in sein geheimnisvolles Neverland eingeladen zu werden, war zweifellos der Wunschtraum unzähliger »Kids«, die seinen Weg kreuzten. Unter ihnen war einer, für den die Erfüllung dieses Wunsches eine ebenso faszinierende wie verheerende Realität werden sollte. Jordie Chandler war genau die Art Junge, die auf Michael eine unwiderstehliche Anziehungskraft ausübte. Mit seinem dunklen Haar, leuchtend braunen Augen und einem markant geschnittenen, olivbräunlichen Gesicht war er zweifellos ein bezaubernder Elfjähriger, dazu intuitiv und einfallsreich, von Ideen sprühend. Der für solche Reize überaus empfängliche Michael Jackson muss, wenn auch lange Zeit nur von Freundschaft gesprochen wurde, für den aufgeweckten Knaben so etwas wie Liebe auf den ersten Blick empfunden haben – was immer das in seinem Leben auch bedeutet haben mochte. Obwohl es noch Monate dauern sollte, bis es zu einem Besuch auf Neverland kam, hatte diese erste bewusste Begegnung auf einem Highway, auf dem Michaels Wagen eine Panne hatte, ihn doch wie ein Blitzschlag getroffen. Er ließ sich Jordies Telefonnummer geben und rief ihn während einer langen Auslandstournee beinahe täglich an, erzählte ihm von den Reaktionen auf seine Konzerte und beschrieb ihm die Vorzüge von Neverland, wohin er seinen neuen kleinen Freund gleich nach seiner Rückkehr einladen würde. Er redete mit ihm wie mit einem Gleichaltrigen, berichtete ihm von seinen Plänen und einem Wohltätigkeitsfond für benachteiligte Kinder, den er gegründet hatte. Für seine Umgebung muss es ganz offensichtlich gewesen sein: Seine Gedanken kreisen viel mehr um Jordie als um die Tournee, die ihn durch mehrere Städte Europas und des Fernen Ostens führte.

Dann endlich, im Februar des darauffolgenden Jahres, war es so weit: Der lang ersehnte Besuch auf Neverland konnte Wirklichkeit werden. June Chandler, Jordies Mutter, kam mit ihm und seiner Halbschwester Lily im Gepäck auf Neverland an. Die Besucher waren vom ersten Augenblick an überwältigt von der Pracht des Anwesens und der Großzügigkeit der Gastfreundschaft, die Michael ihnen angedeihen ließ. Er begrüßte sie als »seine neue kleine Familie«. Mutter und Tochter wurden in einem der Gästehäuser untergebracht, doch Jordie landete nach einer ausgedehnten Besichtigungstour übermüdet in Michaels Schlafzimmer, vor dessen Flügeltür zwei riesige Puppen, die kriegerische Sioux-Indianer darstellten, gleichsam Wache zu halten schienen. Was sich bei diesem und den zahlreichen folgenden Besuchen dort hinter den verschlossenen Türen abspielte, sollte in den Wochen und Monaten danach immer deutlicher in den Fokus bedenklicher Spekulationen rücken.

Über die gemeinsamen Nächte des über Dreißigjährigen mit ihrem etwa zwölfjährigen Sohn scheint Jordies Mutter anfangs wohl schockiert gewesen zu sein, doch als sie Michael darauf ansprach, versicherte er ihr: »Jordie und mich verbindet eine ganz besondere und unschuldige Freundschaft.« Kinder, sagte er, seien unschuldig, solange sie nicht von den Erwachsenen darauf »konditioniert« würden, zynisch zu sein; er liebe Jordie und alle anderen Kinder, weil sie sich gegenüber der bösartigen Welt der Erwachsenen ihre Unschuld bewahrt hätten. Es ist fraglich, ob Mrs. Chandlers Bedenken durch solche Erklärungen wirklich ausgeräumt werden konnten, doch mag das kostbare Diamantenarmband, das ihr Michael zum Dank für ihr Vertrauen geschenkt hat, wohl einiges dazu beigetragen haben.

Geschenke waren für ihn häufig ein Hilfsmittel, das er geschickt einzusetzen wusste, wo Argumente versagten. Mit June, die für seine Aufmerksamkeiten durchaus empfänglich war, hatte er da leichtes Spiel. Anders bei Jordies von dessen Mutter geschiedenem Vater Evan Chandler. Der witterte Unrat, als er Michael anlässlich eines Besuchs im Umgang mit seinem Sohn beobachtete: Die Blicke, die sich die beiden zuwarfen, verschwörerisch anmutende Halbsätze, die ein Geheimnis zwischen ihnen anzudeuten schienen, und vor allem, dass Michael gebeten hatte, in Jordies Zimmer schlafen zu dürfen, all das erschien dem besorgten Vater ganz und gar nicht geheuer, und er beschloss, den Stier bei den Hörnern zu packen. Doch auf seine direkte Frage zeigte sich Michael schockiert und bezeichnete die Zuneigung, die ihn mit Jordie verband, als »kosmisch« – vermutlich meinte er damit so etwas wie schicksalhaft. Sexuelle Motive stritt er indessen energisch ab.

Für eine Weile zeigte sich Vater Chandler beruhigt und förderte das Verhältnis seines Sohnes zu Michael sogar. Doch die Zeit schmiedete die beiden ungleichen Freunde immer enger aneinander. Jordie weigerte sich schließlich, Gleichaltrige zu treffen oder an Schulveranstaltungen teilzunehmen. Auch entfremdete er sich seinen Eltern immer mehr. Er lebte sozusagen von einer Begegnung mit Michael bis zur nächsten, führte stundenlange Telefonate mit ihm und übernahm völlig kritiklos die skurrilen Ansichten seines Idols – eine Situation, die kein verantwortungsbewusster Vater hingenommen hätte. Evan forderte von June das Sorgerecht für seinen Sohn und ließ ihr gerichtlich verbieten, diesen weiterhin zu Besuchen nach Neverland zu bringen.

Es kam, wie es kommen musste: Das Zerwürfnis zwischen den Beteiligten war unwiderruflich. Am Zug waren nunmehr die Anwälte und bald auch der Beamtenapparat der Jugendwohlfahrt und in deren Gefolge die Staatsanwaltschaft. Es war Vater Chandler gelungen, mit Hilfe eines sogenannten »Wahrheitsserums«, das er seinem Sohn während einer Zahnbehandlung verabreicht hatte, Jordie dazu zu bringen, sexuelle Handlungen mit Michael zuzugeben. Dabei soll auch von bestimmten Körpermerkmalen die Rede gewesen sein, die auf ein gewisses Maß von Intimität schließen ließen. Für den Außenstehenden musste dabei freilich unklar bleiben, wie weit Evan durch beharrliche Suggestivfragen bei solchen Aussagen nachgeholfen haben mag. Ähnliches gilt für ein weiteres Gespräch, das von einem Psychiater mit Jordie geführt wurde; durch dieses kam dann eine ganze Lawine von Vorwürfen ins Rollen, die beinahe zur beruflichen wie psychischen Vernichtung des Showstars geführt hätte. Während er sich noch auf einer Tournee im fernen Bangkok befand, kam es auf der Neverland-Ranch zu einer Razzia, in deren Verlauf Tonnen von »Beweismaterial« beschlagnahmt wurde, von persönlichen Tagebüchern und Fotomaterial bis hin zu benutzter Bettwäsche. Für Michael, der mit seiner Intimsphäre extrem restriktiv umging, muss allein der Gedanke daran der blanke Horror gewesen sein. Diskretion war bei dieser nach bester US-Sheriff-Manier durchgeführten Aktion keineswegs gefragt. Vielmehr scheint es den damit Beauftragten ein zynisches Vergnügen bereitet zu haben, das Privatleben des anrüchigen Stars zu durchforsten. Schließlich schwirrten so viele bizarre Gerüchte über ihn durch die Presse, da konnte es durchaus als Privileg betrachtet werden, sich an Ort und Stelle ein Bild zu verschaffen und möglicherweise durch gezielte Indiskre-

tionen selbst ein wenig an dem großen Kuchen mitzu-
naschen. Sensationelles geriet freilich kaum in die Hände
der emsigen Spürhunde. Jemand wie Michael Jackson
hatte schließlich jede Menge gut arbeitendes Dienstpersonal, und die Leute wussten auch ohne ausdrückliche
Anweisungen des Chefs, was sie zu tun hatten. Kurz: Auf
Neverland hatte lange vor der bevorstehenden Razzia ein
größeres Saubermachen stattgefunden, sofern dies tatsächlich notwendig war.

Höhepunkt der gerichtlichen Anordnungen war eine
körperliche Untersuchung, bei der die Angaben, die von
Jordie stammten, auf ihre Richtigkeit geprüft werden
sollten. »Behandelt mich nicht wie einen Verbrecher,
ich bin unschuldig!«, soll der ob dieses Ansinnens am
Rand eines Zusammenbruchs stehende Showstar gefleht
haben. Doch die Justizmaschinerie blieb unerbittlich: Er
musste diese für ihn nahezu unerträgliche Demütigung
über sich ergehen lassen. Mit einem Wort: Es wurde in
und um die Causa Neverland so viel Schmutzwäsche
gewaschen, dass auch eine robustere Natur darunter
zusammengebrochen wäre. Dass bei all diesem Hin
und Her – war Mr. Jackson nun ein verirrter Pädophi-
ler oder war er es nicht? – auch beachtliche Geldsum-
men im Spiel waren, machte die Sache nicht besser. Immerhin, der Fall wurde gegen die Zahlung von mehr als
zwanzig Millionen Dollar an Jordie bzw. dessen Eltern
schließlich beigelegt. Die darüber empörte Liz Taylor
konnte wohl zu Recht behaupten, dass es sich dabei um
eine gut ausgeklügelte Erpressung seitens der Chandlers
gehandelt habe. Liz war es auch, die sich während all dieser Querelen als verlässliche Freundin erwies, die dem
zwischendurch medikamentensüchtigen Michael bei
einer notwendigen Entziehungskur zur Seite stand und
ihn ermutigte, einen neuen Anfang zu wagen. In diesem

Entschluss wurde er dann vor allem auch durch seine Beziehung zu Lisa Marie Presley bestärkt, der Tochter des einstigen King of Rock 'n' Roll. Wenig später kam es zur Ehe der beiden. Es muss für Michael viel bedeutet haben, die Tochter jenes Mannes zu ehelichen, den er immer als unüberwindlichen Rivalen empfunden hatte.

Die Ehe ließ sich zunächst höchst erfreulich an, Michael dürfte dabei sein eigenes sexuelles Potenzial entdeckt haben. Jedenfalls äußerte sich seine Frau begeistert über seine Qualitäten im Bett. Doch ungeachtet einer zunächst durchaus gelungenen Beziehung kriselte es doch bald wieder in seinem Leben; nicht zuletzt, weil er weiter darauf bestand, Kinder »in aller Unschuld«, wie er immer wieder beteuerte, bei sich übernachten zu lassen, »wenn sie das wollen und ihre Eltern es ihnen erlauben«. Auch war er von einem heftigen Wunsch beherrscht, selbst Vater zu werden, was seine Frau ablehnte, da sie eigene Kinder aus einer vorangegangenen Ehe hatte. Sie war ganz und gar nicht bereit, noch einmal schwanger zu werden, zudem wäre es für sie wohl unvorstellbar gewesen, einem so labilen Mann die Erziehung zu überlassen.

Doch wenn Michael etwas unbedingt haben wollte, fand er meist auch Wege, es zu bekommen. In diesem Fall brachte Debbie Rowe, eine Krankenschwester, die er bei einem seiner zahlreichen Klinikaufenthalte kennengelernt hatte, die Lösung des Problems: Sie war bereit, für ihn eine Leihmutterschaft zu übernehmen. Dies und der Umstand, dass Michael weiterhin problematische Beziehungen zu seinen jugendlichen Freunden unterhielt und mit zweien von ihnen sogar einen Ferientrip nach Paris unternehmen wollte, brachte nach nur zwanzig Monaten seine Ehe zum Scheitern: Lisa Marie trennte sich von ihm, obwohl sie behauptete, ihn immer noch zu lieben.

Doch seine Eskapaden schienen den für sie gerade noch erträglichen Toleranzpegel überschritten zu haben.

Michael entschloss sich nach einigem Zögern, die zukünftige Mutter seines ersten Sohnes zu ehelichen – nicht weil er sie liebte, sondern vielmehr, weil seine Mutter Katherine es dringlich von ihm gefordert hatte. »Trauzeuge« war bizarrerweise sein »Neffe« Anthony – ein achtjähriger Junge, der gut und gerne als Doppelgänger seines einstigen Lieblings Jordie hätte durchgehen können. Ob und wie das jung vermählte Paar seine Hochzeitsnacht verbrachte, blieb wieder einmal Spekulationen überlassen, die Michael nach wie vor, einem gefährlichen Wespenschwarm gleich, umsurrten. Debbie gebar ihm zwei Kinder: Michael I und eine Tochter, Paris – doch er gab ihr nie die Chance, Muttergefühle zu entwickeln oder mit ihm und den Kindern auf Neverland zu leben.

Sein jüngerer Sohn, Prince II, wurde angeblich nach künstlicher Befruchtung von einer anonym gebliebenen Leihmutter ausgetragen. Vermutlich wollte er Debbie nicht durch ein weiteres Kind Einfluss auf sich einräumen. Für Michaels Vatergefühle spielten die Mütter offenbar keine wesentliche Rolle. Dass Debbie womöglich darauf Anspruch erheben würde, Teil seiner Familie zu sein, wäre ihm wohl nie in den Sinn gekommen. Er, der Vater, wollte der einzige Elternteil sein, der im Leben seiner Kinder zählte.

Auf Neverland wurden seine Sprösslinge von rund einem Dutzend Kinderschwestern umsorgt, und obwohl natürlich ein mit allen Annehmlichkeiten versehenes Kinderzimmer zur Verfügung war, stand die Wiege von Prince, wie später auch der anderen Kinder, doch viele Nächte im Zimmer seines Vaters, von dem er oft ganz persönlich betreut wurde. Vorbehalte gegen Windelwechseln und Fläschchengeben kannte Michael offenbar nicht.

Vor der Presse gestand er, sich so »irrsinnig« auf seine kleine Tochter gefreut zu haben, dass er sie fast unmittelbar nach der Geburt an sich gerissen und zu sich nachhause »entführt« habe. Seine Aufmerksamkeit gegenüber der Mutter beschränkte sich auf einen zugegebenermaßen beträchtlichen Scheck, den er ihr in die noch schweißfeuchten Hände gedrückt hatte.

Wie nicht anders zu erwarten war, Michaels Umgang mit seinen Kindern erregte ebenso viel öffentliches Aufsehen wie seine übrigen Eskapaden. Welcher Vater käme wohl auf die Idee, seinen kleinen Sohn über die Balkonbrüstung eines Berliner Hotels baumeln zu lassen? Oder, als die Kinder schon größer waren, sie ständig mit Karnevalsmasken oder sonstigen Gesichtsverhüllungen herumlaufen zu lassen? Immerhin – die Zeit, die er mit seinen Kindern verbrachte, hätte für Michael die glücklichste seines Lebens werden können, doch wieder kam ihm seine fatale Neigung, die Sprösslinge anderer Familien in seinen engsten Lebensbereich einzubeziehen und sie mit Geschenken und Zuneigung zu überschütten, in die Quere. Diesmal war ein krebskranker Junge aus einer einigermaßen dubiosen Latino-Familie der Stein des Anstoßes. Gavin Arvizo gelangte durch die Vermittlung eines von Michaels Bekannten zu einer Einladung nach Neverland. Michael verhielt sich ihm gegenüber so großzügig und hilfsbereit wie immer in solchen Situationen. Es schien, als habe er aus seinen trüben Erfahrungen mit Jordie nicht das Mindeste gelernt. Im Gegenteil: In einer Dokumentation des prominenten Journalisten Martin Bashir zeigt er sich Hand in Hand und zärtliche Blicke tauschend mit dem Jungen und bestätigt, dass Gavin häufig in seinem Bett schläft. Michael erklärte dazu: »Ich habe mit vielen Kindern im Bett geschlafen. Warum sollen sie ihr Bett nicht teilen? Es ist die liebevollste Sache der Welt, sein Bett mit jemandem zu teilen. Wenn Sie Bett sagen, meinen Sie etwas Sexuelles. Es wird etwas Sexuelles daraus gemacht, aber das ist es nicht. Wir schlafen nur in einem Bett zusammen, ich nehme sie zu mir ins Bett, wir hören ein bisschen Musik, dann kommt die Zeit für Geschichten, und ich lese ihnen etwas vor. Wir gehen zu Bett, wenn der Kamin noch warm ist. Ich gebe ihnen Kekse und warme Milch. Das ist sehr bezaubernd und süß, die Menschen auf der ganzen Welt sollten es so machen!« Es war sein Verhängnis, dass die Menschen der ganzen Welt diese Auffassung ganz und gar nicht teilten.

Es blieb rätselhaft, was die Familie Arvizo schließlich dazu brachte, ihre anfänglich begeisterte Dankbarkeit für alles, was Michael für die Gesundung Gavins unternommen hatte, plötzlich ins Gegenteil zu verkehren. Die ursprünglichen Beteuerungen einer unschuldigen Freundschaft mutierten zu immer gewagteren Anschuldigungen. Nun war von sexuellen Ausschweifungen die Rede, es hieß, Michael habe den Kindern Alkohol zu trinken gegeben, um sie gefügig zu machen. In einer seltsamen Perversion des katholischen Wandlungsrituals habe er diesen Wein »Jesu Blut« genannt. Wie er, der einst ein Zeuge Jehovas gewesen war, zu dieser skurrilen Bezeichnung gekommen sein soll, ist schwer erklärbar. Doch die Arvizos waren Latinos und somit wahrscheinlich katholisch, es ist also anzunehmen, dass die Geschichte von ihrer Seite lanciert wurde. Vermutlich hatten sie sich, angeregt von dem bekannten Beispiel der Chandler-Familie, darauf verständigt, dass ihre Vorwürfe gegen den auf diesem Gebiet ohnehin schwer angeschlagenen Popstar ein einträgliches Geschäft sein würden. Wie auch immer, es gelang der Anklage nicht, in einem Prozess, der sich über viele Tage hinzog und ihn wieder einmal an den Rand eines Zusammenbruchs führte, die Geschworenen von Michaels Schuld zu überzeugen. Seine letzte Bettgeschichte brachte ihn nicht, wie seine Feinde gehofft hatten, ins Gefängnis, doch sie reichte aus, um ihn und seine Karriere zu zerstören. Von seinen Kindertagen an hatte er darauf bestanden, in seiner eigenen Welt zu leben, doch nie konnte er sich der Realität außerhalb seines eigenen Selbst verständlich machen.

Genauso gut hätte er ein Alien aus einer fremden Galaxie sein können, und für viele, die seinen skurrilen Lebensweg kreuzten, war er wohl so etwas Ähnliches. Mag er auch offiziell an einem Medikamentencocktail gestorben sein, der ihm von seinem Arzt verabreicht wurde, die tiefere, weil innere Wahrheit ist wohl: Er starb an seinem Unvermögen, sich mit der Welt der Erwachsenen, die er als zynisch und zerstörerisch betrachtete, zu arrangieren. In seinem Innersten ist er Peter Pan geblieben, der Junge, der nie erwachsen wurde. Jedoch: Peter Pan ist mit ihm gestorben und die »Insel Neverland« von einem scheinbaren Kinderparadies zum Museum mutiert …

Intermezzo X
Der indiskrete Blick durchs Schlüsselloch

Der Blick durch das Schlüsselloch in die Schlafgemächer der Großen und Mächtigen, manchmal aber auch nur der Reichen und Berühmten übte immer schon eine große Anziehungskraft auf die Menschen aus. Seit sich im 17. Jahrhundert der Berufsstand der Journalisten allmählich herausgebildet hatte, fanden sie ihre wichtigste Aufgabe darin, die Neugierde des Volkes in dieser Hinsicht umfassend zu befriedigen. Soweit es die Königshöfe früherer Zeiten betraf, hatte das Volk – oder doch seine Repräsentanten – das Recht, das Bett des Königs zu besichtigen und ihm dabei seine Reverenz zu erweisen. Ergänzend zu dieser Bettenschau machten es sich die Herausgeber verschiedener Gazetten zur Aufgabe, pikante Geschichten darüber zu verbreiten, was sich hinter den geschlossenen Bettvorhängen abspielte. Oft genug wurden solche brisante Bettgeschichten auch zu einem Mittel der Politik. Ein unliebsam gewordener Herrscher oder auch nur ein Mitglied der Regierung konnte durch subtile Berichte aus seinem Intimleben gleichsam an den Pranger gestellt werden. Freilich mussten die Urheber solcher Skandalgeschichten vorsichtig zu Werk gehen, um nicht mit der allgegenwärtigen und gefürchteten Zensur in Konflikt zu kommen. In vielen Fällen riskierte man, für unstatthafte Berichterstattung mit Gefängnis bestraft zu werden. Doch wo immer sich kleine und große Skandalgeschichten als publikationstaugliches Material erwiesen, taten die Presseleute mehr oder minder wagemutig ihr Bestes, um es unter die Leute zu bringen.

Aufstieg und Fall bedeutender Persönlichkeiten war damals schon zu einem nicht unbedeutenden Teil vom Wohlwollen einer allzeit geschäftigen Presse abhängig. Selbst allerhöchste Herrschaften wie die französische Königin Marie Antoinette verdankten ihren angeschlagenen Ruf bei den Franzosen einer emsig gegen sie schürenden »Journaille«. Der mehr oder weniger ernsthafte Aufdeckerjournalismus sieht auch heute noch seine wesentliche Rolle darin, Missstände anzuprangern und das Fehlverhalten von in der Öffentlichkeit wichtigen Persönlichkeiten an den Tag zu bringen. Doch damit nicht genug. Allmählich bildete sich eine ganz bestimmte Art von Berichterstattung heraus, die sich vor allem auf das Privatleben von Prominenten spezialisierte. Diese sogenannte Yellow Press wird ausschließlich von Gesellschaftsklatsch gespeist. Ihr Fokus richtet sich mehr oder weniger zunächst auf gekrönte Häupter und wichtige öffentliche Personen. Große politische Affären wie die Spionageskandale um Günter Guillaume zur Zeit der Regierung Brandt oder um den Verteidigungsminister John Profumo in England, aber auch Watergate in den USA oder die Amouren der amerikanischen Präsidenten Kennedy und Clinton sind durch diese Art der Information ans Tageslicht gekommen und haben gewaltige Wellen geschlagen.

Heute ist man in dieser Hinsicht bescheidener geworden. Neben Theater- und Filmstars kommen auch Sportgrößen, Pop-Ikonen und Kurzzeitstarlets in den Genuss intimer journalistischer Beobachtung. Schließlich kann ein ebenso neugieriges wie indiskretes Publikum nicht genug davon bekommen zu erfahren, was sich in Madonnas Schlafzimmer tut, wer von den Prominenten seine Nächte mit dieser oder jener Model-Queen verbringt oder welche High-Society-Lady sich demnächst scheiden lassen wird. So oder ähnlich lauten die Fragen der Gesellschaftsreporter, deren Karriere und Einkommen von den brisantesten Storys und den heißesten Schnappschüssen abhängen, die sie ihren Herausgebern liefern können. Bettgeheimnisse zu entschlüsseln, gehört zu den pikantesten und oft auch verwegensten ihrer Aufgaben, und nicht selten gewinnen sie durch ihre indiskreten Tätigkeiten einen äußerst problematischen Einfluss auf die Opfer ihrer professionellen Neugierde. Personen wie die als Filmikone ihre Zeit überdauernde Marilyn Monroe, der Popstar Michael Jackson oder die tragisch gescheiterte Prinzessin Diana litten oft genug unter der massiven Zudringlichkeit, mit der ihnen die Presseleute zu Leibe rückten. Allerdings ist hier eine deutliche Wechselwirkung zu beobachten. Denn zumeist war es ja gerade ein Bündnis mit bestimmten Presseerzeugnissen, das ihre Prominenz begründete. In vielen Fällen lieferten sie selbst den Stein des Anstoßes, der sie später förmlich überrollte. Und meist erkannten sie zu spät, dass ihr ganzes persönliches Leben davon überschattet und vor allem ihre dunklen Bettgeheimnisse vor aller Augen ausgebreitet und so sie selbst zu Jagdtrophäen öffentlicher Indiskretion wurden.

Diana – Prinzessin im Tränenbett

»Ich habe einen Prinzen geküsst, und er ist zum Frosch geworden«, soll Diana, die einstige Prinzessin von Wales, über ihren verflossenen Gatten gesagt haben. Obwohl aus uraltem Adelsgeschlecht, begann sie ihre Karriere als eine Art Aschenputtel. Ihre Schulbildung war minimal, von einer Berufslaufbahn konnte keine Rede sein. Wie viele Töchter aus gutem Haus absolvierte sie eine Art Sozialjahr mit Putzen und Kinderbetreuung. In einem vornehmen Schweizer Internat lernte sie eine kurze Zeit lang kochen und ein bisschen Französisch parlieren. Im Übrigen verbrachte sie ihre Zeit mit Tagträumen von einem Prinzen, der sie später heiraten und ihr einen ganz besonderen Status verleihen würde.

Das Aschenputtel gehörte Englands Hochadel an. Mehrere ihrer Ahnfrauen kreisten als Mätressen um die Könige ihrer Zeit. Die berühmteste von ihnen war Babara Palmer, die Geliebte König Charles' II. Stuart. Ihre Nachfolgerin bei dessen Bruder James war Arabella Churchill. Im 18. Jahrhundert versuchte Sarah, die Herzogin von Marlborough, ihre Nichte, eine andere Diana Spencer, mit Georg Friedrich Händels König, Georg II., zu verkuppeln. König Georg IV. war mit einer weiteren Spencer-Dame, der Lady Frances Villiers, Gräfin von Jersey, liiert. Kurz, es bestanden von jeher intensive Beziehungen zwischen dem Königshaus und den Spencer-Frauen. Die Spencer des 20. Jahrhunderts machten da keine Ausnahme. Sarah, die älteste von drei Schwestern, war eine Zeit lang Charles' Freundin – eine unter vielen. Aber: Für Diana bedeutete das bereits in relativ jungen Jahren eine Art Eintrittskarte zum Hof.

Und so wurde sie, die noch immer eher einem Schulmädchen als einer Dame von Stand glich, auf Sandringham und Balmoral, den Freizeitschlössern der Queen, eingeladen und war durchaus entschlossen, jede Möglichkeit zu nutzen, mit dem Prinzen in Kontakt zu kommen. Als sie sich vom hässlichen Entlein allmählich in einen anmutigen Schwan zu verwandeln begann, fühlte der Prinz sich durch ihre offen zur Schau getragene Bewunderung geschmeichelt. Er begann darauf zu reagieren.

Für Außenstehende war es nicht leicht zu erkennen, was Diana sich mehr wünschte, den Prinzen oder den Titel. Beobachtern der Romanze schien es ziemlich offensichtlich, dass Charles vom mädchenhaften Charme Dianas bezaubert genug war, ihr zum Entzücken der gesamten Familie den begehrten Ring an den Finger zu stecken. Sie hatte zu diesem Zeitpunkt wohl keine Ahnung, dass sie damit auch den gesamten Hofstaat würde heiraten müssen. So träumte sie von einer Liebesheirat mit ewigen Flitterwochen und sah nicht, welche Klippen und Gefahren bei Hofe auf eine junge Frau warteten, die in relativer Freizügigkeit aufgewachsen war. Für Diana, die Charme und Sensibilität ihr Eigen nannte, war die Märchenhochzeit, die sich anbahnte, die Erfüllung ihrer Jungmädchenträume, aber sie zog daraus die verkehrten Schlüsse. Was ihr bevorstand, war keineswegs ein ewiger Liebesrausch, wie er in den zahllosen Bestsellern ihrer Stiefgroßmutter Barbara Cartland beschrieben wurde, sondern der Eintritt in eine Familie mit festgefügten Regeln und Gesetzen, denen sich kein Mitglied nach Belieben entziehen konnte.

Thronfolger heiraten aus dynastischen Gründen: um die Nachfolge zu sichern – und um dem Volk eine festliche Show zu bieten. Für England waren im 20. Jahrhundert zwei große Hochzeiten ein Lichtblick in trüben Zeiten. Das galt vor allem für die junge Prinzessin Elizabeth. Als sie an einem grauen Novembertag ihrem Marineleutnant Philip Mountbatten das Jawort gab, sahen ihre Untertanen dies als einen Auftakt zu einem besseren Leben. Die Kriegswunden waren am Heilen. Lebensmittelkarten und sonstige kriegsbedingte Einschränkungen verschwanden. War die offenbar glückliche Elizabeth, die den Mann bekommen hatte, den sie wollte, nicht ein Garant für anbrechende bessere Zeiten?

An die Ehe von Charles und Diana knüpften sich ähnliche Hoffnungen. Auch sie wurde in politisch harten Zeiten geschlossen. Margaret Thatcher führte als Premierministerin ein eisernes Regiment, das zur Verarmung der Massen führte. Einschneidende Maßnahmen im Gesundheits- und Sozialwesen brachten schmerzhafte Einschnitte und Arbeitslosigkeit für breite Bevölkerungsschichten. Da versprach die Hochzeit des Thronfolgers mit einem sensiblen Mädchen, dem die Tränen des Mitgefühls leicht in die Augen traten, den Beginn eines freundlicheren Daseins.

Auf Diana freilich traf das nicht zu. Schon die monatelangen Vorbereitungen auf das große Ereignis und der damit verbundene Einzug in den Buckingham-Palast machten sie krank, als ihr bewusst wurde, dass ihr Leben von nun an keineswegs ein andauernder Honeymoon, sondern vielmehr eine vergoldete Tretmühle sein würde. Ihr sensibles Nervensystem reagierte mit wiederholten Bulimie-Attacken. Prinzessin von Wales zu sein bedeutete, wie sie mit Schrecken erkannte, nicht nur ein gerüttelt Maß an Arbeit, sondern auch an Einschränkungen, Zeit, die sie getrennt von ihrem Gatten verbringen musste. Spontaneität war bei Hof nicht gefragt, die Planung der Termine musste meist schon Monate vorher abgeschlossen sein und galt dann als unumstößlich.

Doch zunächst stand die Traumhochzeit an, und ganz England, ja beinahe die ganze Welt nahm entzückt daran teil. »Als wir geheiratet haben, waren wir sehr verliebt ineinander«, stellte Charles in einem melancholischen Rückblick nach Dianas Tod fest. In den Wochen vor der Hochzeit klang das anders: »Ich wünsche mir sehr, für das Land und die Familie das Richtige zu tun, aber ich habe auch Angst, ein Versprechen abzulegen und es dann ein Leben lang zu bereuen.« Auch Diana hatte Angst: »Ich überlebe es nicht, wenn nichts draus wird«, soll sie während eines längeren Australien-Aufenthalts ihres Prinzen geklagt haben.

Die Hochzeitsnacht verbrachte das Paar auf dem Landsitz der Mountbattens, auf dem bereits Elizabeth ihre zweifellos unbeschwertere Hochzeitsnacht mit Philip gefeiert hatte. Über dem Kamin hing ein französischer Stich aus dem 18. Jahrhundert: eine Dame bei ihrer Toilette, ihr zu Füßen ein schmachtender Kavalier; darunter eine Gravur, die nicht sehr ermutigend für ein junges Paar geklungen haben mag: »Achtung, Zärtlichkeit, Neigung, an diesem Tag alles versiegt; bald wird Hymen ermatten, und sieh da, die Liebe verfliegt.« Ob die Braut da an ein böses Omen gedacht haben mag?

Schon die Flitterwochen auf der königlichen Yacht Britannia ließen sich nicht wie erwartet an. Charles verbrachte viel Zeit mit Lesen, während seine Frau nicht recht wusste, wohin mit sich. Es stellte sich heraus, dass die Interessen des jungen Paares sehr verschieden waren. Die beiden würden es schwer haben, sich außerhalb des Bettes miteinander zu verständigen. Jenes auf der Yacht war nun allerdings von beachtlichen Dimensionen, eine königliche Liegewiese, die beinahe den gesamten eleganten Kabinenraum ausfüllte. Prinzessin Anne höchstpersönlich hatte zu dieser Neuanschaffung geraten, denn als sie selbst mit ihrem Gatten Mark Phillips diese Hochzeitskabine benützt hatte, mussten erst einmal die darin befindlichen Doppelbetten vertäut werden, weil sie bei starkem Seegang auseinanderzudriften pflegten und so ein trautes tête-à-tête der Neuvermählten behinderten. Für Charles und Diana war also vorgesorgt, zumindest soweit es ihr Flitterwochenbett betraf. Weniger gut stand es um ihren gemeinsamen Aufenthalt auf Balmoral Castle. Die Prinzessin hatte Schwierigkeiten, den gemeinsamen Landaufenthalt mit der gesamten Familie über sich ergehen zu lassen. Lange Spaziergänge bei jeder Witterung, Jagdausflüge und Überlandritte waren keineswegs ihre Sache. Als echtes Stadtkind zog sie Shoppingtouren und Dinnerpartys entschieden vor.

Sowohl in Highgrove, dem Landsitz des Paares, als auch im Kensington Palace, einem großen städtischen Wohnsitz der Royals, verwendete Diana viel Sorgfalt auf die Gestaltung eines gemeinsamen Schlafzimmers, dessen Mittelpunkt ein riesiges, über drei Meter breites Bett bildete. Daneben verfügten sowohl Charles als auch Diana über eine eigene Zimmerflucht mit separaten Schlafzimmern. Wenn Diana gehofft hatte, die meisten ihrer Nächte gemeinsam mit ihrem Gatten zu verbringen, dann sah sie sich in dieser Erwartung bald enttäuscht. Nachdem sie überraschend schnell schwanger geworden war, zog sich ihr Gatte wieder in sein eigenes Revier zurück und verbrachte seine Nächte wie in seiner Junggesellenzeit allein in seinem eigenen Zimmer. Zu erkennen, wie ihr Mann wieder in seine alten Gewohnheiten verfiel und sie gleichsam in einer endlosen Warteschleife um ihn kreiste, machte sie in des Wortes wahrstem Sinne krank. Die schlimmste Demütigung aber war, dass Charles wieder Verbindung mit seiner früheren Freundin Camilla Parker-Bowles aufnahm. Die beiden waren einander einmal sehr nahegestanden, doch nun war Camilla verheiratet; Charles hatte sich seinerzeit nicht für sie entscheiden können, sie aber auch nie vergessen. Jetzt führte er lange Telefongespräche mit ihr und suchte jede Gelegenheit zum Kontakt mit ihr. Das war zu viel für Diana. Die Bulimie, an der sie schon vor ihrer Eheschließung gelitten hatte, machte sich wiederum heftig bemerkbar. Sie misshandelte ihren Körper, weil es ihm nicht gelungen war, ihren Gatten ausreichend an sie zu binden. Dabei war die royale Welt kurz zuvor noch relativ in Ordnung gewesen.

Die Geburt eines kleinen Prinzen hatte das Land und die Familie in einen Taumel freudiger Erregung versetzt. Die erste und wichtigste Aufgabe war von der Prinzessin mit Bravour erfüllt worden; die 41 Salutschüsse, die den kleinen Thronfolger ankündigten, hätten für sie zum Triumph werden können, doch die Lebensumstände, die ihr zur Dauerbelastung geworden waren, verhinderten dies.

Von der jungen Frau wurde wie von allen Mitgliedern der Königsfamilie erwartet, dass sie sich nahtlos in das Räderwerk des Hofes einfügt. Der Prinz hingegen hatte seinerseits nicht das mindeste Bedürfnis, an seiner Lebensführung etwas zu ändern. Von Diana aber verlangte er, dass sie sich seinem Tagesablauf anpasste. Dafür hatte man ihr Berater zur Verfügung gestellt, die sie in ihre öffentlichen Aufgaben einführen und ihr ihre Rolle im Leben ihres Gatten klarmachen sollten. Sie allerdings hatte eine völlig andere Vorstellung von ihrer Ehe. Sie wollte geliebt werden, und als »Liebesbeweis« erwartete sie, dass sich der Prinz von allem trennte, was dem im Wege stand. So setzte sie alles daran, um Einfluss auf Charles' Lebensgewohnheiten zu gewinnen, was fast unmöglich war, solange dessen Privatsekretär Anspruch darauf erhob, jede Einzelheit im Leben seines Herrn zu regeln. Es muss für Diana sehr enervierend gewesen sein, sich jedes Mal bei ihm anmelden zu müssen, wenn sie ihren Mann spontan besuchen wollte. Bald war es kein Geheimnis mehr, dass Diana auf alles eifersüchtig war, was Charles von ihrer Person ablenken konnte.

Aber auch bei ihm spielte Eifersucht eine nicht unbedenkliche Rolle. Dabei ging es ihm nicht um ihre zahlreichen Bewunderer, sondern um ihre Wirkung bei den gemeinsamen öffentlichen Auftritten. Ob sie es wollte oder nicht, es muss für den Prinzen schmerzlich gewesen sein, wenn die Leute, die bei Staatsbesuchen oder anderen Gelegenheiten die Straßen säumten, auf Dianas Seite wechselten, um von ihr begrüßt zu werden. Dazu kam Dianas zwiespältiger Umgang mit der Presse. Einerseits hatte sie dort von Anfang an gute Karten und suchte bei den Presseleuten Beistand gegen das sterile Hofleben. Andererseits freilich fühlte sie sich von denselben Presseleuten oft auch verfolgt und nicht selten bloßgestellt.

Alle diese Umstände änderten sich auch nach Williams Geburt nicht. Das Königskind gab vielmehr Anlass zu neuen Differenzen. Charles war ein anhänglicher Vater und beschäftigte sich viel mit dem Kleinen, was Diana ihrerseits als einen unzulässigen Eingriff in ihre Domäne verstand. Sie war eisern entschlossen, ihren Nachwuchs zu modernen Menschen zu erziehen, die sich nicht an verkrustete Konventionen klammerten, wie dies bei den Kindern der Queen der Fall gewesen war. Ihre Kinder sollten vielmehr das wahre Leben mit all seinen Sonnen- und Schattenseiten kennenlernen. Die Reaktionen aus der Bevölkerung zu diesem Vorhaben waren geradezu enthusiastisch.

Um ihr Baby während einer mehrwöchigen offiziellen Australien-Reise des Paares nicht allein und in fremden Händen zurückzulassen, bestand Diana darauf, es mitzunehmen. Tatsächlich schienen diese Wochen noch einmal so etwas wie eine friedliche Idylle heraufzubeschwören. Das Kind samt Kindermädchen wurde auf einen passenden Landsitz gebracht, und ungeachtet zahlreicher öffentlicher Auftritte fanden sich doch immer wieder Tage, an denen »Familienleben« angesagt war. Der kleine William war es auch, der die Eltern, wieder zurück in England, miteinander erneut etwas vertrauter machte. Hatte es ihnen vorher an Gesprächsstoff gefehlt, konnten sie sich nun stundenlang mit William beschäftigen, der ihr beider Entzücken war – solange es nicht zu Streit in Erziehungsfragen kam.

So wagte das Paar denn trotz aller Probleme den Schritt zu einem zweiten Kind. Charles verbrachte seine Nächte wieder im gemeinsamen Ehebett. »Ich denke, Diana hatte viel Spaß damit, schwanger zu werden«, stellte eine ihrer Freundinnen außerhalb des Palastes fest. Vielleicht war sie auch »guter Hoffnung«, dass mit ihrer Ehe zuletzt doch noch alles gut werden könnte. Immerhin zeigte sich Charles auch diesmal als ein aufmerksamer Vater. Er weilte während der Geburt am Bett seiner Frau und erwies seinen Kindern mehr Zuwendung an Zeit, als in der königlichen Familie üblich war. Im Übrigen war Kindererziehung schließlich die Aufgabe der Mutter, und Diana wachte eifersüchtig darüber, dass ihr keiner die Liebe der Kinder stahl. Denn für die musste »Mummy« immer an allerallererster Stelle stehen. »Wer hat dich am meisten lieb?«, pflegte sie den kleinen William zu fragen, und natürlich erwartete sie immer wieder die strahlende Antwort: »Das ist Mummy!«

Unter solchen Umständen konnte eine dauerhafte Beruhigung in dieser ohnehin permanent gefährdeten Beziehung nur schwerlich eintreten – im Gegenteil, es kam noch schlimmer. Charles mied nach Harrys Geburt das Bett seiner Frau und nahm die Beziehung zu seiner früheren Geliebten Camilla wieder auf. Diana musste zur Kenntnis nehmen, dass ihr Mann seine Bemühungen um ihre Ehe offenbar aufgegeben hatte.

Auch in der Öffentlichkeit lief es für Diana nur teilweise gut. Bald nach Williams Geburt hatte sie sich zur Stilikone gemausert und zierte seither die Titelblätter unzähliger Magazine. Sie war jetzt nicht mehr »Shy Di«, sondern genoss die Bewunderung, die ihr von allen Seiten entgegengebracht wurde, in vollen Zügen – Grund genug für eine stets hämisch lauernde Presse, nun ihre Eitelkeit und angebliche Verschwendungssucht in den Mittelpunkt ihrer Berichte zu stellen. Resignierend stellte sie fest: »Ich kann einfach nicht gewinnen. Entweder werfen sie mir vor, dass ich zu viel Geld für Kleider ausgebe, oder sie sagen, dass ich immer dasselbe trage. Nie sind sie zufrieden mit mir.« Der Druck auf sie wurde von allen Seiten immer größer: Ihre Ehe war so gut wie am Ende, vom Leben am Hofe wurde sie beinahe erstickt. Was immer sie in der Öffentlichkeit tat, wurde von der königlichen Familie kritisiert, und auch der Ton der Presseberichte wurde zunehmend gehässiger. Sie fühlte sich innerlich zerrissen, was sie im Umgang schwierig werden ließ.

Mit Sarah Ferguson, die als Ehefrau von Prinz Andrew in den königlichen Clan einheiratete, schien sich für Diana das Blatt vorübergehend zum Besseren zu wenden. Die junge Schwägerin, selbst ein bunter Vogel, bestärkte sie darin, ein größeres Maß an Selbstständigkeit für sich einzufordern, Freunde aus ihrer Jungmädchenzeit zu treffen oder an Sportveranstaltungen teilzunehmen. Ein dauerhaftes Mittel gegen das Desaster ihrer Ehe boten solche Aktivitäten allerdings nicht.

Wiederholt versuchte die Königin, den Bruch zu kitten, der sich mehr und mehr als tiefe Kluft erweisen sollte. Doch allmählich wurde allen Beteiligten klar, dass eine Trennung unvermeidlich sein würde. Diana vergoss bittere Tränen in ihrem einsamen Bett, ehe sie damit begann, sich von ihrer männlichen Entourage trösten zu lassen. Mehr und mehr beanspruchte auch sie für sich ein Recht auf »Freundschaft«, wie Charles es in seiner Beziehung zu Camilla reklamierte. Ihr Reitlehrer James Hewitt schien der richtige Mann, ihm ihr Herz auszuschütten und das Elend ihrer Ehe auszubreiten. Die Tröstungen, die er für sie bereithielt, entschädigten sie einigermaßen für ihr freudloses Ehebett. Hewitt gab ihr das Gefühl vertraut-intimer Nähe, nach der sie sich so verzweifelt sehnte. Doch die scheinbare Idylle wurde durch dessen Versetzung nach Deutschland jäh beendet. Bald danach verletzte er das wichtigste Gebot aller heimlichen Leidenschaften, indem er die Indiskretion beging, seine Beziehung zur Prinzessin von Wales in aller Öffentlichkeit auszubreiten. Das hielt Diana nicht davon ab, anderen Männern Einlass in ihr Schlafzimmer zu gewähren – diese verstrickten sich mitunter in ein heißes Liebesgeflüster mit der Frau des Thronfolgers wie etwa James Gilbey, der sie zärtlich »Tintenfischchen« nannte. Unglücklicherweise war Dianas Schlafzimmer »verwanzt«, und so hatte bald das ganze Vereinigte Königreich Gelegenheit, an Tintenfischchens geflüsterten Intimitäten teilzuhaben.

Die »Prinzessin der Herzen«, wie sie wegen ihrer Wirkung auf die Massen inzwischen von der Presse tituliert wurde, sah sich in der schwierigen Situation, dass sie ein zwar erfülltes öffentliches Leben in ihren weitgehend frei gewählten karitativen Aufgaben fand, ihr Privatleben aber unaufhaltsam dem Nullpunkt zusteuerte.

Sie, die im Umgang mit ihren Herzensangelegenheiten eine so unglückliche Hand hatte, verfügte offenbar über eine beinahe magische Begabung, unglückliche und kranke Menschen durch ihre bloße Erscheinung, durch ihre offenkundige Zuwendung zu trösten. Sie schien ihnen zu sagen: »Schaut her, auch ich bin unglücklich, auch mein Leben ist mühselig und beladen, und ich fühle mit euch.« Das galt besonders für ihre Hinwendung zu Aidskranken, die damals nicht nur an dem Wissen litten, dass sie Todgeweihte waren, sondern auch noch das Stigma des öffentlichen Abscheus trugen. Sie waren im letzten Viertel des 20. Jahrhunderts gleichsam die Leprakranken ihrer Zeit, von denen sich jedermann mit Furcht und Schrecken und oft auch mit moralischer Verachtung abwandte, weil man die Ursache ihrer Erkrankung in ihren »amoralischen« Handlungen sah. Diana hingegen war ihnen – man möchte fast sagen: mit dem Mut der Verzweiflung – zugewandt, wie sie auch nicht zögerte, wirklich Aussätzigen die Hand zu reichen. Bewunderer nannten sie eine zweite Mutter Teresa.

Es kam das Jahr 1992, das in die Chronik der Queen als annus horribilis eingehen sollte. Eine Lawine von Turbulenzen schien in diesem Jahr über die Familie hereinzubrechen. Sarah Ferguson, die bizarre Gattin von Prinz Andrew, wurde ebenso geschieden wie die Tochter der Königin, Prinzessin Anne. Die unglückliche Bettgeschichte ihrer Schwiegertochter, der Frau des Thronfolgers, machte durch das Buch des Journalisten Andrew Morton, Diana: Her True Story, die Runde. Es beruhte, wie Morton selbst zugab, auf Tonbandinterviews der Prinzessin. »Sie sah sich gefangen in der Falle einer auf bittere Weise unerfüllten Ehe, an ein gefühlloses monar-

chisches System gekettet und an ein vollkommen unrealistisches Image ihres Lebens gefesselt«, verteidigte der
Autor später diesen fatalen Schritt Dianas an die Öffentlichkeit. Nun war die Trennung des unseligen Paares nur
noch eine Frage der Zeit. Immerhin dauerte es noch fast
vier Jahre, bis es 1996 nach einer zunächst nur formalen
Trennung schließlich zur endgültigen Scheidung kam.

»Man muss eine Menge Frösche küssen, um einen
Prinzen zu finden«, wandelte die von ihrem einstigen
Traumprinzen endlich befreite Diana den bitteren Scherz
ab. Nun lag es an ihr, sich eine neue Aufgabe und neue
Lebensziele zu suchen. Zwar war ein gewisses Maß an
Rücksichtnahme auf den Hof wegen ihrer Kinder nach
wie vor notwendig. Königskinder, und gar solche mit
Nachfolgestatus, gehören dem Staat und nur sehr bedingt
der eigenen Mutter, wenn das Paar sich getrennt hat.
Diana, die bei ihrer Scheidung hart um ihre vormaligen
Rechte gekämpft hatte, wusste, dass sie in dieser Hinsicht
auf den guten Willen der Familie angewiesen war, und
das legte ihrem Freiheitsdrang in gewisser Weise Zügel
an. Auch bemerkte sie ziemlich rasch, dass der Goldene
Käfig, über den sie sich mehr als ein Jahrzehnt lang so
heftig beklagt hatte, für sie in gewisser Weise auch Schutz
gegen eine immer zudringlicher werdende Presse gewesen war. Die Reportermeute, die nicht davon abließ, hinter ihr her zu hecheln, ging mit der geschiedenen Prinzessin wesentlich respektloser um, als sie dies mit Ihrer
Königlichen Hoheit getan hatte.

Diana präsentierte sich jetzt vor allem als Mutter der
Königskinder, von denen sie sagte: »Meine Kinder müssen einmal die Monarchie verändern.« Sie wollte sie mit
der Wirklichkeit in ihrem Land konfrontieren und ihnen
zeigen, wofür sie gebraucht würden. In ihrer neuen pazifistischen Rolle bewies sie genügend Mut, um in des

236

Wortes wahrstem Sinne über Minenfelder zu wandern und sich durch persönlichen Einsatz für die Ächtung dieser furchtbaren Waffe stark zu machen. Ihre karitativen Aktivitäten erreichten ein Ausmaß, sodass Mutter Teresa sie mit den Worten lobte: »Sie ist eine bemerkenswerte Frau, die die Armen in ihrem Elend liebt. Für mich ist sie wie eine Tochter.«

Ja, Diana vermochte Liebe zu schenken, ihr eigener Hunger nach Liebe hatte aber nie gestillt werden können. Ihr Bett blieb einsam, trotz ihrer unaufhörlichen Suche nach einem Mann, der der Intensität ihrer Liebesansprüche hätte gerecht werden können.

Der Abend, an dem sie mit Dodi Al-Fayed in den Tod raste, machte ihrer unaufhörlichen Suche ein Ende und sie zum Mythos.

Epilog

Anrührende, bedauerliche, schockierende und beglückende Bettgeschichten tauchen auf dem langen Weg der gesellschaftlichen Entwicklung der Menschheit immer wieder auf. Meist ranken sie sich um Persönlichkeiten von besonderer Bedeutung. Manchmal aber handelt es sich bloß um Schlüssellochgeschichten, bei denen Neugierde und Indiskretion das letzte Wort haben.

Das Bett wird immer wieder zum Schicksalsort, an dem sich das Leben des Menschen erfüllt. Im Bett wird er gezeugt und geboren, im Bett erfährt er die Höhen und Tiefen der sinnlichen Liebe, und oft wird sein Lebensbett auch Zeuge seines Hinscheidens. Er erlebt darin die höchste Ekstase, aber auch die glückliche Auflösung seines Wesens im Schlaf. Er träumt darin seine glücklichsten und schaurigsten Träume, er zelebriert darin die Zweisamkeit mit einem anderen menschlichen Wesen – und vielleicht findet er darin auch seine tiefsten Ideen.

Kurz, im Bett vollendet sich sein Menschsein in vielerlei Formen. Es scheint darum wohl der Mühe wert, die Vielseitigkeit des Bettes im Verlauf seiner vielhundertjährigen Geschichte näher zu betrachten.

Literatur

Die wörtlichen Zitate sind folgenden Büchern entnommen:

J. Randy Taraborrelli: Michael Jackson. Die ultimative Biografie. Königswinter 2010.
Ruth-Esther Geiger: Marilyn Monroe. Reinbek 1995.
Pascal Dibie: Wie man sich bettet. München 1993.
Judith Thurman: Colette. Roman ihres Lebens. Berlin 2001.